U0329977

三联·哈佛燕京学术丛书

和文凯 著　汪精玲 译

通向现代财政国家的路径

英国、日本和中国

Paths toward the Modern Fiscal State

England, Japan, and China

生活·讀書·新知三联书店

图书在版编目（CIP）数据

通向现代财政国家的路径：英国、日本和中国／和
文凯著；汪精玲译. —北京：生活·读书·新知三联
书店，2023.10 （2024.4 重印）
（三联·哈佛燕京学术丛书）
ISBN 978-7-108-06364-9

Ⅰ.①通… Ⅱ.①和…②汪… Ⅲ.①财政制度–研
究–英国②财政制度–研究–日本③财政制度–研究–中国
Ⅳ.① F815.611 ② F813.131 ③ F812.2

中国国家版本馆 CIP 数据核字 (2023) 第 066825 号

PATHS TOWARD THE MODERN FISCAL STATE: England, Japan, and China
By Wenkai He
Copyright ⓒ 2013 by the President and Fellows of Harvard College
Published by arrangement with Harvard University Press
through Bardon-Chinese Media Agency
ALL RIGHTS RESERVED
本书中文译本版权由香港中文大学拥有并授权使用。本版限在中国大陆发行。

文字编辑　张　婧
责任编辑　杨　乐
装帧设计　宁成春　鲁明静
责任校对　陈　明
责任印制　董　欢
出版发行　生活·讀書·新知 三联书店
　　　　　（北京市东城区美术馆东街 22 号 100010）
网　　址　www.sdxjpc.com
图　　字　01-2018-7173
经　　销　新华书店
制　　作　北京金舵手世纪图文设计有限公司
印　　刷　河北鹏润印刷有限公司
版　　次　2023 年 10 月北京第 1 版
　　　　　2024 年 4 月北京第 2 次印刷
开　　本　880 毫米 × 1230 毫米　1/32　印张 9.75
字　　数　227 千字
印　　数　5,001 – 8,000 册
定　　价　68.00 元
（印装查询：01064002715；邮购查询：01084010542）

本丛书系人文与社会科学研究丛书，
面向海内外学界，
专诚征集中国中青年学人的
优秀学术专著（含海外留学生）。

·

本丛书意在推动中华人文科学与
社会科学的发展进步，
奖掖新进人才，鼓励刻苦治学，
倡导基础扎实而又适合国情的
学术创新精神，
以弘扬光大我民族知识传统，
迎接中华文明新的腾飞。

·

本丛书由哈佛大学哈佛－燕京学社
（Harvard–Yenching Institute）
和生活·读书·新知三联书店共同负担出版资金，
保障作者版权权益。

·

本丛书邀请国内资深教授和研究员
在北京组成丛书学术委员会，
并依照严格的专业标准
按年度评审遴选，
决出每辑书目，保证学术品质，
力求建立有益的学术规范与评奖制度。

献给我的父母：和永寿和徐晓华

目　录

Paths toward the Modern Fiscal State

England, Japan, and China

CONTENTS

插图目录

序　言

承蒙香港中文大学出版社和北京生活·读书·新知三联书店的厚爱，*Paths toward the Modern Fiscal State: England, Japan, and China* 得以出版中文译本。本书的主体部分，是我 2007 年在美国麻省理工学院政治学系完成的博士论文。博士毕业后，经过 5 年的修改，英文版于 2013 年由美国哈佛大学出版社出版。1999 年开始攻读政治学博士学位时，我无论如何也想不到，后来竟然会有野心去做不同时段的三个国家的历史比较。

初入麻省理工学院读博士，我的专业方向是"科学、技术与社会"课程中的技术史，我当时对技术进步与经济发展之间的关系有着特别的兴趣。濮德培（Peter C. Perdue）是我的指导教授，我跟着他念中国近现代社会经济史和西欧经济史。在他的建议下，我也开始学习日语，以便能够阅读日本历史学家有关中国明清社会经济史的研究。我在濮德培的课上初次接触到彭慕兰（Kenneth Pomeranz）、王国斌（R. Bin Wong）、李伯重等学者的研究，深受启发之余，也略感茫然。本系西方技术史的课程内容，与中国近现代经济发展关系不大；构拟博士论文的研究方向，让我头疼不已。后来到政治系修课，研读有关国家主导型工业化和技术进步的"后发"政治经济学理论，我的兴趣也逐步转向政治经济学。3 年后，我转到政治系读博士，研究国家在工业发展中的作用，选题则考虑用西方理论来解释中国近现代工业化或经济发展中的具体问题。

2001年夏天一个偶然的机会，我读到了英国历史学家约翰·布鲁尔（John Brewer）的大作《权力的筋骨》（*The Sinews of Power: War, Money and the English State, 1688-1783*），"震撼"两字已经不足以形容当时的读后感。18世纪英国政府依靠国产税局（Excise Department）的官员，从诸如啤酒等大众消费品的生产和消费中抽取巨额间接消费税，用以支撑英国政府发行的长期国债。这一史实与社会科学中颇为流行的新制度主义学派所宣扬的英国宪政体制，即地方乡绅通过控制税收来驯服国家机器，出入很大。这是我第一次意识到，西方社会科学家在创建理论时所依赖的西欧历史知识，并不一定牢固可靠，甚至很可能滞后于西欧历史学家的最新进展。而研读日本经济史学家速水融等主编的"岩波日本经济史"丛书的中译本时，我发现后发政治经济学理论难以解释日本后发工业化这一最为成功的案例。原因有二：其一，日本在被西方列强打开国门之前，本土已经发展出高度复杂的市场经济体系，并非后发理论所说的"落后经济"；其二，日本在明治维新之后创建的国家，也不具备后发理论所强调的所谓"强国家"的一些制度特征。由于新制度历史主义学派的理论大多基于英国这一典型案例，我开始疯狂地阅读相关的英国史研究。与此同时，为了更好地吸收日本历史学家在日本史研究上的成果，我特地去哈佛大学修了一年东亚系开设的"学术日语阅读课"，并与日本文学专业的研究生一起，上了一年的古日语课。在大量阅读英国史和日本史的过程中，我也在思考与中国近现代经济史研究相结合的选题。撰写博士资格论文（Major Research Paper）时，我意识到国家财政制度的落后与市场经济的不发达，二者性质截然不同，发达的市场经济本身并不必然意味着国家财政制度的现代性。写完这篇论文之后，我也萌发了从历史角度来比较研究中国、英国和日本财政制度变迁的思路。

这一研究计划在 2004 年幸运地得到了美国社会科学协会的博士论文研究奖学金（SSRC-IDRF）的资助，这使我有将近一年的时间在第一历史档案馆查阅档案。虽然我研究的重点是晚清的财政变革，但阅读清代财政金融的奏折对我来说是全新的挑战，所以我有意选择从雍正期开始提取微缩胶卷，先积累学习经验。这一无意插柳的举动，反而让我有机会深入了解乾隆时期关于如何抑制"钱贵"的政策大辩论，这是理解晚清货币问题的重要背景。我当时按时间顺序索取微缩胶卷，从雍正朝一盒一盒看到清末。因为复印手续烦琐，主要依靠手抄，费时耗力，进度缓慢，却是难得的消化史料的过程。我最大的收获，是系统阅读各省督抚针对中央政策提案的议复讨论，这些政策讨论的内容构成本书中国章节的主要部分。更重要的是，在阅读这些议复奏折时，我对历史进程中的多种可能性，有了一些实在的感悟，而在学习社会科学理论时，虽然也遇到过对所谓"可能但没有发生的历史"的反事实讨论，但大多抽象而空泛。大量阅读档案资料，也令我深化了对"路径依赖"这一理论的理解，因为我能在原始材料中辨析出可能却没有实现的多重路径。有了这样的经验，我在阅读英国和日本的财政金融史研究时，也特别留心重要的政策辩论。这需要阅读大量专门史的研究成果，如果尚存疑问，则需要进一步查阅出版的史料汇编，如"大隈文书""五代友厚传记资料"等。2009 年夏天在日本东京大学教养学部访问研究期间，我也有机会阅读了没有收入公开出版的"大隈文书"的微缩胶卷部分。本书英文标题中的"paths"即取自"path dependence"，所以中文也译为"路径",即"路径依赖"的"路径"。

本书从历史制度主义的角度,研究英国、日本和中国三个国家财政制度的发展变迁。虽然理论框架是社会科学的历史因果性与路径依赖,研究的议题是国家形成与财政制度的关系,但具体个案部分,是对中、日、英三个国家财政制度发展的细致历史研究。这给不熟悉相关历史背景的读者造成了一些阅读困难。这样的写作,缘于自己内心深处长期存在的一些疑虑:难道历史社会学家真的是对历史学家谈社会学,而对社会学家讲历史吗?当社会科学家谈论诸如事件性、偶然性、因果过程追踪等问题时,可以忽视与事件历史进程相关的种种历史细节吗?一个社会科学家,如何面对与自己的理论相左的历史研究成果?对新一代历史社会学家而言,在深入历史过程的细节研究之后,再回到社会科学的议题,去找出藏在细节中的理论魔鬼,这是巨大的挑战,但值得耗费心血。我在书中做了一些初步的尝试。本书得到 2014 年美国社会学学会颁发的比较与历史社会学奖项巴灵顿·摩尔最佳著作奖(Barrington Moore Book Award),表明了学界的初步认可。我今后的研究,希望继续探索历史研究与社会科学理论的"深度结合",试图将对中国问题的研究植入更为广阔的理论和历史情境中。中国研究本身,不可避免地带有比较的色彩,与其被动地接受建立在西方历史研究基础上的社会科学理论,不如溯本求源,主动学习西方历史学家的研究成果,更有批判性地看待西方社会科学理论。当然,这样的研究取径,可谓"路漫漫其修远兮",难有立竿见影之功效。

本书的背后,凝结着很多人的支持与帮助。我的论文指导教授苏珊·伯格(Suzanne Berger)引领我进入政治学的研究。我最初跟她提出这一课题时,她明显持保留态度,但她的保留又不失建设性。她与我讨论最多的，是这一选题的可行性。当她认可开题报告之后，她反而以批判的方式来表示全力支持。针对论文的导论和理论章节，她的意见有时候甚至尖锐到令我彻夜不眠，苦苦思考如何回应。但她的批评与意见，又能让我得以避免因细节干扰而失去论证的主要脉络。没有她的悉心指导，我从北京回到麻省理工学院后能用两年时间完成论文，简直不可想象。

濮德培是我在麻省理工学院学习技术史时的指导教授，他向我展示了历史研究与社会科学结合的魅力，但正因为如此，我最终决定转到政治学系，以更为系统而全面地学习社会科学。当我向他陈述转系的理由时，他极为大度地表示理解，并跟我讲述他当年去密歇根大学跟查尔斯·蒂利（Charles Tilly）学习历史社会学的一些往事。他的支持令我深受感动，因为读博期间转系，在美国大学研究生院的人事关系上是敏感事宜。我在政治系读博士期间，濮德培是我论文委员会的成员之一，但我从心底认为他也是我的论文指导教授，而他也将我视为他的学生。

理查德·塞缪尔斯（Richard Samuels）是我论文委员会的第三位成员，他以研究日本当代政治著称，非常强调从历史角度看当代问题。他自己也曾从国家形成的角度对明治日本与意大利做过历史比较研究。他虽然是美国人，但我跟他学习交往时，经常感觉他好像是一位要求严格、一丝不苟的日本教授。大卫·伍德拉夫（David Woodruff）教授在我论文的开题阶段曾给予很多指导，特别是在撰写 SSRC-IDRF 申请资助的计划书时。可惜他后来离开麻省理工学院，去伦敦政治经济学院任教，我失去了在论文写作中与他深入探讨的机会。

在北京的第一历史档案馆研究那一年，我的身份是北京大学历史系的访问学人。罗新教授在生活和工作上给我很多帮助，郭润涛教授在清代财政史和政治史方面指点良多。与茅海建教授颇有戏剧性的初次见面，是在第一历史档案馆的阅览室。午餐时听他讲查档的经验体会，令我大开眼界。他在档案馆工作之勤奋，堪称后辈楷模。在"一档馆"查档期间，我认识了师从茅海建教授的北京大学历史系博士生任智勇，他研究晚清海关，跟我一样，几乎每天都泡在"一档馆"里，我们之间的交流和讨论，是枯燥的查档工作中最为愉快的经历。中国社会科学院的王跃生教授也向我介绍过很多查档的经验。在北京工作期间，清华大学的老友彭刚和叶富贵也曾给予我无私的帮助。

2007 年至 2008 年在哈佛大学的费正清研究中心做"王安博士后"期间，我开始着手修改博士论文准备出版。在修改过程中，欧立德（Mark C. Elliott）、包弼德（Peter K. Bol）和沈艾娣（Henrietta Harrison）等教授给我不少建议。费正清中心还资助我邀请奥布莱恩（Patrick O'Brien）、王国斌、濮德培、金世杰（Jack Goldstone）及何汉威等教授参加我的博士后工作坊，对论文的修改提出很多具体建议。奥布莱恩通读了论文，并针对其中的英国章节手写了12 页的批评建议，令我感动不已。而当时我们尚未见面，仅靠电邮联系。何汉威教授对我论文的中国章节给予很多悉心指导，甚至脚注中的错字也难逃他的慧眼。2009 年后，我有机会到台湾"中央研究院"历史语言研究所访问，有幸多次当面向何汉威教授请教，他知识之渊博与待人之谦和，令我油然而生敬意。

2008 年在哈佛大学费正清中心做博士后期间，我幸运地结识了当时正在哈佛大学燕京学社访问的三谷博教授。三谷博教授对幕末维新期日本政治史的研究，令我仰慕已久。能当面向他求教，我倍感荣幸。三谷博教授鼓励我加强日语学习，以更好地吸收日本史的研究成果。在他的安排下，我于 2009 年夏天第一次访问日本，在东京大学教养学部修改书稿的日本章节。三谷博教授给予的悉心指导，令人终身难忘。东京大学社会科学研究所的中村尚史教授在资料方面也给我提出很多建议。早稻田大学的卡塔琳·费伯（Katalin Ferber）教授通读了我的博士论文，并提出具体的修改建议。国际基督教大学的威廉·斯蒂尔（M. William Steele）教授和达特茅斯学院的史蒂文·埃里克松（Steven J. Ericson）教授也帮我改正了日本章节中的一些错误。在东京访学期间，岸本美绪教授和黑田明伸教授也对书稿的中国部分提出过意见。

在香港科技大学社会科学部任教期间，与龚启圣教授的讨论令我受益良多。时任人文与社会科学学院院长的李中清教授非常关心书稿的出版，他特别组织会议，邀请彭慕兰和李伯重教授来给书稿的修改提意见。彭慕兰教授仔细阅读了书稿，提出很多宝贵建议。虽然我在书里批评加州学派只重地区而忽视国家制度，并认为中国和英国在国家财政制度上的"大分流"远在因工业革命产生的人均所得"大分流"之前，但与彭慕兰教授讨论时，他的意见总是坦诚而具体，没有丝毫门派之见。李丹（Daniel E. Little）教授和梅慈乐（Mark Metzler）教授则以特别的方式给予我帮助，梅慈乐的意见更使我避免了一些史实方面的错误。傅汉斯（Hans Ulrich Vogel）教授作为期刊《近代中国》（*Modern China*）的审稿人，对本书清代纸币发行部分提出过很好的意见。由于与哈佛大学出版社的出版合同的签约在文章正式发表之前，按照学界惯例，我将《近代中国》考虑刊发的文章撤回，文章内容即是本书的第五章，因此我必须对傅汉斯教授的意见表示感谢。同时，我也要感谢与邱澎生、李卓颖、李新峰、马世嘉（Matthew W.Mosca）、卜永坚、张瑞威等学界同道好友的切磋讨论。

书稿的完成与出版离不开家人的理解和支持。我在美国攻读博士学位，前后长达 11 年。这过分漫长的求学，曾让父母和永寿与徐晓华感到困惑不解甚至不安，我非常感谢他们的宽容和理解。母亲在 2005 年来美国帮我照看出生不久的儿子，使我在北京能够全身心投入档案研究。弟弟和勇在昆明替我尽到长兄照料父母的责任。妻子马艾伦（Ellen McGill）作为书稿的第一读者，在编辑、校对上付出了大量心血。

香港中文大学出版社的林颖以极大的热情推动了本书的中文翻译，我对此深表谢意。安徽师范大学汪精玲老师的译稿认真细致，她找出几处日文名字的英文拼写错误，汗颜之余我必须向汪老师致谢。在汪老师译稿的基础上，我进一步做了修订，统一了专业术语的译法，并提供了中文史料的原文及日文史料的中文翻译。如果译稿中尚有舛误，自然是我的责任。北京大学历史系的申斌博士指出中文译稿中的一些错误，特此致谢。

和文凯

于香港清水湾

2019 年 11 月 11 日

导　言

政治和经济的巨大变革，往往伴随着新制度的创建和确立。然而，社会科学家对如何解释新制度的创建过程并无良策。理性选择的制度主义学派开发了强有力的分析工具，有助于我们深刻地理解制度是如何影响政策结果或塑造行为者的偏好的，但这些理论工具不能用来解释新制度产生过程中的动态问题。❶此外，新制度从无到有的创建过程有一定的时间跨度，因此，涵盖较短时段的方法或理论就不太适合用来解释超过其时段的制度创新的前因后果。❷

制度发展是高度政治化的过程，因为各种制度安排对利益再

---

❶ 关于研究制度变迁和发展的重要性，参见 Kathleen Thelen and Sven Steinmo, "Historical Institutionalism in Comparative Politics," in Sven Steinmo, Kathleen Thelen, and Frank Longstreth, eds., *Structuring Politics: Historical Institutionalism in Comparative Politics* (Cambridge and New York: Cambridge University Press, 1992), pp. 16-22; Kathleen Thelen, "Historical Institutionalism in Comparative Politics," *Annual Review of Political Science* 2, no. 1 (1999): 369-404; Paul Pierson, *Politics in Time: History, Institutions, and Social Analysis* (Princeton, NJ: Princeton University Press, 2004), p. 103; Barry R. Weingast, "Rational Choice Institutionalism," in Ira Katznelson and Helen V. Milner, eds., *Political Science: The State of the Discipline* (New York: W. W. Norton, 2002), p. 675。

❷ Paul Pierson and Theda Skocpol, "Historical Institutionalism," in Ira Katznelson and Helen Milner, eds., *Political Science: The State of the Discipline* (New York: W. W. Norton, 2002); Pierson, *Politics in Time*, chapter 3; Andrew Abbott, *Time Matters: On Theory and Method* (Chicago: University of Chicago Press, 2001).

分配的影响截然不同。❶ 因此，新制度的建立过程，有两个方面之间密切的相互作用——其一是制度深植其中的社会经济结构，其二是具有不同思想理念、利益考量及制度蓝图的制度建设者。❷ 在制度发展过程中，这些相互作用不会指向唯一的结果，反而会导致很多可能的结果出现。❸ 如果我们把最后观察到的结果作为必然，而忽略历史进程中其他可能的结果，那么，我们无疑犯了小样本个案研究中选择偏差（selection bias）的错误。❹

我们如何才能找到一种具备时间性的因果机制，既能面对有着不确定性的制度创新过程中出现的多种可能性结果，又能解释在过程结束时某一具体新制度的出现和巩固？本书通过考察现代

---

❶ Jack Knight, *Institutions and Social Conflict* (Cambridge and New York: Cambridge University Press, 1992); Kathleen Thelen, *How Institutions Evolve: The Political Economy of Skills in Germany, Britain, the United States, and Japan* (Cambridge and New York: Cambridge University Press, 2004), pp. 31−33.

❷ 关于制度的嵌入性，参见 Suzanne Berger and Ronald Dore, eds., *National Diversity and Global Capitalism* (Ithaca, NY: Cornell University Press, 1996); Peter A. Hall and David W. Soskice, eds., *Varieties of Capitalism* (Oxford and New York: Oxford University Press, 2001)。

❸ Avner Greif, *Institutions and the Path to the Modern Economy: Lessons from Medieval Trade* (Cambridge and New York: Cambridge University Press, 2006), pp. 14−20; Pierson, *Politics in Time*, chapter 5; Ira Katznelson, "Structure and Configuration in Comparative Politics," in Mark Irving Lichbach and Alan S. Zuckerman, eds., *Comparative Politics: Rationality, Culture, and Structure* (Cambridge and New York: Cambridge University Press, 1997), pp. 93−94; Peter A. Hall, "Aligning Ontology and Methodology in Comparative Research," in James Mahoney and Dietrich Rueschemeyer, eds., *Comparative Historical Analysis in the Social Sciences* (Cambridge and New York: Cambridge University Press, 2003), pp. 382−384; Charles Tilly, "Mechanisms in Political Processes," *Annual Review of Political Science* 4, no. 1 (2001): 25.

❹ 有关社会科学中因使用二手历史文献造成选择偏差的相当精彩的讨论，参见 Ian S. Lustick, "History, Historiography, and Political Science: Multiple Historical Records and the Problem of Selection Bias," *American Political Science Review* 90, no. 3 (September 1996): 605−618. 关于定性研究中选择偏差的更多内容，参见 David Collier and James Mahoney, "Insights and Pitfalls: Selection Bias in Qualitative Research," *World Politics* 49, no. 1 (1996): 56−91.

财政国家的诞生来试图回答这个问题。现代财政国家作为一项制度创新，其特征是国家能够用集中征收的间接税从市场调动长期的金融资源。我选择三个时段的制度发展案例来进行比较历史分析（comparative historical analysis）：1642 年至 1752 年的英国、1868 年至 1895 年的日本，以及 1851 年至 1911 年的中国。虽然这三个制度变革案例发生的时间、地点及所处的国际环境都不尽相同，但其制度发展的顺序特点却有着出人意料的相似性。

　　首先，在制度创新过程展开之前，这三个案例在国家形成和市场经济发展方面有许多重要的相似之处。❶ 其次，由于既有的分散型财政制度不能适应社会经济结构方面出现的巨大变化，三者分别经历了一段结构性的财政困难时期，英国出现在 17 世纪初至 17 世纪 30 年代，日本在 19 世纪的 20 年代至 60 年代，而中国在 19 世纪的 20 年代至 40 年代。这些结构性财政困难的共同特征是既有财政制度的功能严重失调，无法为国家提供足够的收入以维持国内秩序和应对来自国外的威胁。结构性的财政困难是一系列重大事件发生的关键背景，即 1642 年爆发的英国内战、1868 年发生的明治维新，以及 1851 年兴起的太平天国起义。因此，每段案例起始点的选择，既非随意武断，也非仅图方便。第三，这些重大事件之后产生的财政压力，迫使每个案例中的国家当政者积极寻求解决财政问题的新途径和新办法，而三个案例在探索过程中所尝试的方法也有很多类似之处，如短期借款、征收国内消费税、

---

❶ 17 世纪的大不列颠以及 18 世纪的日本和中国都可以称为帝国，即它们都包括行政和法律制度各不相同的地区：英国的苏格兰、爱尔兰；清代中国的蒙古、满洲、青海、新疆和西藏；日本德川时期的虾夷地（即今天的北海道）。我使用的"国家"一词，仅指英格兰（而不是大不列颠帝国）、日本列岛和所谓中国本部。财政的重大制度变革，都在这些"国家"领域之内发生。

发行包括纸币在内的国家信用工具。在这三个案例中，来自国内消费税和关税的间接税最终成为国家财政收入的支柱。

但三个案例中制度发展的最终结果和过程顺序各不相同。英国在 17 世纪 40 年代后首先转型为建立在税收基础上的传统财政国家。❶ 从国家信用工具发展的顺序上看，英国始于过度依赖短期信贷，而到了 18 世纪 30 年代，英国成功将其债务类型转变为由集中征收的间接税（特别是国内消费税）所担保的永久债券，由此转向现代财政国家。而到了 1752 年，英国政府债务的主体是"年息 3% 统一公债"，即年息为 3% 的永久债券，这表明现代财政国家的制度创新在英国得到确立。日本政府在明治维新之后，严重依赖不兑换纸币的发行，这些纸币实质上构成日本政府的长期债务。到了 19 世纪 80 年代后期，日本政府通过集中征收间接税、发行长期国内公债及确保政府纸币的可兑换性，从而成为现代财政国家。中国在 1851 年以后经历了一系列重要的财政制度变革，例如，国家财政日益依赖由领薪的政府官员所征收的间接税，汇兑方法也被纳入国家财政制度的运作中。类似的制度变迁对英国和日本建立现代财政国家至关重要；但在中国，这些制度变革却与传统的分散型财政管理并存不悖，清政府既没有发行可兑换纸币，也没有试图募集长期公债。

这三个历史案例，让我们能够考察新制度从产生至确立的完整过程，而这个优势通常在研究当代正在展开的制度变迁中无法体现。因此，这项研究有助于理解发展中国家和新兴市场经济体

---

❶ Patrick K. O'Brien and Philip A. Hunt, "England, 1485−1815," in Richard Bonney, ed., *The Rise of the Fiscal State in Europe, 1200−1815* (Oxford and New York: Oxford University Press, 1999).

为建立有效的税收制度以及管理国家财政而做出的努力。❶作为现代财政国家的历史比较研究，上述两个不同类型的成功例子（英国和日本）和一个失败案例（中国未能实现这一转变），有助于我们找出建立新制度的因果机制。❷

现代财政国家

"国家"这一概念，在政治角度的定义为：在特定的地域内垄断正当性强制力的政治组织。❸但这一韦伯式的（Weberian）国家定义并未涉及国家在财政方面的制度安排。从经济的角度来看，马克斯·韦伯（Max Weber）用货币发行的垄断权来定义现代国家，❹但这样的标准又过于苛刻。以英国为例，它毫无疑问是现代资本主义发展的领先国家。但是，英国经济在整个18世纪严重缺乏小额货币，由此造成的恶果主要通过私人铸造的铜币及私人发行仅在当地流通的"代币"得以缓解。❺英国政府直到1816年

---

❶ 有关新兴市场经济体缺乏有效的税务机构和金融机构而造成后果的讨论，参见 David Woodruff, *Money Unmade: Barter and the Fate of Russian Capitalism* (Ithaca, NY: Cornell University Press, 1999); John L. Campbell, "An Institutional Analysis of Fiscal Reform in Postcommunist Europe," *Theory and Society* 25, no. 1 (February 1996): 45–84。

❷ James Mahoney and Gary Goertz, "The Possibility Principle: Choosing Negative Cases in Comparative Research," *American Political Science Review* 98, no. 4 (November 2004): 653–669.

❸ Max Weber, "Politics as a Vocation," in H. H. Gerth and C. Wright Mills, eds., *From Max Weber: Essays in Sociology* (Oxford: Oxford University Press, 1958), p. 78.

❹ Max Weber, *Economy and Society: An Outline of Interpretive Sociology*, vol. 1, (Berkeley: University of California Press, 1978), p. 166.

❺ Peter Mathias, "The People's Money in the Eighteenth Century: The Royal Mint, Trade Tokens and the Economy," in *The Transformation of England: Essays in the Economic and Social History of England in the Eighteenth Century* (London: Methuen, 1979).

实施《铸币法》之后才开始垄断货币的供应。● 从财政的角度来看，研究国家形成的学者通常会区分财政国家（fiscal state，或熊彼特所称的"税收国家"或"租税国家"[tax state]）和领地国家(domain state，也可以译为"领主国家"或"家产制国家")。前者的政府收入来自税收，后者则主要来自诸如庄园、森林、矿山等王室财产。由于税收重新定义了国家与社会的互动关系，从领地国家转型为财政国家是早期现代欧洲最重要的政治发展之一。● 即便如此，领地国家继续以各种形式存在于 20 世纪。从财政的角度来看，部分东欧和苏联这些社会主义国家实质上是"领地国家"的变种，因为政府收入来自直接经营国有企业。 因此，这些国家的转型实质上是回归税收国家，即国家依靠税务机构来收税，而让私人企业家在赚取利润的同时，承担经营企业的风险和机遇。有一些后发型发展中国家，由于缺乏必要的行政机构来征税，国家往往不得不通过直接拥有和管理工矿企业以获取财政收入。● 这

● 有关英国和其他欧洲国家的政府在垄断小面额货币供应的漫长旅程的讨论，参见 Thomas J. Sargent and François R. Velde, *The Big Problem of Small Change* (Princeton, NJ: Princeton University Press, 2002)。

● 有关领地国家的讨论，参见 Richard Bonney, "Revenues, " in Richard Bonney, ed., *Economic Systems and State Finance*, (London: Oxford University Press, 1995), especially pp. 447–463。有关西欧从领地国家向财政国家过渡的详细案例研究，参见 Richard Bonney, ed., *The Rise of the Fiscal State in Europe, 1200–1815* (Oxford and New York: Oxford University Press, 1999)。 关于瑞典、丹麦和一些德语国家（如 17 世纪和 18 世纪的符腾堡和黑塞－卡塞尔）等领地国家，参见 Niall Ferguson, *The Cash Nexus: Money and Power in the Modern World, 1700–2000* (New York: Basic Books, 2001), pp. 54–55。关于 18 世纪至 20 世纪初领地国家在普鲁士的延续，参见 D.E.Schremmer, "Taxation and Public Finance: Britain, France, and Germany," in Peter Mathias and Sidney Pollard, eds., *The Cambridge Economic History of Europe*, vol. 8 (Cambridge: Cambridge University Press, 1989), pp. 411–455。

● Kiren Aziz Chaudhry, "The Myths of the Market and the Common History of Late Developers," *Politics and Society* 21, no. 3 (September 1993): 252.

基本上也属于领地国家，但只适用于拥有石油和天然气等丰富自然资源的国家。❶

财政国家或税收国家，则从税收获取政府财政收入。然而，这个概念仍然过于宽泛，因为它包含诸多不同的经济类型。例如，财政国家所征收的税款，形式上可以是实物、金属货币或纸币。但显而易见，在这三种财政国家之间，国家与经济的关系在性质上迥然不同。此外，政府收入取自税收这一事实本身，并不涉及财政制度运作是集中还是分散。因此，我进一步将现代财政国家和传统财政国家区别开来。

传统财政国家的税收主要用来满足政府的经常性支出，而国家的税收并不积极参与金融市场。传统财政国家可以依靠分散的财政机构来将具体的收入项目用于满足各项特定的政府需求。这一定义并不是静态的；传统财政国家在紧急情况下也可能会利用部分税收来筹集短期贷款，但紧急情况结束之后，则可以通过清偿债务而恢复原状。相比之下，现代财政国家有两个紧密相连的制度特征。首先是国家集中管理税收，这使国家可以用汇总的租税收入来分配各项开支，大大提高了政府管理财政的效率。第二，现代财政国家可以将集中管理的税收用作资本来从市场调动长期的金融资源，从而在利用税款调动金融资源方面实现规模经济效应。

现代财政国家的出现，取决于经济社会的商业发展水平。首先，财政集中管理的必要条件是使用汇兑方法，在中央和地方政府之间转移所收税款和政府支出，这样，中央政府才能有效地将

---

❶ 20 世纪的石油输出国是典型的领地国家，参见 Terry Lynn Karl, *The Paradox of Plenty: Oil Booms and Petro-States* (Berkeley: University of California Press, 1997)。

税收所得进行汇总整理，然后再分配各项开支。相比之下，如果税收以实物征收，或者所征收入以笨重的金属货币形式运送到中央政府，那么国家实行分散的财政运作就显得更加合理，因为它能让政府将税收款项从具体的征收地直接就近分配到支出的目的地，从而减少不必要的运输成本。

其次，商品经济的发展是国家得以征收如关税和国内消费税等间接税的必要条件。这种多元化的税收来源，有助于维护国家的金融信用。此外，对酒类和烟草等消费品征收的间接税，征税的政治成本并不高。因为这些税种并非直接落在消费者个人身上，而是由大生产商和批发商承担。大宗消费品的生产商和批发商可以通过增加零售价格，将增税的负担转嫁给普通消费者。因此，他们对政府增加消费税并没有强烈的抵抗动机。但因为普通消费者人数众多，监督个人参与抗税运动的成本十分高昂。然而，物价下跌是典型的具有包容性的"公共产品"，即那些没有参加抗税运动的消费者照样可以享受这种利益。因此，普通消费者在政府增加消费税率时面临典型的"集体行动问题"的困境，难以组织持久的反对运动。❶ 相比之下，土地税和财产税等直接税，要么缺乏弹性，要么征收的政治成本过高，因为它们的征税对象通常是社会的政治经济精英阶层。

有鉴于此，现代财政国家不太可能出现在既没有跨地区转移资金的金融网络，也没有征收间接税基础的传统农业社会。然而，商品经济的发展只是现代财政国家出现的一个必要而非充分条件。这在英国、日本和中国的历史中可以得到印证。

---

❶ 有关"集体行动问题"困境的经典论述，参见 Mancur Olson, *The Logic of Collective Action: Public Goods and the Theory of Groups* (Cambridge, MA: Harvard University Press, 1965)。

国家与市场发展

18 世纪之后中国和日本市场经济发展的活跃程度，已经在经济史的研究中得到了充分肯定。它们的重要特征包括：农业生产商业化程度的提高；经济核心区（中国的江南和日本的畿内）出现的原初工业化；城镇经济规模的扩大；粮食、棉布、丝绸等主要商品跨区域长距离贸易的增长，由此形成统一的全国市场，进一步促进了区域分工；劳动力跨地域流动成为实际常态；商人阶层的兴起和经商致富的道德正当性得到社会的普遍接受。[1] 这些情形也是英国 18 世纪中期之前早期现代市场经济发展的基本特征。[2]

英国在 17 世纪 40 年代已经形成以伦敦为中心的私人金融汇兑网络。[3] 同样，日本和中国市场经济的发展也伴随着金融市场的成长。19 世纪初，日本和中国的私人金融网络连接了主要城市和集镇，并能够通过快捷的信用工具（如汇票）跨时空调动资金。在 18 世纪的日本，这些以大阪为中心的网络逐步扩展到京都和江

---

[1] 有关中国，参见 Kenneth Pomeranz, *The Great Divergence: China, Europe, and the Making of the Modern World Economy* (Princeton, NJ: Princeton University Press, 2000), chapters 1 and 2; R. Bin Wong, *China Transformed: Historical Change and the Limits of European Experience* (Ithaca, NY: Cornell University Press, 1997), 13−14; 李伯重：《江南的早期工业化（1550−1850 年）》（北京：社会科学文献出版社，2000）。有关日本，参见 Edward E. Pratt, *Japan's Protoindustrial Elite: The Economic Foundations of the Gono* (Cambridge, MA: Harvard University Asia Center, 1999); David L. Howell, *Capitalism from Within: Economy, Society, and the State in a Japanese Fishery* (Berkeley: University of California Press, 1995); 速水融、宫本又郎编：『经济社会の成立：17—18 世纪』（日本经济史）（东京：岩波书店，1988）。

[2] 有关早期现代英国市场经济的特征的讨论，参见 John Hicks, *A Theory of Economic History* (Oxford: Oxford University Press, 1969)。

[3] Eric Kerridge, *Trade and Banking in Early Modern England* (Manchester: Manchester University Press, 1988).

户。[1] 在 18 世纪的中国，包括钱庄在内的地方金融机构有了长足发展——从 19 世纪 30 年代开始，山西票号的汇兑网络将国内的主要城市和市镇连为一体。[2]

在 17 世纪的英国，商业经济部门的扩展成为国家征收间接税的重要税基。在 19 世纪 60 年代的日本，非农业部门（商业、金融业、服务业等）在国内生产总值（GDP）所占的比例据估算约在 50%。[3]19 世纪 40 年代的中国，进入国内长途贸易的主要商品，如谷物、棉花、茶叶等，其总价值估算高达 3.87 亿两白银。[4] 工业革命发生之前西欧社会所经历的重要经济发展，并非全部都出现于 18 世纪和 19 世纪初期的中国和日本，例如英国制造业中城镇熟练技工的高度密集以及兴旺的工程文化等。[5] 然而，从研究现代财政国家产生的角度来看，1642 年以前的英国、1868 年以前的日本和 1851 年以前的中国都满足两个必要条件：可供国家征收间接税的商业经济的扩张，以及可供汇款的跨地区私人金融网络。

同时，英国、日本和中国在国家形成方面都有着悠久且连续

---

[1] 鹿野嘉昭：「江戸期大坂における両替商の金融機能をめぐって」，『経済学論叢』，第 52 巻，第 2 期（2000），頁 205-264。

[2] 关于钱庄的作用，参见 Susan M. Jones, "Finance in Ning-po: The Ch'ien-chuang," in W. E. Willmott, ed., *Economic Organization in Chinese Society* (Stanford, CA: Stanford University Press, 1972), pp. 47-77. 有关晋商建立的国内金融网络，参见黄鉴晖：《山西票号史》（修订版）（太原：山西经济出版社，2002），页 137-145。

[3] 参见斎藤修：「幕末維新の政治算術」，近代日本研究会編：『明治維新の革新と連続』（東京：山川出版社，1992），年報・近代日本研究，第 14 巻，頁 278。

[4] 参见吴承明：《中国资本主义与国内市场》（北京：中国社会科学出版社，1985），页 251。

[5] Jack A. Goldstone, "Efflorescences and Economic Growth in World History: Rethinking the 'Rise of the West' and the British Industrial Revolution," *Journal of World History 13* (2002): 323-389; Jean-Laurent Rosenthal and R. Bin Wong, *Before and Beyond Divergence: The Politics of Economic Change in China and Europe* (Cambridge, MA: Harvard University Press, 2011).

的历史。❶17 世纪初，早期现代国家在英国的政治生活中已经完全成型。它具有以下特点：第一，中央政府是地方政治权力正当性的最高来源，在货币制度和外交事务中拥有主权；第二，政治权力在地方的运用是通过高度非个人化和正规的方式由中央政府统一协调，这尤其体现在政府文件的签发、传递和保存等各项程序上；第三，因中央政府组织日益制度化，政府的日常管理更多地由官员承担，而非由国王或其私人侍从。国王作为"非个人化"国家的最高统治者，既受政府正式制度的制约，也受到一些非正式道德规范的约束，例如，国王有义务听取枢密院和议会的"咨询意见"。❷

这些早期现代国家的特征，即在最高政治权威协调下的单一司法和行政的政治权力网络，同样出现在 19 世纪的中国和日本。官僚体制在中国有悠久的历史。在 18 世纪，清政府通过由六部和军机处组成的高度制度化的行政机构来协调政治权力在各省的运用。依照军机处的规定，督抚或布政使直接送交皇帝的奏折在传送过程中是保密的，即所谓的"密折制度"。❸但是，在奏折制度下展开的政策辩论却不是秘密的。当中央要求各省督抚就某一奏折提出的政策建议发表意见时，他们都有机会阅读抄录原奏折的内容，然后在此基础上讨论所提议的政策变更是否适用于本省的具体情况。皇帝收到督抚的议复之后，通常会要求相关内阁成员和军机大臣进行集体审议。重要政策通常都是经过这样的合议后

❶ 爱德华·希尔斯将这些"旧国家"与 20 世纪殖民主义结束后才形成的许多新国家区分开来。Edward Shils, *Political Development in the New States* (Paris: Mouton, 1968).

❷ Michael J. Braddick, *State Formation in Early Modern England, c. 1550–1700* (Cambridge and New York: Cambridge University Press, 2000), chapter 1.

❸ Beatrice S. Bartlett, *Monarchs and Ministers: The Grand Council in Mid-Ch'ing China, 1723–1820* (Berkeley: University of California Press, 1991).

才启动，而非仅凭皇帝的个人意愿。专业性较强的财政金融政策的制定过程尤其如此。

尽管清政府通常以"因地制宜"的方针准许各省督抚调整中央政策以适应当地情况，但中央的许可代表至高的政治权威。例如，为了更好地满足地方经济对小额货币的需求，一些省份会铸造含量和成色与户部标准不同的铜钱，但前提是必须得到中央的批准。[1] 为了应对市场上制钱的严重短缺，1749 年 9 月 5 日下发的上谕允许福建、浙江、直隶等省作为权宜可行之计，使用私铸铜钱甚至外国铜币以方便民间交易。[2] 然而，当制钱短缺在 18 世纪 70 年代得到缓解后，清政府便要求各省督抚用政府铸造的制钱来替换市场上流通的私铸铜钱。[3] 清政府在法律上明确规定，使用私人铸造的铜钱在货币制度上是侵犯国家主权的行为。[4]

日本早期现代国家的发展可以追溯到 16 世纪末和 17 世纪初。在 18 世纪，尽管京都的天皇是名义上的君主，但在行政治理方面，江户（今天的东京）的德川幕府对各个大名领主的政治权威不断上升。虽然大名领主，尤其是日本西部那些不受幕府指派的外样大名，在自己的领土上有相当程度的自治权，但是其法律不能违背幕府所颁布的法律，而且各大名领主必须服从幕府的军事

---

❶ 黑田明伸:「乾隆の钱贵」,『東洋史研究』, 第 45 卷, 第 4 期（1987 年 3 月）, 頁 692-723。

❷ 中国第一历史档案馆编:《乾隆朝上谕档》（北京：档案出版社, 2000 年第二版）, 第二卷, 页 332。

❸ 乾隆十四年七月二十日上谕:"（关于使用外洋铜钱）此在内地鼓铸充裕, 市价平减, 自应严行查禁, 以崇国体。"《宫中朱批奏折》, 第 60 盒, 第 2443-2444 号。乾隆三十四年六月二十八日上谕:"照小钱分量折中, 定价按数收买, 凡给价交官之钱, 即入炉镕化。"《宫中朱批奏折》, 第 61 盒, 第 2482-2484 号。

❹ 乾隆五十六年四月二十五日上谕:"小民私用小钱, 已干法禁。"《宫中朱批奏折》, 第 63 盒, 第 75-77 号。

调遣。❶ 幕府不仅垄断了外交事务，而且成为地方政治权力正当性的最高仲裁者。❷ 随着行政和法律事务日益复杂，幕府作为凌驾于各大名领主之上的公共权力机构（即所谓的"公仪"）变得更加制度化。❸ 在享保改革（1716—1736）中，行政和法律先例的使用日益正规和系统化，幕府的公共治理和将军的私人事务是分离的。❹

18 世纪日本统一的货币制度更让人印象深刻。1636 年，幕府开始铸造官方货币，并禁止在日本使用外国货币（主要是中国铜钱）。❺ 1736 年，幕府通过货币改铸（元文改铸），稳定了金、银、铜币之间的法定换算比例。❻ 1772 年，幕府开始铸造有明确面额的计量银币（南镣二朱银），并将这些新铸的计量银币逐渐流通到以大阪为中心的关西经济圈内，取代该地区过去一直使用的丁银、豆银等称量银币。❼ 各大名领主于 18 世纪在幕府的许可下可以发

❶ 有关幕府作为凌驾各大名领主之上的"公仪"权威，参见藤井讓治：「十七世紀の日本—武家の国家の形成」，朝尾直弘等编：『岩波講座日本通史』（東京：岩波書店，1994），第 12 卷（近世 2），頁 3–34。

❷ 关于幕府在 18 世纪开始成为日本的中央政权，参见 Mary Elizabeth Berry, "Public Peace and Private Attachment: The Goals and Conduct of Power in Early Modern Japan," *Journal of Japanese Studies* 12, no. 2 (Summer 1986): 237–271; Eiko Ikegami, *The Taming of the Samurai: Honorific Individualism and the Making of Modern Japan* (Cambridge, MA: Harvard University Press, 1995), chapters 7 and 8; James W. White, "State Growth and Popular Protest in Tokugawa Japan," *Journal of Japanese Studies* 14, no. 1 (Winter 1988): 1–25。

❸ 有关德川幕府的科层化以及 18 世纪上半叶司法体系的法典化的简要介绍，参见 Tsuji Tatsuya, "Politics in the Eighteenth Century," in John Whitney Hall, ed., *The Cambridge History of Japan*, vol. 4, *Early Modern Japan* (Cambridge and New York: Cambridge University Press, 1991), pp. 432–456。

❹ 大石学：「享保改革的歷史的位置」，藤田覚编：『幕藩制改革の展開』（東京：山川出版社，2001），頁 31–51。

❺ 安良良知：「貨幣の機能」，朝尾直弘等编：『岩波講座日本通史』（東京：岩波書店，1994），第 12 卷（近世 2），頁 155–156。

❻ 新保博、斎藤修：「概説：19 世紀へ」，新保博、斎藤修编：『近代成長の胎動』（日本経済史）（東京：岩波書店，1989），第 2 卷，頁 27。

❼ 三上隆三：「円の誕生：近代貨幣制度の成立」（東京：東洋経済新報社，1989），頁 59–63。

行称为"藩札"的纸币,但这些纸币是以幕府所铸的金属货币为单位,大多用于缓解本地交易小额货币的短缺。❶

虽然早期现代国家的要素都出现于英国、日本和中国,但它们的政府收入来源有着很大的差异。英国政府在 1336 年至 1453 年频繁依赖直接税和间接税,有迈向税收国家的明显趋势,但在 16 世纪形成的早期现代国家却是领地国家。❷ 王室的通常收入来自王室拥有的土地、关税和国王的一些封建权利,例如监护权和供应权(即王室以低于当前市价的价格获取供应的特权),而不是来自常规的国内税收。❸ 政府的通常收入不仅用于保证王室的日常开支,而且支撑政府的运作及和平时期国家的治理、国内秩序和司法的维护。英国王室的个人支出和政府的经费之间也缺乏制度上的区分,即使在 1697 年王室的正常收入被王室年俸(Civil List)取代之后依然如此。这样的局面一直延续到 1830 年。❹ 只有在诸如入侵或对外战争等紧急情况下,国王才能要求议会提供"特别收入",即对民众财产和收入征收的费用。这些"特别收入"的征收理由是臣民在紧急情况下有援

---

❶ 新保博、斋藤修:「概説:19 世纪へ」,页 26—31。

❷ G. L. Harriss, "Political Society and the Growth of Government in Late Medieval England," *Past and Present* 138 (February 1993): 40; W. M. Ormrod, "England in the Middle Ages," in Richard Bonney, ed., *The Rise of the Fiscal State in Europe, 1200–1815* (Oxford and New York: Oxford University Press, 1999), particularly pp. 27–33.

❸ 关税的地位有些模糊,因为它一方面属于王室的通常收入,但另一方面也是一种常规的税收。关于都铎王朝早期的领主收入对国家的重要性,参见 B. P. Wolffe, *The Crown Lands, 1461 to 1536: An Aspect of Yorkist and Early Tudor Government* (London: Allen and Unwin, 1970), p. 25; Wolffe, *The Royal Demesne in English History: The Crown Estate in the Governance of the Realm from the Conquest to 1509* (London: Allen and Unwin, 1971), chapter 1; Penry Williams, *The Tudor Regime* (Oxford: Clarendon, 1979), p. 58; G. R. Elton, *England under the Tudors*, 3rd ed. (London: Routledge, 1991), pp. 47–57.

❹ Basil Chubb, *The Control of Public Expenditure: Financial Committees of the House of Commons* (Oxford: Clarendon Press, 1952), pp. 9–10.

助国王的特别义务，但这些费用本质上不同于税收。"国王应该靠自己的收入生活"这句话，体现了领地国家的基本财政特征。❶日本在18世纪是不完全的财政国家。幕府建立了统一的国内货币体系，但只对其直接治理的地域征税，尽管它有权命令各大名领主分担治河工程、饥荒救济、国防等方面的公共支出。❷中国在18世纪则是财政国家或税收国家，其税收大部分来自田赋、盐税和榷关税。❸

尽管这三个早期现代国家的政府收入来源各不相同，但它们的财政运作体系都是分散的，即具体的收入款项直接用于特定的经费目的地，而不需要先转交给中央政府。在斯图亚特王朝早期，英国政府经常将个别收入直接派给支出的所在地，并不要求将所有收入都送往伦敦。❹同样，在18世纪的日本，幕府相当一部分收入被直接分派到特定开支目的地，而不是送交到幕府。❺18世纪的中国在经历了雍正帝（1723—1735）的财政改革之后，财政制度在政治上高度集中，户部监督、审计各省的收支年度账目。❻然而，实际的财政运作却是分散的，因为中央把大量的国库收入

❶ 有关常规收入与非常规特殊供给性质截然不同的讨论，参见 Richard W. Hoyle, "Crown, Parliament, and Taxation in Sixteenth-Century England," *English Historical Review* 109, no. 434 (November 1994): 1192–1196。

❷ 有关幕府征税的不完全性，参见 Mark Ravina, *Land and Lordship in Early Modern Japan* (Stanford, CA: Stanford University Press, 1999), pp. 24–28。有关幕府指派大名领主的藩政府承担国家公共事务开支的政治权力，参见大口勇次郎：「幕府の财政」，新保博、斋藤修编：『近代成长の胎动』（日本经济史）（东京：岩波书店，1989），第 2 卷，页 152–154。

❸ Wang Yeh-chien, *Land Taxation in Imperial China, 1750–1911* (Cambridge, MA: Harvard University Press, 1973), pp. 8–11。

❹ Patrick K. O'Brien and Philip A. Hunt, "The Rise of a Fiscal State in England, 1485–1815," *Historical Research* 66, no. 160 (June 1993): 141–142.

❺ 大口勇次郎：「幕府の财政」，页 132。

❻ Madeleine Zelin, *The Magistrate's Tael: Rationalizing Fiscal Reform in Eighteenth-Century Ch'ing China* (Berkeley: University of California Press, 1992); 陈锋：《清代前期奏销制度与政策演变》，《历史研究》，第 2 期（2000），页 63–74。

存留在各省甚至地处要冲的府、州和县。清政府通过协饷制度，经常将税收从征收地直接分配到支出地。❶

这三个早期现代国家在分散财政体制下得以顺利运行的重要政治条件，是建立在保护公共福祉基础上的"家长式"国家权力的正当性。❷这样的国家权力正当性，体现在各项具体的"社会政策"中，如饥荒救济、交通改善、水利设施维护以及治河工程等。❸这些政策明确了国家有保护社会的义务，为国家从社会汲取费用提供了道德合理性，从而在政府财政中注入了"公共性"要素。正是基于这样的道德基础，中央政府可以要求地方政府分担费用，而地方政府也可以反过来向中央索取资金支持。❹然而，一

---

❶ Wang, *Land Taxation in Imperial China*, 12–18; 彭雨新：《清代田赋起运存留制度的演进》，《中国经济史研究》，第 4 期（1992），页 124–133。明代中国的分散型财政运作，后来为清朝所继承，参见 Ray Huang, *Taxation and Governmental Finance in Sixteenth-Century Ming China* (London and New York: Cambridge University Press, 1974), particularly pp. 268–279。

❷ Quentin Skinner, "The State," in Terence Ball, James Farr, and Russell L.Hanson, eds., *Political Innovation and Conceptual Change* (Cambridge and New York: Cambridge University Press, 1989), pp. 117–118.

❸ 有关政府通过增加支出来改进早期现代英国的社会福祉，从而确立国家权力正当性的相关讨论，参见 Braddick, *State Formation in Early Modern England*, chapter 3; Steve Hindle, *The State and Social Change in Early Modern England*, c. 1550–1640 (New York: Palgrave Macmillan, 2000), chapters 2 and 6. 有关 18 世纪日本的情况，参见大口勇次郎：「幕府の財政」，页 153–157。有关 18 世纪中国的情况，曾小萍（Madeleine Zelin）强调政府支出对促进公共福利的作用，参见 Zelin, *The Magistrate's Tael*, p. 304。有关 18 世纪中国的饥荒救济，参见 Pierre-Étienne Will, *Bureaucracy and Famine in Eighteenth-Century China*, trans. Elborg Forster (Stanford, CA: Stanford University Press, 1990); Pierre-Étienne Will and R. Bin Wong, *Nourish the People: The State Civilian Granary System in China, 1650–1850* (Ann Arbor: Center for Chinese Studies, University of Michigan Press, 1991)。

❹ 关于早期现代国家在保障社会福祉方面所起作用的讨论，参见 Michael J. Braddick, "The Early Modern English State and the Question of Differentiation, from 1550 to 1770," *Comparative Studies in Society and History* 38, no. 1 (January 1996): 92–111; Stephan R. Epstein, "The Rise of the West," in John A. Hall and Ralph Schroeder, eds., *An Anatomy of Power: The Social Theory of Michael Mann* (Cambridge and New York: Cambridge University Press, 2006), p. 247。

些认为战争是国家建设驱动力的学者，往往忽视早期现代国家在提供公共物品方面的重要作用。❶

当既有的分散型财政制度不能适应新的社会经济环境时，国家便难以维持其自主性和治理能力，在这样的局面下，这三个早期现代国家都经历了深刻的财政危机。❷ 例如，15 世纪 50 年代至 17 世纪 50 年代英国的价格革命及 19 世纪 20 年代至 60 年代日本的价格革命都严重削弱了各自政府的财政基础。中国的情况稍微特殊。海外流入的白银在 18 世纪造成了轻微但持续的通货膨胀。但 19 世纪 20 年代至 50 年代出现的白银短缺在国内引发了长期的通货紧缩，造成普遍的税款拖欠和失业。❸ 在上述三个时空，国家面对来自国外的新威胁时都需要增加军事开支，这令本来已经恶化的财政状况雪上加霜。当财政制度无法再为国家自主性和治理提供必需的财力基础时，国家变得相当脆弱。❹ 因此，重大事件发生在国家财

---

❶ 关于对战争在国家建设中的作用的（过分）强调，参见 Charles Tilly, ed., *The Formation of National States in Western Europe* (Princeton, NJ: Princeton University Press, 1975); Tilly, *Coercion, Capital, and European States, A.D. 990–1992*, rev. ed. (Cambridge, MA: Blackwell, 1992); Brian Downing, *The Military Revolution and Political Change* (Princeton, NJ: Princeton University Press, 1992)。

❷ 有关英国价格革命的综述，参见 C. G. A. Clay, *Economic Expansion and Social Change: England 1500–1700*, vol. 1, *People, Land, and Towns* (Cambridge: Cambridge University Press, 1984), chapter 2。有关 19 世纪 20 年代后日本物价上涨的趋势，参见新保博：『近世の物価と経済発展：前工業化社会への数量的接近』（東京：東洋経済新報社，1978）。

❸ Wang Yeh-chien, "Secular Trends of Rice Prices in the Yangzi Delta, 1638–1935," in Thomas G. Rawski and Lillian M. Li, eds., *Chinese History in Economic Perspective* (Berkeley: University of California Press, 1992), pp. 35–68; Lin Man-houng, *China Upside Down: Currency, Society, and Ideologies, 1801–1856* (Cambridge, MA: Harvard University Asia Center, 2006), chapters 2 and 3.

❹ 有关财政机构对于国家自主性和国家能力的重要性的讨论，参见 Theda Skocpol, "Bringing the State Back In: Strategies of Analysis in Current Research," in Peter B. Evans, Dietrich Rueschemeyer, and Theda Skocpol, eds., *Bringing the State Back* (Cambridge and New York: Cambridge University Press, 1985); Michael Mann, *The Sources of Social Power* (Cambridge and New York: Cambridge University Press, 1986)。

政枯竭之时绝非巧合：1642年，英国内战爆发；1868年，明治维新推翻德川幕府；1851年，中国的太平天国起义引发全国性内乱。❶

在这些重大动荡之后，每个国家当政者都开始为重建国家自主性和治理寻找新的财政制度基础。行政和政治成本较低的税收来源成为重点，这三个国家都开始依靠诸如关税和国内消费品税这样的间接税去增加政府收入。此外，它们都尝试过各种手段，利用税收从市场募集金融资源，甚至出现过一些类似的失误，使国家发行的信用工具在市场上的信用大打折扣。在每一个案例的制度发展过程中，我们都观察到国家政权和私人大金融商之间的密切互动。尽管这三个国家的政治历史各不相同，但都出现了与政府关系密切的有财有势的政治商人（在中国和日本一般称为"政商"）。然而，在这三个国家，制度变迁的顺序和最终结果却各不相同。

英国在17世纪40年代末到50年代从领地国家转变为传统财政国家。❷征收关税和酒税的中央官僚机构，分别于1672年和1683年成立。1688年光荣革命之后，英国与法国及其盟国持续进行耗资巨大的战争。尽管早在17世纪90年代初就有人提出发行纸币的选项，英国政府主要还是依靠借款来维持开支。1713年以

---

❶ 强调财政破产是国家崩溃的必要条件的讨论，参见 Theda Skocpol, *States and Social Revolutions: A Comparative Analysis of France, Russia, and China* (Cambridge and New York: Cambridge University Press, 1979); Jack A. Goldstone, *Revolution and Rebellion in the Early Modern World* (Berkeley: University of California Press, 1991)。

❷ 关于英国内战对英国财政国家兴起的重要影响，参见 Patrick K. O'Brien, "Fiscal Exceptionalism: Great Britain and Its European Rivals from Civil War to Triumph at Trafalgar and Waterloo," in Donald Winch and Patrick K. O'Brien, eds., *The Political Economy of British Historical Experience, 1688–1914* (Oxford: Published for the British Academy by Oxford University Press, 2002), p. 246; Michael J. Braddick, *The Nerves of State: Taxation and the Financing of the English State, 1558–1714* (Manchester: Manchester University Press, 1996), p. 16。

后，英国政府开始将毫无指定税款担保的短期债务转换为利息较低但可保证利息按期支付的长期债券。18 世纪 20 年代，可以在二级市场上买卖的永久年金开始成为政府借款的主要手段，现代财政国家从此诞生。集中征收的关税和国内消费税，使英国政府能够确保这些年金在利息支付上的信用。到了 18 世纪 50 年代，英国的现代财政国家制度已经完全巩固。

英国在建立现代财政国家之前严重依赖短期融资，与之形成鲜明对比的是，1868 年成立的日本明治政府一开始就求助于不兑换纸币的发行，以满足其财政需要，这些不兑换纸币实质是国家的一种长期债务。由于西方列强强加的不平等条约将日本的关税固定为 5%，日本政府很难通过提高关税税率来增加收入。从 19 世纪 70 年代末开始，明治政府主要从清酒、烟草、酱油等主要消费品中获取税收。到了 1880 年，中央政府已经可以集中管理全国的酒税征收。现代财政国家于 19 世纪 80 年代中期在日本形成，集中管理的财政制度不仅使日本政府可通过新建立的日本银行来发行可兑换纸币，而且还能够在国内发行长期债券。到了 1895 年，现代财政国家制度在日本牢固确立。

中国的情况表明，在财政上的类似试验并不一定会导致现代财政国家的出现。清政府在 1853 年至 1863 年期间发行纸币，以支付镇压太平天国起义的军费。然而，这次货币试验并没有像在日本那样推动清政府去集中管理政府财政，而是以灾难性的失败告终。尽管如此，19 世纪 70 年代以后，清政府在财政上仍然有了一些重要的制度发展。与英国和日本一样，关税和国内消费税（即从批发商征收的厘金）成为政府财政的支柱。各省督抚越来越多地与民间银行家合作，以汇票来汇兑税收和政府支出。但是，中央政府的财政运行仍然分散，大量具体的税收款项被中央直接指派到各地，用于具体开支，而没有汇总到北京的户部。清政府的分散型财政管理始终没有能力从市场调动长期的金融资源。

现代财政国家的重要性

现代财政国家的制度大大增强了国家能力和自主性。在以往很长一段时间里，学界都认为 18 世纪的英国是官僚制度不成熟、自由放任的国家，其治理必须依靠地方乡绅。但新近的研究颠覆了这些看法，表明 18 世纪的英国是拥有高效税务官僚机构的"强国家"。[1] 对于税务官僚机构在 18 世纪英国那场著名的"金融革命"中所发挥的关键作用，我们现在有了更清晰的认识。这场革命使英国政府能够承担起为发动战争所募集的巨额长期债务。[2]

英国政府在金融市场上的信用很大程度取决于其榨取税收的能力，这使得英国成为 18 世纪欧洲税收负担最重的国家之一。[3]

---

[1] 类似的例子，参见 Weber, *Economy and Society*, vol. 2, pp. 1061–1064。更多新近的例子，参见 Gabriel Ardant, "Financial Policy and Economic Infrastructure of Modern States and Nations," in Charles Tilly, ed., *The Formation of National States in Western Europe* (Princeton, NJ: Princeton University Press, 1975), p. 196; Tilly, *Coercion, Capital, and European States*, p. 159; Bruce G. Carruthers, *City of Capital: Politics and Markets in the English Financial Revolution* (Princeton, NJ: Princeton University Press, 1996), p. 22。

[2] 英国政府的债务规模，在 1688 年几乎为零，之后迅速上升到 1697 年的 1670 万英镑，1748 年的 7600 万英镑以至 1783 年的 2.45 亿英镑。参见 John Brewer, *The Sinews of Power: War, Money and the English State, 1688–1783* (New York: Alfred A. Knopf, 1989), p. 114。

[3] Peter Mathias and Patrick K. O'Brien, "Taxation in Britain and France, 1715–1810: A Comparison of the Social and Economic Incidence of Taxes Collected for the Central Governments," *Journal of European Economic History* 5, no. 3 (1976): 601–650; Patrick K. O'Brien, "The Political Economy of British Taxation, 1660–1815," *Economic History Review*, new series., 41, no. 1 (February 1988): 1–32.

英国财政体制高度集中，地方税在 18 世纪 70 年代以前只占中央税收的 10%。❶ 随着对间接税依赖程度的不断加深，英国税收的构成发生了重大变化。在 18 世纪，关税和消费税收入大体占到政府年收入总额的 70%—80%。消费税收入在政府总收入中所占比例，更是从 1696 年至 1700 年的 26% 上升到 1711 年至 1715 年的 36%，再增加到 1751 年至 1755 年的 51%。❷

正如奥布莱恩指出，间接税的大幅增长不仅是经济发展也是行政革命的结果。❸ 约翰·布鲁尔进一步证明，由领薪官员组成的高度集中化官僚机构，使英国政府能够从关税和消费税中获得有弹性且可靠的收入。这一时期英国政府中最大的部门就是国产税局，它非常接近韦伯所说的理想型"理性官僚制"（rational bureaucracy），确保了行政管理的可靠性和可预测性。❹ 界定理性官僚制的特征包括：考试录用、专业培训、细致的簿记、以消费税评估和征收的标准化官僚程序为基础的集中化监督，以及论资排辈的晋升。❺ 英国消费税的征收尤其集中化，全国各地征税官员的账簿和记事本必须

---

❶ Peter Mathias, "Taxation and Industrialization in Britain," in *The Transformation of England: Essays in the Economic and Social History of England in the Eighteenth Century* (London: Methuen, 1979), p. 117.

❷ 引自表 2，J. V. Beckett, "Land Tax or Excise: The Levying of Taxation in Seventeenth-and Eighteenth-Century England," *English Historical Review* 100, no. 395 (April 1985): 306。

❸ 例如，消费税和印花税从 1685 年的 40 万英镑增加到 1720 年的 280 万英镑；而按现行价格估算的国民收入，仅从 1680 年的 4176 万英镑增加到 1720 年的 5392 万英镑。参见 O'Brien, "The Political Economy of British Taxation," 3 and 9。

❹ 有关韦伯对理性官僚制度对资本主义发展的贡献的讨论，参见 Weber, *Economy and Society*, vol. 2, pp. 974−975 and 1393−1394。

❺ Brewer, *The Sinews of Power*, p. 68. 国产税局作为官僚机构为伯纳德·西尔伯曼的研究忽视，他将英国理性官僚制度的起源追溯到 1790 年左右。参见 Bernard S. Silberman, *Cages of Reason: The Rise of the Rational State in France, Japan, the United States, and Great Britain* (Chicago: University Press of Chicago, 1993), chapters 10−12。

定期送往伦敦总部接受检查。❶集中征收的消费税，使英国政府能够按时向永久年金债权人支付利息，这对在市场发行长期债券的成功可谓至关重要。相比之下，地方乡绅牢牢控制着土地税的征收，土地价值的人为低估、偷税漏税和管理不善等弊端比比皆是。❷

英国政府在 18 世纪征收关税和消费税方面的高效及其从市场募集长期金融资源的卓越能力，为国家能力和自主性提供了坚实的基础。英国政府通过中央集中管理的官僚机构征收绝大部分税收，比那些不得不依靠地方官员或地方乡绅来收税的国家享有更多的自主性。从 18 世纪 40 年代开始，英国政府主要利用永久年金债券来向公众筹集长期借款，从而不必仰少数大金融商之鼻息。❸因为土地财富不承担日益增加的税收负担，这些新的财政制度也大大缓解了土地所有者与政府之间以及土地所有者与金融阶级之间的利益冲突。这些制度还使政府的行政部门得以利用薪酬丰厚的闲职和养老金收买议员，从而建立广泛的政治庇护网络以操纵议会，因此在 18 世纪下半叶形成了稳定而腐败的寡头政权。❹

我们该如何描述 18 世纪英国财政制度的特征呢？约翰·布鲁尔提出的"财政－军事国家"（fiscal-military state）一词，形象地反映了财政制度发展与 1689 年至 1815 年间英国经历耗费巨大战争之间的密

---

❶ Brewer, *The Sinews of Power*, pp. 102–111.

❷ W. R. Ward, *The English Land Tax in the Eighteenth Century* (Oxford: Oxford University Press, 1953), particularly section II. 有关地方乡绅对所收税款的截留，参见 L. S. Pressnell, "Public Monies and the Development of English Banking," *Economic History Review*, n.s., 5, no. 3 (1953): 378–397; Colin Brooks, "Public Finance and Political Stability: The Administration of the Land Tax, 1688–1720," *Historical Journal* 17, no. 2 (1974): 281–300。

❸ Brewer, *The Sinews of Power*, chapter 3.

❹ J. H. Plumb, *The Growth of Political Stability in England: 1675–1725* (London: Macmillan, 1967). 关于 18 世纪英国政府腐败的严重程度，参见 W. D. Rubinstein, "The End of 'Old Corruption' in Britain, 1780–1860," *Past and Present* 101 (November 1983): 55–56。

切联系。然而，这一概念主要针对的是国家财政资源的使用。布鲁尔认为财政部管控的中央财政体系有能力"全面核算政府总收入和总支出"，是英国与其他欧洲国家在财政制度方面最大的分别。[1] 然而，他高估了当时英国政府支出管理的集中程度。例如，财政部在18世纪中叶之前无法获得陆军和海军（两个最大的开支部门）支出的细目信息，只能根据它们提出所需支出的总额来拨款。[2] 因此，集中化管理并不是18世纪英国政府财政制度的总体特征。

正如奥布莱恩和菲利普·亨特（Philip A. Hunt）指出的，从18世纪20年代起，英国国家能力的强大得益于两方面相互关联的发展，即征收间接消费税高度集中的官僚制度，及按时支付在市场发行的永久债务利息的金融制度。[3] 中央税收和国家长期债务信用之间的制度性联系，使英国政府能够利用税收调动金融资源，从而支付昂贵的战争费用，尽管政府开支方面普遍存在浪费和腐败，特别是陆军和海军。[4]

现代财政国家在英国的出现有其非常特殊的历史背景，即连续不断的对外战争和大西洋贸易的大规模扩张。而在明确了现代财政国家的制度特征之后，就易于将18世纪的英国纳入更宽广的

---

[1] Brewer, *The Sinews of Power*, p. 129.

[2] J. E. D. Binney, *British Public Finance and Administration, 1774–92* (Oxford: Clarendon, 1958), pp. 140 and 151. 直到19世纪下半叶英国政府部门统一采用复式记账法之后，财政部才实现全面集中管理政府支出。

[3] O'Brien and Hunt, "England, 1485–1815," p. 65.

[4] 有关18世纪英国海军大量贪污腐败的详情，参见 Daniel A. Baugh, *British Naval Administration in the Age of Walpole* (Princeton, NJ: Princeton University Press, 1965), particularly chapters 8 and 9。英国政府迟至19世纪才开始清除政府腐败的体制改革，参见 Philip Harling and Peter Mandler, "From 'Fiscal-Military' State to Laissez-Faire State, 1760–1850," *Journal of British Studies*, 32, no. 1 (January 1993): 44–70; Philip Harling, *The Waning of "Old Corruption": The Politics of Economical Reform in Britain, 1779–1846* (Oxford: Clarendon Press, 1996)。

比较视野中。比如，日本在19世纪80年代后期也建成了现代财政国家，利用集中征收的税收保障了纸币的价值，由日本银行发行的纸币是经济生活中的法定货币。日本在尚处于世界资本市场的边缘且没有发动任何大规模对外战争的情况下，取得了这项制度成就。不同于18世纪英国的长期借贷，明治政府的永久性负债从一开始便以纸币形式出现。

关注"后发展"（late development）的政治经济学家长期以来都把明治时期的日本看成国家主导经济发展成功的典型案例，即一群专注于经济发展的政治领导人建立强大国家，通过有效的政府干预而将西方的经济发展模式移植到一个落后的经济体。❶ 然而，这种观点完全忽视了日本本土在1858年开国（即佩里来航的时间，1858年是正式施行通商条约的年份）之前已经有了高度发达的市场经济。另一方面，明治政府初期的财政和政治基础非常薄弱，主要政治家之间没有所谓"集团凝聚力"，相互冲突的制度变革方案在他们中间产生了十分严重的分歧。❷ 明治政府最初参与工矿企业的主要目的，是希望通过直接拥有和管理纺织业、矿业和铁路建设来获取政府收入。❸ 然而，这些官营企业管理不善、效

---

❶ G. C. Allen, *A Short Economic History of Modern Japan*, 4th ed. (London: Macmillan, 1981). 关于国家在后发工业化中的作用，参见 Alexander Gerschenkron, *Economic Backwardness in Historical Perspective* (Cambridge, MA: Belknap Press of Harvard University Press, 1962)。

❷ Michio Umegaki, *After the Restoration: The Beginning of Japan's Modern State* (New York: New York University Press, 1988). 有关明治维新领导者的"集团凝聚力"，参见 Ellen K. Trimberger, *Revolution from Above: Military Bureaucrats and Development in Japan, Turkey, Egypt, and Peru* (New Brunswick, NJ: Transaction Books, 1978)。

❸ 有关明治早期产业政策的财政目的及其与领地国家概念的联系，参见山本弘文:「初期殖産政策とその修正」，安藤良雄编:『日本経済政策史論（上）』（东京: 东京大学出版会，1973）; 永井秀夫:『殖産興業政策の基盤—官営事業を中心として』; 原载『北海道大学文学部紀要』第10期（1969年11月）; 重印为永井秀夫:『明治国家形成期の外政と内政』（札幌: 北海道大学図書刊行会，1990）。

率低下。^❶由此产生的巨额财政赤字，迫使明治政府不得不出售长期亏损的官营企业，保留黄金开采等少数盈利业务。^❷

相比之下，19 世纪 80 年代建立起来的集中管理财政制度，为日本经济的现代化做出了巨大贡献。^❸例如，以日本银行为中央银行的现代银行系统，将商业、服务业、金融业等非农业部门的闲置资金调用于工业发展，成为 19 世纪末至 20 世纪初日本工业投资的主要来源。^❹尽管日本政府的总支出在 1888 年至 1892 年这一时期仅占国民生产总值（GNP）的 7.9%，但日本政府在促进工业投资方面依然发挥着间接而有效的作用。^❺例如，股份制公司在 19 世纪 80 年代末的过热发展导致了 1890 年严重的金融恐慌，但日本

---

❶ 参见 Yamamura Kozo, "Entrepreneurship, Ownership, and Management in Japan," in Peter Mathias and M. M. Postan, eds., *The Cambridge Economic History of Europe*, vol. 7, *The Industrial Economies Capital, Labour, and Enterprise*, Part 2: *The United States, Japan, and Russia* (Cambridge: Cambridge University Press, 1978), pp. 226–230; S. McCallion, "Trial and Error: The Model Filature at Tomioka," in W. Wray, ed., *Managing Industrial Enterprise: Cases from Japan's Prewar Experience* (Cambridge, MA: Council on East Asian Studies, Harvard University, 1989)。

❷ Thomas C. Smith, *Political Change and Industrial Development in Japan: Government Enterprise, 1868–1880* (Stanford, CA: Stanford University Press, 1955), chapter 8.

❸ 有关财政在 19 世纪末对日本经济现代化的重要贡献，参见中村隆英：「マクロ経済と戦後経営」，西川俊作、山本有造編：『産業化の時代（下）』（日本経済史）（東京：岩波書店，1990），第 5 巻；Henry Rosovsky, "Japan's Transition to Modern Economic Growth, 1868–1885," in Henry Rosovsky, ed., *Industrialization in Two Systems: Essays in Honor of Alexander Gerschenkron* (New York: John Wiley & Sons, 1966); and Richard Sylla, "Financial Systems and Economic Modernization," *Journal of Economic History* 62, no. 2 (June 2002): 277–292。

❹ 有关非农业财富对日本明治工业投资的贡献，参见寺西重郎：「金融の近代化と産業化」，西川俊作、山本有造編：『産業化の時代（下）』（日本経済史）（東京：岩波書店，1990），第 5 巻，頁 63。

❺ 在同一时期，政府支出占国民生产总值的比例，法国为 16.2%，意大利为 13.2%，瑞典为 12.5%，就此看来，日本这一比例就相当低了。引自 Yasukichi Yasuba, "Did Japan Ever Suffer from a Shortage of Natural Resources before World War II?" *Journal of Economic History* 56, no. 3 (September 1996): 549。

银行继续对那些接受主要铁路公司股份作为抵押的银行票据进行贴现。这项政策极大地鼓励了铁路建设的投资及其资本形成。❶

从税收的构成来看，明治时期日本政府转向征收酒类间接税的做法取得了惊人的成功。对清酒和烧酒生产征取的税收，在政府年度税收总额所占比例从 1878 年的 12.3% 上升到 1888 年的 26.4%，而到了 1899 年，这一比例达到 38.8%（4900 万日元），首次超过土地税所占比重（35.6%, 4500 万日元）。❷ 与英国国内消费税的征收一样，日本的酒税也是由大藏省派出的官员统一征收。❸ 到了 1880 年，酒类间接税的征收已经高度集中。1882 年之后，明治政府要求新成立的日本银行统一管理全国各地的政府财政资金，这进一步提高了财政管理的集中程度。❹ 日本政府授予日本银行发行纸币的垄断权，这是日本银行早期最重要的业务。财政集中化管理也极大地提高了日本政府发行长期国内公债的能力。例如，为了实现海军现代化，日本政府于 1886 年在国内成功地发行了1700 万日元的海军公债，为期长达 50 年，年利率为 5%。❺ 现代财政国家在日本的兴起，为其成为亚洲强国铺平了道路。

中国的情形则从反面表明现代财政国家的重要性。中国长期

---

❶ Ishii Kanji, "Japan," in Rondo Cameron, V. I. Bovykin, and B. V. Anan'ich, eds., *International Banking: 1870−1914* (New York: Oxford University Press, 1991), p. 226; Steven J. Ericson, *The Sound of the Whistle: Railroads and the State in Meiji Japan* (Cambridge, MA: Council on East Asian Studies of the Harvard University Press, 1996), pp. 174−189.

❷ 引自藤原隆男：『近代日本酒造業史 』（京都：ミネルヴァ書房，1999），頁 2。有关1868 年后日本间接税重要性日益上升的讨论，参见林健久：『日本における租税国家の成立 』（东京：东京大学出版会，1965）。

❸ 藤原隆男：『近代日本酒造業史 』（京都：ミネルヴァ書房，1999），頁 101−108。

❹ 深谷德次郎：『明治政府財政基盤の確立 』（東京：御茶の水書房，1995），頁 110−111。

❺ 室山義正：『近代日本の軍事と財政：海軍拡張をめぐる政策形成過程 』（東京：東京大学出版会，1984），頁 133−134。

以来都是传统财政国家。清政府在 18 世纪的岁入中，白银的比例高达 80%。清政府的财政结构在 19 世纪后半叶发生了重大变化，其中许多与我们在英国和日本看到的情况相似。例如，每年税收的规模从 19 世纪 30 年代的 4000 万两上升到 19 世纪 90 年代初的 9000 万两左右，增加了一倍多。随着国内外贸易在 19 世纪 60 年代以后的增长，税收构成变得更加多样化。田赋占政府年收入的比例，在 19 世纪 40 年代之前一直超过 70%，到了 80 至 90 年代则下降到 40% 左右，而关税、国内消费税（厘金）、盐税等间接税的比重同期上升到 50% 左右。❶

在英国和日本，通过信贷票据快捷地汇兑税收和政府资金，政府得以建立集中管理的财政制度。在中国，民间汇票从 19 世纪 60 年代开始也越来越多地用来汇兑政府税收。1875 年至 1893 年，从各省解往北京的税收中，约有三分之一由山西票号通过汇票汇兑，特别是来自四川、福建、广东和浙江的税收，以及福建、浙江和广东的关税。❷ 政府资金在各省之间的转移，也大多依靠民间私人银行家来完成。

在 19 世纪末的中国，关税和厘金由领薪官员征收。清政府雇用的西洋官员，把新成立的海关总税务司管理成高度集中和有效的官僚机构。❸ 同时，大部分征收厘金的官员是从候补官员中招募的厘金委员。户部要求各省定期上报厘金委员的姓名及征收业绩。

❶ 周育民：《晚清财政与社会变迁》（上海：上海人民出版社，2000），页 239。
❷ 宋惠中：《票商与晚清财政》，"中央研究院" 近代史研究所社会经济史组编：《财政与近代历史：论文集》（2 册）（台北："中央研究院" 近代史研究所，1999）。
❸ 值得注意的是，清帝国海关的西方官员只是关税征收的代理人，没有权力或权威来决定如何支出征收到的关税。这一问题上，跟北京大学历史系的任智勇的讨论，对我很有启发。

有良好征收业绩的厘金委员在官僚体系中优先得到晋升。❶ 这与 18 世纪英国国产税局管理的基本原则类似。与英国一样，军事需求推动了清政府借款；19 世纪 60 年代至 80 年代，清政府 4400 万两白银的短期贷款中，约有 77% 用于军事目的，这些借款大多是以关税和厘金收入作为担保。❷ 这些制度变革使清政府得以建立强大的西式海军，其军力足以遏制日本在 19 世纪 80 年代对朝鲜的侵略企图；❸ 清政府也能够承担 1873 年至 1883 年间耗资巨大的收复新疆之战，以及 1884 年至 1885 年中法战争期间的陆海冲突。

尽管如此，与英国和日本形成强烈对比的是，间接税的增加和用汇兑来转移政府税收的制度变革在中国并没有促使财政进一步集中化管理。在财政事务方面，清廷的权威足够保证其能协调各省督抚和海关税务司以确保按时偿还外国借款。❹ 但是，清政府并没有试图筹集长期金融资源。1895 年之前的铁路铺设和现代海军的建设，全部由国家有限的财政盈余来支持，而非像日本明治政府那样，通过政府发行长期公债来从市场调动金融资源。由于缺乏调动长期金融资源的能力，清政府在 1895 年被日本打败，在 1911 年最终垮台。由此看来，任何对 19 世纪晚期中国国家能力的评价，都需要能够同时解释清政府在间接税征收和短期贷款借贷方面业已取得的成功，以及在财政集中管理和国家长期信贷发展方面的缺陷。

---

❶ 有关领薪官员在厘金征收中的重要作用，参见 Susan Mann, *Local Merchants and the Chinese Bureaucracy, 1750–1950* (Stanford, CA: Stanford University Press, 1985), p. 104；罗玉东：《中国厘金史》（上海：商务印书馆，1936），第一卷，页 84–85。厘金税征收的管理将在第六章详细讨论。

❷ 周育民：《晚清财政与社会变迁》（上海：上海人民出版社，2000），页 282–283。

❸ 高桥秀直：『日清戦争への道』（東京：創元社，1995），頁 119–120。

❹ 马陵合：《晚清外债史研究》（上海：复旦大学出版社，2005），页 43、53。

如何解释现代财政国家的兴起

为什么现代财政国家出现在英国和日本，而没有出现在中国呢？比较的视角有助于我们从一开始就排除一些可能的解释。首先，现代财政国家不是工业经济的产物。比如，它出现在18世纪30年代的英国，即第一次工业革命（通常可追溯到18世纪40年代）发生之前。同样，19世纪90年代初的日本经济还远没有实现工业化。从这个意义上说，19世纪中国工业化的举步维艰，并不是中国未能成为现代财政国家的原因。

近年来，经济史学家一直强调选择地域规模类似的比较单位的重要性，这么做不无道理。例如，彭慕兰、王国斌和李伯重等认为，把中华帝国晚期经济最发达的江南地区与18世纪欧洲领先经济体之一的英国比较更为合理。但这种基于区域的比较研究，忽视了国家财政制度在经济和政治发展中的重要作用。由于现代财政国家的特点是集中征税与国家长期负债担保之间的制度性联系，税收和债务的相对规模并不重要，关键在于税收是否能集中征收并用来支持国家的长期债务。这大大简化了对三个地域大小不同国家的比较研究。

例如，中国的疆域比英国或日本大得多。然而，到了19世纪下半叶，山西票号已经在国内建立了连接主要城市和市镇的金融汇兑网络；经由这些网络汇兑各地的税收和官款，数额巨大。在英国和日本，类似的私人金融网络对集中征税和建立现代财政国家至关重要。官方资金的快速汇款，也为清政府的财政集中管理准备了必要的技术手段。由此可见，现代财政国家创建的成功或失败，并不简单取决于领土面积的大小。

现代财政国家的建立也可以有不同的时序。比较中国和英国就会发现，传统财政国家的悠久历史并没有为向现代财政国家的转型带来什么优势。中央政府政治集权历史的长短，也与建立集中管理的财政体制无关。日本在 1880 年之前就实现了这一目标，而中国却没有。英国在 18 世纪 20 年代以后将巨额借款转换成永久债务，但在此之前就已经建立起集中征收关税和消费税的官僚机构；相比之下，日本政府在集中征税之前就以发行不兑换纸币的形式承担了大量的长期债务。对外战争既不是建立现代财政国家的充分条件，也不是必要条件。例如，日本在 1868 年至 1894 年没有发生过大规模的对外战争。相反，财政困难迫使明治政府在这一时期尽量避免与俄国和中国发生军事对抗。❶ 而中国在 1866 年至 1883 年间，在西北地区展开了耗资巨大的军事行动，在 1884 年至 1885 年间又与法国爆发过战争。然而，现代财政国家出现在日本，而非中国。

议会制度也不是建立现代财政国家的必要条件。虽然英国在现代财政国家兴起之前就有议会，但日本在 1891 年国会开设之前就已经建成现代财政国家。这迫使我们重新审视政治代议制度与税收之间的关系。新制度经济学派经常用议会来解释 18 世纪英国政府收入的迅速增加。在玛格丽特·利维（Margaret Levi）看来，国会确保了纳税人的"准自愿服从"（quasi-voluntary compliance），从而降低了税收的交易成本，促进了税收的增加。❷ 然而，当时的英国议会主要由土地所有者控制，而增加的税收主要来自关税和消费税。普通消费者对高昂的消费税深恶痛绝，要

❶ 坂野潤治:「明治国家の成立」，梅村又次、山本有造編:『開港と維新』（日本経済史）（東京：岩波書店，1989），第 3 卷，頁 73-85。

❷ Margaret Levi, *Of Rule and Revenue* (Berkeley: University of California Press, 1988), pp. 97 and 118.

说议会议员能代表他们的利益，实在过于牵强。消费税的不断攀升，绝非出于英国民众的同意。❶

由于英国政府依靠自己的领薪官员来收取关税和消费税，所以地方精英不太可能像让－洛朗·罗森塔尔（Jean-Laurent Rosenthal）所说的那样，通过税收来控制政府。❷罗伯特·贝茨（Robert Bates）和连大祥（Da-Hsiang Lien）认为，17世纪的英国有产者有更多的权力与政府讨价还价，因为他们可以向税务官员隐瞒自己的流动资产来增加政府征税的交易成本，从而迫使政府做出政治让步，以换取更多的征税收入。❸但是，当时英国主要消费品生产规模之大，使得生产商很难逃过政府税务人员的检查。不过，大生产商和批发商可以将高税收的负担转嫁给消费者，如前所述，消费者在组织抗税运动时不得不面对"集体行动问题"的困境。因此，政治代议权不是间接消费税增收的必要条件。

有些制度经济学派学者利用政治精英的利益计算来解释制度变迁。例如，达龙·阿西莫格鲁（Daron Acemoglu）和詹姆斯·A.罗宾逊（James A. Robinson）认为，政治势力强大的集团在知道经济变革会使其潜在政治对手得益，从而削弱其权力基础时会反对经济增长。❹布鲁斯·卡卢瑟斯（Bruce Carruthers）和大

❶ 英国社会对消费税普遍不满的例子，参见 Peter Mathias, *The Brewing Industry in England: 1700–1830* (Cambridge: Cambridge University Press, 1959), p. 345; Edward Hughes, *Studies in Administration and Finance, 1558–1825* (Manchester: Manchester University Press, 1934), pp. 327–328 and 332–333。

❷ Jean-Laurent Rosenthal, "The Political Economy of Absolutism Reconsidered," in Robert H. Bates, ed., *Analytic Narratives* (Princeton, NJ: Princeton University Press, 1998).

❸ Robert Bates and Da-Hsiang Donald Lien, "A Note on Taxation, Development, and Representative Government," *Politics and Society* 14, no. 1 (1985): 53–70.

❹ Daron Acemoglu and James A. Robinson, "Economic Backwardness in Political Perspective," *American Political Science Review* 100, no. 1 (February 2006): 115–131.

卫·斯塔萨维奇（David Stasavage）都认为，辉格党（Whig Party）代表了英国国家债权人的利益；辉格党于1714年至1746年在政治上占主导地位，大大降低了国家债务违约的风险，从而促进了英国金融革命的成功。❶然而，这一时期英国政府不断增长的长期借款的利息支付，主要来自从普通消费者那里收取的间接税款。地主精英并没有承受沉重的税收负担，而国家的债权人得以从按时支付的利息中受益，国家支出能力也大大提高。有鉴于此，我们有什么理由去相信一个由地主阶层组成的英国政府一定会在长期借款的利息支付上违约？

国家权力与普通消费者在间接消费税征收方面存在着特殊的政治权力不对称，这意味着政治精英应该有充分的理由来拥抱现代财政国家制度，不管他们是来自地主还是金融阶级。从利益分配的角度看，19世纪末的清政府完全可以成为现代财政国家，因为它已经依靠领薪官员从间接税中收取其年收入的一半，并且在1895年之前在偿还巨额的短期借款方面保持着良好的信用。由此看来，英国、日本和中国在制度变革最终结果上的差异，不能用国家和地主精英在税收问题上的利益冲突来解释，因为这三个国家都用领薪官员来征收大量的间接税。

回顾这三个案例，现代财政国家的制度特征为国家能力研究提供了新的视角。18世纪的英国和19世纪的日本都表明，在拥有大量商业部门和金融网络的经济体中，间接消费税远比土地税更为重要。日本的情况说明利用集中征收的税款来调动长期金融资源，哪怕仅仅从国内市场募集借款，也远比直接征收土地税更

---

❶ 从政治角度来解读英国金融革命的两个突出例子，参见 Carruthers, *City of Capital*, chapter 6; David Stasavage, *Public Debt and the Birth of the Democratic State: France and Great Britain, 1688–1789* (Cambridge and New York: Cambridge University Press, 2003), chapter 5.

能提升国家能力。因此，对于 19 世纪的日本和中国而言，国家权力渗透到乡村甚至直接针对每一农户来征收土地税，并不是衡量国家能力的适当尺度。❶

现代财政国家确立的募集长期金融资源的制度，也极大地提高了国家支付能力，这在国家之间的权力竞争方面是一个显著优势。因此，现代财政国家对国家能力的重要性，为我们考察 18 世纪末中国和英国之间的"大分流"，以及 19 世纪末中国衰落与日本迅速崛起，都提供了新的视角。

同时，考虑到国家税收的规模和稳定性，国家税款进入市场会对金融发展产生极大的影响。在大众媒体出现之前的早期现代社会，有关国家信用的信息可以传播到社会的众多角落；相比之下，即使是主要的私人金融机构，其声誉信息也常常局限于特定的交易网络。因此，现代财政国家的出现，极大地刺激了纸币、国债等长期信用工具的发展，这是走向以信用为基础的现代经济的关键阶段。现代财政国家的兴起，代表了国家与经济关系上的一场"大变革"(great transformation)。

鉴于现代财政国家对国家能力的重要贡献，以及国家与普通消费者之间权力的严重不对称，国家可以在民众不甘愿的情况下仍然榨取高额的间接税。这样看来，商业化经济社会中的国家当政者，都应该接受这些新制度。那么，该如何解释现代财政国家

---

❶ 有关国家能力的定义，参见 Joel S. Migdal, *Strong Societies and Weak States: State-Society Relations and State Capabilities in the Third World* (Princeton, NJ: Princeton University Press, 1988), chapter 2. 将土地税的征收作为衡量 19 世纪晚期日本和中国国家能力的主要标准，其例参见 Thomas C. Smith, *The Agrarian Origins of Modern Japan* (Stanford, CA: Stanford University Press, 1959); Prasenjit Duara, *Culture, Power, and the State: Rural North China, 1900—1942* (Stanford, CA: Stanford University Press, 1988); Philip A. Kuhn, *Origins of the Modern Chinese State* (Stanford, CA: Stanford University Press, 2002), chapter 3。

出现在英国和日本，而没有在中国呢？制度创新过程中的高度不确定性和可能出现的多种结果说明，无论是英、日两国的成功，还是中国的失败，都不能在其各自制度变革的初始时段找到所谓第一原因。通向现代财政国家并没有一条单一的线性路径。

为了解释制度发展的实际轨迹，本书构建了一个与过程相关的因果机制，这种机制是由适当的社会经济环境与国家过度发行信用工具而造成的信用危机相互作用的结果。由于这样的信用危机威胁到国家的信誉，因此，对任何上台的政治人物来说，这都构成紧迫的问题。由于中央承担着兑现这些信用工具的全部风险，国家当政者——无论其政治目标或利益代言如何不同——都有强烈的动机去寻求集中税收和保障这些信贷工具价值的方法和手段。在之后展开的探索和试错学习过程中，解决信用危机的共同问题导致有效制度要素和知识的不断积累，最终形成新的制度。而其他可能的替代方案，则由于无法解决信用危机而在过程中被淘汰。这一机制将社会经济结构、事件偶然性和个人能动性整合成一个连贯的路径依赖因果叙述，不仅可以用来解释英、日两国不同的成功故事，也能解释中国未能实现这种转变的原因。我将在下一章详细阐述这一因果机制。

第 1 章

现代财政国家兴起中的信用危机

在制度发展的研究中，理性选择制度主义学派和历史制度主义学派都试图用有关制度的功能及分配效应的理论，来解释社会经济环境的改变如何导致现有制度的变化。[1] 权力拥有者之间政治权力的变动，也可能导致现有制度的变化。[2] 然而，在新制度的功能及分配效应尚不清楚的情况下，这种处理制度发展的内生式理论并不能令人满意地解释新制度的创建。相比之下，外生制度变迁理论则强调诸如战争或外国占领等外部冲击在根本性制度创新中的作用。[3]

尽管如此，现有制度崩溃后的最初阶段，通常具有高度的不确定性；因为行动者不再有"路线图"来指导他们寻找最佳替代方案。[4]

---

[1] Avner Greif and David D. Laitin, "A Theory of Endogenous Institutional Change," *American Political Science Review* 98, no. 4 (November 2004): 636; Kathleen Thelen, "How Institutions Evolve: Insights from Comparative Historical Analysis," in James Mahoney and Dietrich Rueschemeyer, eds., *Comparative Historical Analysis in the Social Sciences* (Cambridge and New York: Cambridge University Press, 2003).

[2] Kathleen Thelen and James Mahoney, eds., *Explaining Institutional Change: Ambiguity, Agency, and Power* (Cambridge and New York: Cambridge University Press, 2010).

[3] Stephen D. Krasner, "Approaches to the State: Alternative Conceptions and Historical Dynamics," *Comparative Politics* 16, no. 2 (January 1984): 223246.

[4] 有关制度作为行为者导向的认知作用，参见 Douglass C. North, *Institutions, Institutional Change and Economic Performance* (Cambridge and New York: Cambridge University Press, 1990), p. 96; Paul J. DiMaggio and Walter W. Powell, "Introduction," in Paul J. DiMaggio and Walter W. Powell, eds., *The New Institutionalism in Organizational Analysis* (Chicago: University of Chicago Press, 1991), pp. 1–40。

新制度往往在黑暗的探索过程中诞生，而这个过程并非仅有一种可能的结果。因此，制度创新过程的特殊性，也使这类制度发展与关键节点（critical junctures）的理论中所讨论的制度发展有所不同；后者主要讨论在关键节点形成的具体制度安排，如何随着时间的推移而不断自我巩固，最终导致新的制度结果出现。❶

那么，面对新制度创建过程中高度的不确定性和可能出现结果的多样性，我们如何解释某些具体新制度的兴起呢？现代财政国家的建立，涉及两个密切相关的财政革新：其一是集中收取间接税的制度；其二是利用集中汇总的税收，以国债或纸币形式调动长期财政资源的金融制度。这不是简单地从现有制度中调配或重组各种既有要素就能完成的制度创新。❷因此，我们可以将其作为个案进行研究，以明了新制度出现并得以巩固的因果机制。

在每个案例的变革开始之前，国家的当政者都面临严重的财政困难：即 17 世纪初至 30 年代的英国，19 世纪 20 年代至 60 年代的日本，以及 19 世纪 20 年代至 40 年代的中国。尽管如此，在这些历史悠久的早期现代国家，中央和地方在维护社会政治秩序上的共同利益，会使得已经出现功能失调的体制在实际运作中具有相当的惯性。这一政治条件，使得中央能够将与公共利益相关

---

❶ 这方面一些具有代表性的研究包括：Ruth Berins Collier and David Collier, *Shaping the Political Arena: Critical Junctures, the Labor Movement, and Regime Dynamics in Latin America* (Princeton, NJ: Princeton University Press, 1991); Gregory M. Luebbert, *Liberalism, Fascism, or Social Democracy: Social Classes and the Political Origins of Regimes in Interwar Europe* (New York and Oxford: Oxford University Press, 1991)。有关将关键节点前的结构特征与关键节点整合成连贯的因果叙述的尝试，参见 Dan Slater and Erica Simmons, "Informative Regress: Critical Antecedents in Comparative Politics," *Comparative Political Studies* 43, no. 7 (2010): 886–917。

❷ 关于现有制度的层面叠加和转换，参见 Kathleen Thelen, "How Institutions Evolve," pp. 225–230。

的国家事务支出转移到地方政府甚至地方社区，例如，要求它们为社会福祉、基础设施维护，甚至国防等方面提供开支。

虽然面对极大的财政困难，但在每个案例中，国家当政者都没有积极地寻找替代方案。因此，既有制度在历史重大事件中的崩溃，无论是1642年的英国内战、1868年的明治维新，还是1851年的太平天国起义，都成为解决历史因果过程中无穷倒推难题的手段。换句话说，现代财政国家兴起的原因，不太可能出现在这些事件之前。❶ 既有的分散型财政制度，根本无法为行动者提供构想现代财政国家所需的信息，比如准确评估商业部门应有的纳税规模，或政府可能获取的潜在信贷资源。细致的历史考察可以凸显历史中的行动者在每个创新过程中不得不认真面对的高度不确定性和多种可能的具体制度方案，而现有的制度发展理论都难以在分析解释中处理这些因素。

财政困难的制度背景

正如导言所述，这三个早期现代国家的财政基础差别很大：英国是领地国家，日本是不完全财政国家，中国则是传统财政国

---

❶ 无穷倒推的因果陷阱，指的是因果链条上的任何一个环节，总能找到其之前的原因，反复倒推，以至无穷。见 James Fearon, "Causes and Counterfactuals in Social Science: Exploring an Analogy between Cellular Automata and Historical Processes," in Philip E. Tetlock and Aaron Belkin, eds., *Counterfactual Thought Experiments in World Politics: Logical, Methodological, and Psychological Perspectives*, (Princeton, NJ: Princeton University Press, 1996), pp. 39−67; Gary King, Robert O. Keohane, and Sidney Verba, *Designing Social Inquiry: Scientific Inference in Qualitative Research* (Princeton, NJ: PrincetonUniversity Press, 1994), p. 86。有关历史制度主义中的基于时段的因果分析，参见 Evan S. Lieberman, "Causal Inference in Historical InstitutionalAnalysis: A Specification of Periodization," *Comparative Political Studies* 34, no. 9 (2001): 1011−1035。

家。然而，这三个国家都因现有的财政制度不适应社会经济环境的巨大变化，而经历了一段财政困难时期。这些变化包括：国家权力日益明显地渗入社会各个方面，人口增长和流动，经济生活货币化程度不断加深，区域间贸易和金融网络扩大，城镇经济出现。特别是价格波动——无论是通货膨胀还是通货紧缩，不仅对社会而且对国家财政产生了广泛而深远的影响。

政府收入的传统支柱，就像英国斯图亚特王朝早期的领地收入，以及19世纪初日本和中国的土地税，要么变得枯竭，要么失去了弹性。再者，这些国家都还没有发展出对商业活动开征新税的制度能力。由于在现实上难以削减国防、维持政治秩序和提供诸如灾害救济等社会福利的必要开支，这三个早期现代国家因此面对长达数十年的财政恶化困局。

英国到了16世纪中叶形成领地国家，当年政府财政不是依靠常规的国内税收，而是从王室土地庄园、关税和国王的封建权利获得经常性收入。在16世纪30年代，教会拥有英国约20%至25%的土地，当都铎王朝的君主可以掠夺教会的巨额财富时，似乎没有必要在国内征税。❶ 在1534年至1547年间，由传统资源和新近占领的修道院土地征收所得，占了王室政府总收入约60%，而由俗人税和教会税所得仅占30%。❷ 尽管如此，由于与法国的战争耗费巨大，迫使王室政府在1540年至1552年间出售了许多曾经属于修道院和教会的土地，这带来的收入相当于战争总支出约

---

❶ 参见 W. G. Hoskins, *The Age of Plunder: King Henry's England, 1500–1547* (London: Longman, 1976), p. 121。

❷ 这些数字是根据下文中的表 5.1 计算得出，Peter Cunich, "Revolution and Crisis in English State Finance, 1534–47," in W. M. Ormrod, Margaret Bonney, and Richard Bonney, eds., *Crises, Revolutions, and Self-Sustained Growth: Essays in European Fiscal History, 1130–1830* (Stamford, UK: Shaun Tyas, 1999), p. 123。

350 万英镑的 32%。[1] 这当然是没有叮持续性的财政战略。从 1588 年到 1603 年，出售王室土地只能承担英西战争和爱尔兰殖民战争军费开支的 13%，而 71% 则来自平民和教会的补贴资助。[2]

然而，政府的支出持续上升。16 世纪中叶之后，西欧的"军事革命"导致战争开支不断攀升。[3] 除此之外，1450 年至 1649 年间也出现了"价格革命"。在这一时期，英国粮食的平均价格上涨了 700% 左右，工业品价格上涨了大约 210%。[4] 不断上涨的物价直到 1650 年才慢慢稳定下来。如此剧烈的价格变动与诸如人口增长、城市经济扩张、货币化程度提高等社会经济环境的变化密切相关。[5] 不过，王室通常收入总额的名义价值，仅从 1547 年的 17 万英镑上升到 1603 年的 30 万英镑，这意味着其实质收入下降了 40%。[6] 因此，斯图亚特王朝初期，政府的通常收入账目甚至也开

---

[1] Penry Williams, *The Tudor Regime* (Oxford: Clarendon Press, 1979), p. 69.

[2] 这些数字来源于 Richard W. Hoyle, "Crown, Parliament, and Taxation in Sixteenth-Century England," *English Historical Review* 109, no. 434 (November 1994): 1193。

[3] 火药的密集使用、重型武器、新型战舰和围城的战术，使得早期现代欧洲的战争成本急剧上升。参见 Clifford J. Rogers, ed., *The Military Revolution Debate: Readings on the Military Transformation of Early Modern Europe* (Boulder, CO: Westview Press, 1995)。关于 17 世纪早期军事革命对英国的影响，参见 Conrad Russell, *Unrevolutionary England, 1603–1642* (London: Hambledon, 1990), p. 126。

[4] C. G. A. Clay, *Economic Expansion and Social Change: England 1500–1700*, vol. 1, *People, Land, and Towns* (Cambridge: Cambridge University Press, 1984), p. 50.

[5] 有关 15 世纪中叶至 17 世纪中叶英国价格革命的概述，参见 R. B. Outhwaite, *Inflation in Tudor and Early Stuart England*, 2nd ed. (London: Macmillan Press, 1982)。关于城市化对价格革命的贡献，参见 Jack A. Goldstone, "Urbanization and Inflation: Lessons from the English Price Revolution of the Sixteenth and Seventeenth Centuries," *American Journal of Sociology* 89, no. 5 (1984): 1122–1160。关于增加货币投入导致价格革命，参见 Douglas Fisher, "The Price Revolution: A Monetary Interpretation," *Journal of Economic History* 49, no. 4 (December 1989): 883–902。

[6] Penry Williams, *The Later Tudors: England, 1547–1603* (Oxford: Clarendon, 1995), p. 147; Conrad Russell, *The Addled Parliament of 1614: The Limits of Revision* (Reading, UK: University of Reading, 1992), p. 10.

始出现持续性赤字。❶ 正如康拉德·罗素（Conrad Russell）所强调的，维持国家所必需的开支与通常收入萎缩之间日益扩大的鸿沟，是早期斯图亚特政府"功能崩溃"的主要原因。❷

斯图亚特王朝初期的当政者，意识到有两种财政改革方案可供选择：一种是通过削减政府支出、提高王室通常收入来挽救这个领地国家；另一种是通过将议会的供给从紧急情况下的特殊收入转变为定期的税收，为政府提供无论处在和平还是战争时期所需要的资金，从而转型为税收国家。由于王室土地面积缩小已经不可逆转，而且如监护税和遗产税等封建收入已渐渐被废弃，后一种选择似乎很现实。❸ 早在 1593 年，就有人提议每年征收 10 万英镑的土地税来资助战争。❹ 然而，在 17 世纪第一个十年的"大协议"（Great Contract）谈判中，王室政府与议会在如何用全国性的土地税来取代王室主要封建收入这一问题上未能达成一致。❺ 许多议员认为，这样的税收是不能接受的。地主阶级对征收全国性土地税的做法尤为敌视。❻ 由于地方乡绅牢牢控制了议会供给这一特殊收入的评估和征收，

❶ 英国王室政府在 1610 年面临 40 万英镑的债务，通常收入账目的年度赤字为 14 万英镑。参见 John Cramsie, *Kingship and Crown Finance under James VI and I, 1603–1625* (Woodbridge, UK, and Rochester, NY: Royal Historical Society / Boydell Press, 2002), p. 118.

❷ 这是早期斯图亚特史"修正主义学派"的一篇重要论文。对"修正主义学派"文献的简要评述，参见 Thomas Cogswell, Richard Cust, and Peter Lake, "Revisionism and Its Legacies: The Work of Conrad Russell," in Thomas Cogswell, Richard Cust, and Peter Lake, eds., *Politics, Religion, and Popularity in Early Stuart Britain* (Cambridge and New York: Cambridge University Press, 2002)。

❸ Eric N. Lindquist, "The King, the People and the House of Commons: The Problem of Early Jacobean Purveyance," *Historical Journal* 31, no. 3 (1988): 550–556.

❹ Cramsie, *Kingship and Crown Finance under James VI and I*, p. 68.

❺ Russell, *The Addled Parliament of 1614*; Eric N. Lindquist, "The Failure of the Great Contract," *Journal of Modern History* 57, no. 4 (December 1985): 617–651.

❻ Lindquist, "The King, the People and the House of Commons," 561 and 565; Lindquist, "The Failure of the Great Contract," 645, particularly footnote 108, and 648.

王室政府对于议会收入的严重低估和普遍规避几乎无能为力。❶

　　尽管如此，"大协议"的失败并不意味着王室与议会之间存在根本性冲突。双方都认可领地国家的财政原则，把王室的通常收入与议会在紧急情况下提供的特殊收入正式区分开来。双方都试图通过回顾 15 世纪末至 16 世纪初领地国家巩固的历史，来获取克服当时财政困难的灵感。❷王室政府希望通过更有效地管理自己的通常收入来获得更多收益。为了从王室土地获得更多收入，国王的财政官员努力去发掘本属于王室的"隐藏"地租和土地，去砍伐森林、销售木材，去抽干沼泽地，甚至去侵占公地。❸王室还恢复了一些中世纪的封建特权，比如爵位授予和森林罚款，并出售普通赦免令以及男爵等贵族头衔以获取更多收入。❹此外，王室官员还实施了"重商主义政策"，例如将垄断权授予商业项目以期分享预期的商业利润。❺然而，这些拯救旧式领地国家的努力，在财政上毫无成效，在政治上也备受诟病。

　　康拉德·罗素提醒我们，必须在双方都共同接受的制度框架下看

❶ Roger Schofield, "Taxation and the Political Limits of the Tudor State," in Claire Cross, David Loades, and J. J. Scarisbrick, eds., *Law and Government under the Tudors: Essays Presented to Sir Geoffrey Elton* (Cambridge and New York: Cambridge University Press, 1988); Conrad Russell, *Parliaments and English Politics, 1621-1629* (Oxford: Clarendon, 1979), pp. 49-51.

❷ G. L. Harriss, "Medieval Doctrines in the Debates of Supply, 1610-1629," in Kevin Sharpe, ed., *Faction and Parliament: Essays on Early Stuart History*, (Oxford: Clarendon Press, 1978); Cramsie, *Kingship and Crown Finance under James VI and I*, p. 190.

❸ Joan Thirsk, "The Crown as Projector on Its Own Estates, from Elizabeth I to Charles I," and Richard W. Hoyle, "Disafforestation and Drainage: The Crown as Entrepreneur?" Both in Richard W. Hoyle, ed., *The Estates of the English Crown, 1558-1640* (Cambridge and New York: Cambridge University Press, 1992).

❹ Cramsie, *Kingship and Crown Finance under James VI and I*, pp. 141 and 147.

❺ John Cramsie, "Commercial Projects and the Fiscal Policy of James VI and I," *Historical Journal* 43, no. 2 (2000): 345-364; Kevin Sharpe, *The Personal Rule of Charles I* (New Haven, CT: Yale University Press, 1992), p. 122.

待王室政府与议会在这一时期的冲突。❶ 例如，垄断授予权的批评者担心，滥用垄断会造成社会不稳定，并认为君主和议员都有责任维护社会秩序。❷ 作为回应，王室政府准备废除许多无利可图的项目，例如旅馆、酒屋、金银线的特许经营权，同时保留财政上盈利的项目，比如烟草专卖。❸ 同样，王室和议会在 17 世纪 20 年代于关税问题上的争议，也发生在双方共同承认国王有增加过时的关税税率这一特权之上。❹

在每年一度的船费（ship money）征收问题上，议会和王室政府之间爆发过一场重大的宪法辩论。"船费"是一项非议会批准的收费，1635 年从沿海郡区扩展到全国，用来资助新成立的职业皇家海军。由于其征收是基于每个郡和主要城镇个人财富的直接评估，"船费"成为事实上的全国性直接税。❺ 然而，根据领地国家的财政宪法，"船费"不属于王室的"通常收入"。因此，其征收只能是在紧急情况下且得到议会的批准后才能实施。可是英国在 1634 年至 1635 年这段和平岁月里并没有受到迫在眉睫的战争威胁。为了解释其合理性，王室政府诉诸其在新的海战的形势下保护王国的责任，即英国迫切需要建立一支职业海军。❻ 尽管其法律地位悬而未决，但"船费"

❶ Russell, *The Addled Parliament of 1614*, p. 18.

❷ David Harris Sacks, "The Countervailing of Benefits: Monopoly, Liberty, and Benevolence in Elizabethan England," in Dale Hoak, ed., *Tudor Political Culture* (Cambridge and New York: Cambridge University Press, 1995), particularly pp. 280−281.

❸ Cramsie, *Kingship and Crown Finance under James VI and I*, p. 177.

❹ Michael J. Braddick, *The Nerves of State: Taxation and the Financing of the English State, 1558−1714* (Manchester: Manchester University Press, 1996), pp. 53−54.

❺ Andrew Thrush, "Naval Finance and the Origins and Development of Ship Money," in Mark Charles Fissel, ed., *War and Government in Britain, 1598−1650* (Manchester: Manchester University Press, 1991); Sharpe, *The Personal Rule of Charles I*, pp. 594−595.

❻ 有关这些辩论的详细信息，参见 Sharpe, *The Personal Rule of Charles I*, pp. 717−729; Glenn Burgess, *The Politics of the Ancient Constitution: An Introduction to English Political Thought, 1603−1642* (Basingstoke, UK: Macmillan, 1992), pp. 202−211。

的持续征收表明了领地国家的旧制度与社会经济新现实之间的矛盾。

　　斯图亚特王朝早期的领地国家制度的财政困境由多重因素造成。在 17 世纪第一个十年，严重的财政困难迫使王室政府削减王室在家常日用、服饰、养老金、海军船队、军备物资、卫戍部队等方面的开支。这样的紧缩一直持续到查理一世（Charles I）统治时期（1625—1642）。[1] 虽然英国政府负担不起代价高昂的进攻战，但凭借英吉利海峡这一天然屏障，可以退出欧洲大陆的权力争夺。防御性战略的成本不高，这使得英国政府可以废除一些绕过议会来增加军费开支的手段，比如 1626 年至 1628 年的"捐助"和"强制借款"。[2]

　　更重要的是，英国政府将巩固国防、实施济贫法、维护社会秩序和基础设施所需的大量费用转移到了地方。[3] 地方乡绅则征收各种"费用"来为他们所在地区的国家事务买单。[4] 中央在财政分权中的作用主要是提供协调和指导。[5] 只有当地方政府不愿意严格执行中央政策时，例如为预防瘟疫而采取隔离和限制措施，中央

---

[1] Cramsie, *Kingship and Crown Finance under James VI and I*, pp. 160–162; Kevin Sharpe, "The Personal Rule of Charles I," in Howard Tomlinson, ed., *Before the English Civil War: Essays on Early Stuart Politics and Government* (London: Macmillan Press, 1983), p. 60.

[2] Russell, *Unrevolutionary England*, p. 135.

[3] 有关斯图亚特王朝初年中央政府与地方乡绅的相互依赖关系，参见 Steve Hindle, *The State and Social Change in Early Modern England, c. 1550–1640* (New York: Palgrave Macmillan, 2000), chapter 1。

[4] Conrad Russell, *The Causes of the English Civil War: The Ford Lectures Delivered in the University of Oxford, 1987–1988* (Oxford: Clarendon Press, 1990), p. 175.

[5] 关于斯图亚特王朝初年中央在指导地方治理方面所起积极作用的评价，参见 Michael J. Braddick, "State Formation and Social Change in Early Modern England." *Social History* 16 (1991): 1–17; Paul Slack, *From Reformation to Improvement: Public Welfare in Early Modern England* (Oxford: Clarendon Press; New York: Oxford University Press, 1999); Michael J. Braddick and John Walter, eds., *Negotiating Power in Early Modern Society: Order, Hierarchy, and Subordination in Britain and Ireland* (Cambridge and New York: Cambridge University Press, 2001)。

政府才会进一步干预。● 财政分权和地方乡绅对议会供给和非议会收费（如船费）评估及征收的实际控制权，在很大程度上遏制了中央和地方之间矛盾的激化。王室政府任何过度征税的意图，都会因地方乡绅的不合作而得到有效阻止。● 由此看来，中央和地方精英维持社会秩序的共同目标，对于维持财政分权制度至关重要。

与 17 世纪初英国的领地国家性质不同，19 世纪早期的日本是依靠税收的国家。不过，日本是不完全的财政国家，因为作为中央政府的幕府并不对全国征税，而仅在其直接管理的地区征税。这种状况是由于日本国家形成的历史所造成的。1603 年德川幕府统一日本时，其政府收入的主要支柱不是税收，而是对日本金银生产的控制。17 世纪初，日本是世界贵金属的主要生产国，当时的金矿和银矿的收益，几乎相当于政府土地税的收入。●17 世纪中叶以后，随着金、银矿产量的下降，土地税（年贡）成了幕府收入的主要来源。在享保改革期间（1716—1736），幕府试图通过鼓励开垦新土地、改变评估农业产量的手段及以固定利率征收土地税来激励农民增产等措施，以提高土地税的收益。●

在整个 18 世纪，幕府的收入都不足以维持其作为中央政府的地

● Michael J. Braddick, *State Formation in Early Modern England, c. 1550–1700* (Cambridge and New York: Cambridge University Press, 2000), pp. 124–128.

● Richard Cust, *The Forced Loan and English Politics, 1626–1628* (Oxford: Clarendon Press, 1987), pp. 142–143; Russell, *Parliaments and English Politics, 1621–1629*, pp. 64–65.

● 大野瑞男：『江戸幕府財政史論』（東京：吉川弘文館，1996），頁 32–33。幕府在 16 世纪 30 年代至 60 年代的“锁国”政策的主要考虑之一是防止白银从日本流出，参见田代和生：「徳川時代の貿易」，速水融、宮本又郎編：『経済社会の成立：17—18 世紀』（日本経済史）（東京：岩波書店，1988），第 1 卷，頁 130–164。

● Furushima Toshio, "The Village and Agriculture during the Edo Period," in John Whitney Hall, ed., *The Cambridge History of Japan*, vol. 4, *Early Modern Japan* (Cambridge and New York: Cambridge University Press, 1991), pp. 495–498.

位。可是，向全国征税必遭大名领主抵制，幕府没有采取这一举措，而是将日益增加的国家事务负担，如治河工程、灾难救济、基础设施维护等公共支出，转移到作为地方政府的大名领主身上。这些措施包括征收用于河川整修的税费（国役普请）以及将河道和防洪工程交给个别领主负责（御手伝い普请）。❶ 因此，18 世纪 30 年代以后，德川日本财政制度的特点是幕府与大名领主共同承担国家事务的开支。

1760 年至 1786 年间，幕府在田沼改革中采取了积极的重商主义政策，开发包括外贸在内的非农业部门的税收，并对清酒、酱油、水车征收新税。这些税通过村庄、商业行会（仲间）、批发机构（问屋）、政府授权的特权公司（株仲间）等中介来征收。为了缓解地方上大名领主的财政困境并同时赚取利润，幕府还迫使大阪的富商向其提供低息贷款（御用金），然后再将这些钱贷给大名领主。幕府试图增加收入的途径，还包括对虾夷地（今天的北海道）进行殖民商业开发，以及向中国和荷兰商人出口诸如铜和海产干货等日本商品。

财政效率在很大程度上决定了这些政策的命运。由于向有垄断权的城市商人征税导致了小生产者大规模骚乱，幕府被迫废除对丝线、灯油、布匹的征税。由于资金的大量浪费，幕府不得不削减提供给大名领主的贷款以及虾夷地的商业开发费用。❷ 虽然财政官员知道日本商品出口对国家财政很重要，幕府还是在 1787 年

---

❶ 大口勇次郎：「幕府の財政」，新保博、斎藤修編：『近代成長の胎動』（日本経済史）（東京：岩波書店，1989），第 2 卷，頁 152–155；Patricia Sippel, "Chisui: Creating a Sacred Domain in Early Modern and Modern Japan," in Gail Lee Bernstein, Andrew Gordon, and Kate Wildman Nakai, eds., *Public Spheres, Private Lives in Modern Japan, 1600–1950* (Cambridge, MA: Harvard University Asia Center, 2005), particularly pp. 155–176。

❷ 大口勇次郎：「幕府の財政」，頁 141–144；John Whitney Hall, *Tanuma Okitsugu, 1719–1788: Forerunner of Modern Japan* (Cambridge, MA: Harvard University Press, 1955), chapter 4。

为了满足国内需求而限制了铜的出口。❶

　　幕府实现税基多元化的努力，却遭遇到极度恶劣的环境。严重的自然灾害，包括异常寒冷的天气、干旱、火山爆发，造成了广泛的农作物歉收和严重饥荒。❷尽管土地税收入锐减，作为中央政府的幕府责任却没有减轻，它需要提供用于饥荒救济和恢复农业生产的资金，准备粮食和资金储备以应对未来的灾荒，并通过政府采购来防止大米价格下跌。❸1786年至1817年间，不断增加的支出迫使幕府降低行政开支、减少将军的家庭日常用度、动用现金储备，并将水利工程和其他建设项目的大部分开支转移给大名领主。❹

　　19世纪以降，与俄罗斯在北部边界的争端，以及英国军舰在日本海域出现，迫使幕府急需增加在虾夷地和东京湾地区的国防开支。❺厉行节俭已不再可行。1818年，幕府开始通过货币贬值增加收入。到了1832年，幕府通过重新铸币获得了高达550万两的总利润，以幕府当时不到100万两的年收入来看，这是一笔巨额收入。❻尽管对货币贬值屡有批评之声，幕府财政官员似乎预期

---

❶ 中井信彦：『転換期幕藩制の研究：宝暦・天明期の経済政策と商品流通』（東京：塙書房，1971），頁153-154。

❷ 参见 Conrad D. Totman, *Early Modern Japan* (Berkeley: University of California Press, 1995), pp. 238-240。

❸ 藤田覚：「十九世紀前半の日本」，朝尾直弘等編：『岩波講座日本通史』（東京：岩波書店，1995），第15卷（近世5），頁8-12。

❹ 大口勇次郎：「寛政─文化期の幕府財政」，尾藤正英先生還暦記念会編：『日本近世史論叢』（2卷）（東京：吉川弘文館，1984），第1卷，頁209-252。

❺ 1792年至1818年间日本对外国威胁的认识日益增加，参见 Totman, *Early Modern Japan*, pp. 482-502。

❻ 新保博、斎藤修：「概説：19世紀へ」，新保博、斎藤修編：『近代成長の胎動』（日本経済史）（東京：岩波書店，1989），第2卷，頁31. 对幕府在19世纪30年代年度收入的评估，引自：大山敷太郎：『幕末財政史研究』（京都：思文閣出版，1974），頁46。

以这种形式增加货币投入，以扭转米价下跌并刺激经济活动。他们主要改铸小面额货币并增加了铜币的铸造。他们希望通过增加经济交易来吸纳货币投入，从而避免通货膨胀。然而，从1818年到1838年，物价上涨了75%，幕府被迫于1844年停止改铸货币。❶

鸦片战争（1840—1842）期间，日本观察到英国的军事优势远超中国。因此，日本在19世纪40年代一直在努力增加国防开支。幕府试图从土地税中获取更多收入，途径是清查未征税的新开垦地，以更准确地评估农业产量，尤其是更准确地评估种植经济作物的土地价值。但幕府并不具备完成这样艰巨任务的行政能力。❷ 此外，农村的商业化在乡村内部造成了显著的社会分化。由于幕府依靠地主或富农来维持地方秩序和行政管理，因此难以从他们手里榨取收入。❸

然而，幕府并未因财政紧张而立即垮台。国防被视为日本的"公共"利益，而不是幕府的"私人"事务。作为中央政府，幕府可以动员大名领主购置西式大炮来加强日本海防。因此，增加国防开支的压力便转移到了各藩。❹1853年，佩里（Matthew Perry）的舰队抵达后，幕府允许各大名领主保留本应移交给中央的资金

❶ 新保博、斎藤修：「概説：19世紀へ」，頁30-31。

❷ Thomas C. Smith, "The Land Tax in the Tokugawa Period," reprinted in Thomas C. Smith, *Native Sources of Japanese Industrialization, 1750-1920* (Berkeley: University of California Press, 1988), pp. 50-70.

❸ 大口勇次郎：「幕府の財政」，頁138-140，150-151。

❹ 关于幕府作为中央政府在组织国防中的作用，参见藤田觉：『幕藩制国家の政治史的研究』（東京：有斐閣，1987），頁213-214。将国防支出转移给各藩政府的讨论，参见大口勇次郎：「幕府の財政」，頁166；藤田觉：「天保改革期の海防政策について」，『歴史学研究』，第469期（1979），20-24。

用于加强地方防务，财政权力进一步下放。❶ 就像早期斯图亚特王朝一样，幕府和大名领主都十分关心国内稳定和国防问题，这对支撑既有的财政分权运作至关重要。

与英国斯图亚特王朝初期的领地国家不同，18世纪的中国是财政国家，绝大部分收入来自地丁和盐税。与日本德川幕府时代的不完全财政国家相比，清政府对其行政机构直接管辖的全境（即所谓中国本部）征税。清政府在1685年解除海禁后，生丝、茶叶、瓷器的出口吸引了大量白银进入中国。乾隆（1736—1795）年间，政府鼓励私人投资国内贸易和矿业，并减少商业交易的税收。❷

国内经济的大发展为国家提供了不断扩大的税基。虽然清政府限定了征收土地税的原额，而且经常对遭受自然灾害的地区给予减税甚至豁免，但中央政府的白银储备却大幅度增加。尽管在中亚、西藏、缅甸地区进行了耗资不菲的军事行动，到了1795年，户部存银量仍高达8000万两。❸ 当需要额外收入用以支付战争或治河工程时，中央政府经常诉诸封赠官衔的"捐纳"，或者向有销售食盐特许权或与洋商贸易特权的商人收取所谓"报效"

---

❶ 大口勇次郎：「文久期の幕府財政」，近代日本研究会編：『幕末維新の日本』（東京：山川出版社，1981），頁54—55。

❷ 有关清政府鼓励商业发展，参见高王凌：《18世纪中国的经济发展和政府政策》（北京：中国社会科学出版社，1995）；张晓堂：《乾隆年间清政府平衡财政之研究》，《清史研究集》，第7辑（1990），页47—59；许坛、经君健：《清代前期商税问题新探》，《中国经济史研究》，第2期（1990），页87—100。

❸ 张晓堂：《乾隆年间清政府平衡财政之研究》，《清史研究集》，第7辑（1990），页27。有关商业资源对18世纪帝国战争及扩张的贡献，参见 Peter C. Perdue, *China Marches West: The Qing Conquest of Central Eurasia* (Cambridge, MA: Belknap Press of Harvard University Press, 2005); Dai Yingcong, "The Qing State, Merchants, and the Military Labor Force in the Jinchuan Campaigns," *Late Imperial China* 22, no. 2 (December 2001): 35—90。

金。❶ 为了应对18世纪缓慢而持续的通货膨胀，在中央没有相应调整税收和政府支出定额的情况下，督抚和州县政府经常会在正式税费之外收取附加费，以应付地方政府的支出。❷ 然而，这些调整不足以解决由于货币制度缺陷而造成的清政府财政困难。

在清代货币体系中，制钱是由国家铸造的货币。制钱的单位"文"，是市场交易中使用的最小单位（就像美国货币体系中的一美分）。按官方标准，1000文制钱等于一两白银。清政府没有铸造银币，而是将白银以银两的形式作为称量货币使用。除了清朝国库使用的"库平两"标准，不同地区通常都有自己的银两标准。白银和铜钱在市场交易中具有各自独特的作用，很难相互替代。因此，清代的双货币制度并不是通常定义下的平行复本位制度。重量轻、价值高的白银主要用于批发和跨区域贸易，但由于难以被切成碎块，所以很难作为零钱使用。相比之下，价值较低而笨重的制钱为日常交易提供了小额货币，但铜钱太重，难以在远距离贸易中大量携带。由于白银决定了商品的价值和铜钱的铸造成本，因此是事实上的本位货币。❸ 在19世纪20年代之前，以铜币作为小额货币并非清代中国的特有现象。即使在那些铸造银币或金币的国家，这种情形也很普遍，因为政府在技术上不具备用金银铸造小额货币的能力。❹

---

❶ 许大龄：《清代捐纳制度》，《明清史论集》（北京：北京大学出版社，2000）。

❷ 有关这些地方附加费在维持国家运作方面所起的补充作用，参见 Wang Yeh-chien, *Land Taxation in Imperial China* (Cambridge: Harvard University Press, 1973), p. 19；岩井茂树：『中国近世财政史の研究』（京都：京都大学学术出版会，2004），页43-62。

❸ 叶世昌：《鸦片战争前后我国的货币学说》（上海：上海人民出版社，1963），页6。

❹ 例如，18世纪的英国是金本位制的，但小额货币仍然以铜币的形式出现。只有在19世纪20年代之后，西方国家才拥有铸造作为辅币的小额货币技术。参见 Thomas J. Sargent and François R. Velde, *The Big Problem of Small Change* (Princeton, NJ: Princeton University Press, 2002)。

第1章　现代财政国家兴起中的信用危机　*057*

因此，在中国这样的大国，海外输入的白银对扩大跨区域贸易至关重要。据估计，在 1680 年至 1830 年，来自国外的白银使中国白银库存增加了 280%。[1] 但从 19 世纪 20 年代开始，鸦片贸易导致大量白银流出中国。这一时期，因中国对欧洲的出口萧条及全球白银产量下降，美洲白银进入中国的数量急剧减少，这导致了白银短缺的进一步恶化。[2]19 世纪 20 年代至 50 年代，中国国内白银库存据估计下降了约 40%，[3] 导致了国内严重的通货紧缩。

白银短缺使银两（库平两）和制钱（文）的市场兑换率远远高于官方规定的 1：1000。兑换率在 19 世纪 30 年代达到了 1200 至 1500，到了 40 年代，一些地区甚至超过了 2000，形成"银贵钱贱"的现象。[4] 白银相对于铜钱价值飙升，带来了深远的经济和社会影响。例如，农民和盐商的实际税负显著增加，因为他们必须把铜钱兑换成白银来纳税。因此，税款拖欠和失业率上升等典型的经济通货紧缩特征，在全国普遍出现。[5]

清政府最初的反应是减少甚至停止制钱的铸造，希望透过减少

---

[1] 数据引自下文中表 1.2：Wang Yeh-chien, "Secular Trends of Rice Prices in the Yangzi Delta, 1638–1935," in Thomas G. Rawski and Lillian M. Li, eds., *Chinese History in Economic Perspective* (Berkeley: University of California Press, 1992), p. 61。关于 17、18 世纪白银流入中国，参见 Andre Gunder Frank, *ReOrient: Global Economy in the Asian Age* (Berkeley: University of California Press, 1998), pp. 143–149。

[2] Lin Man-houng, *China Upside Down: Currency, Society, and Ideologies, 1801–1856* (Cambridge, MA: Harvard University Asia Center, 2006), chapter 2; Richard von Glahn, "Foreign Silver Coins in the Market Culture of Nineteenth Century China," *International Journal of Asian Studies* 4, no. 1 (2007): 51–78.

[3] 王业键：《中国近代货币与银行的演进（1644—1937）》（台北："中央研究院"经济研究所，1981），页 27。

[4] 林满红：《银与鸦片的流通及银贵钱贱现象的区域分部：1808—1854》，《"中央研究院"近代史所集刊》，第 22 卷，第 1 期（1993），页 91–135。

[5] Lin Man-houng, *China Upside Down*, chapter 3.

铜钱的供给拉抬其价值，从而恢复市场上银钱的官方汇价。然而，这一政策毫无效果。[1] 在这种情况下，政府官员和经世学者开始讨论替代货币政策，以解决白银严重短缺的经济问题，其中一个选项是铸造具有一定面额的计量银币。19 世纪 30 年代，江苏、福建、浙江等省进行了铸造银币的试验。然而，清政府没有把这些银币强制定为在经济中流通的法定货币，这些铸造计量银币的努力也没有成功。[2]

另一个建议是在政府财政中放弃使用白银，相当于以铜本位制取代银本位制。然而，在中国这样的大国，用价低、笨重的铜钱作本位货币并不适合跨区域贸易和财政的需要。为解决这一问题，一些官员和学者提出了两项补充措施：铸造面额价值较大的新铜钱，即"大钱"，比如"当五""当十"甚至"当千"文铜钱；或者发行以制钱计价的纸币，即"行钞"。[3] 许多经世致用的学者和官员都认为，纸币的发行是解决当前白银短缺的重要途径，但他们对于白银是否应继续用作货币以及如何实现纸币兑换性意见纷纭。[4] 不过，中国使用纸币的历史经验喜忧参半。倡导者确信国家有能力确保纸币的价值，并期待能够出现南宋获得的积极成就。但反对者认为，国家根本不能强迫人们接受"虚"的纸钞，并指出 14 世纪末至 15 世纪初由于纸币发行过多引起了恶性通货膨胀。[5] 清政府并不敢贸然改变货币制度。

---

[1] 林满红：《嘉道钱贱现象产生原因"钱多钱劣论"之商榷》，张彬村、刘石吉：《中国海洋发展史论文集》（台北："中央研究院"，1993），第 5 卷，页 357−426。

[2] 魏建猷：《中国近代货币史》（合肥：黄山书社，1986），页 116−118；von Glahn, "Foreign Silver Coins in the Market Culture of Nineteenth Century China," 64。

[3] 叶世昌：《鸦片战争前后我国的货币学说》（上海：上海人民出版社，1963），页 39。

[4] William T. Rowe, "Money, Economy, and Polity in the Daoguang-Era Paper Currency Debates," *Late Imperial China* 31, no. 2 (2010): 69−96.

[5] Lin Man-houng, "Two Social Theories Revealed: Statecraft Controversies over China's Monetary Crisis, 1808−1854," *Late Imperial China* 12, no. 2 (December 1991): 1−35.

从经济学角度来看，19 世纪上半叶中国白银大量外流，相当于对外贸易的长期逆差。为了避免国内通货紧缩，对外贸易经常账户出现赤字的国家可以选择货币贬值。在金属货币时代，恶铸货币其实是一种通过货币贬值来避免通缩的手段，即国家降低铸币中金银等贵重金属的含量和成色，同时维持其面值不变。然而，清政府并没有铸造自己的银币，而是将白银作为一种称量货币来使用，因此，无法以恶铸银币的方式来实行货币贬值，从而缓解由于白银外流而造成的国内通货紧缩。中国在 19 世纪 20 年代至 50 年代出现通货紧缩的原因，与 20 世纪两次世界大战之间那些对外贸易上长期赤字的国家仍坚持金本位制度而造成的通货紧缩类似。❶

严重的财政危机，迫使清政府进行了多次调整，包括尽量减少行政开支，动用户部、内务府的白银储备，并经常通过捐纳以增加收入。❷ 在 19 世纪 30 年代，清政府还试图让盐商不用获得政府特许也能合法出售食盐，希望通过对"私盐销售"征税来增加收入。❸ 由于中央指拨的经费不足，各省政府越来越依赖从农业和商业收取附加费用。❹ 为了减轻其负担，中央政府鼓励城乡地方士绅参与当地粮仓管理和水利基础设施维护。❺ 然而，这些财政措施

---

❶ Barry J. Eichengreen, *Golden Fetters: The Gold Standard and the Great Depression, 1919–1939* (Oxford and New York: Oxford University Press, 1992).

❷ 周育民：《晚清财政与社会变迁》（上海：上海人民出版社，2000），页 71–74、96–102。

❸ 冈本隆司：「清末票法の成立—道光期両淮塩政改革再論」，『史学雑誌』，第 110 卷，第 12 期（2001 年 12 月），页 36–60。

❹ 山本進：『清代財政史研究』（東京：汲古書院），第 2–6 章；山本進：「清代後期四川における地方財政の形成—会館と釐金」，『史林』，第 75 卷，第 6 期（1992 年 11 月），页 33–62。

❺ 山本進：「清代後期江浙の財政改革と善堂」，『史学雑誌』，第 104 卷，第 12 期（1995 年 12 月），页 38–39；山本進：「清代後期四川における地方財政の形成—会館と釐金」，页 33–43。

并未消除财政危机的根源，即国内白银短缺导致的严重通货紧缩。

崩溃和不确定性

在这三个制度变革案例中，每个重大事件发生之前的结构性财政危机都有深刻的制度根源。这些危机并非单纯由统治者个人性格所致，也不能通过他们的个人行为来解决。正如詹姆斯一世（James I）和查理一世所发现的，获得更多稳定收入的愿望很难在缺乏适当税收制度的情况下实现。同样，道光帝（1821—1850 年在位）众所周知的俭省作风也无法缓解国内通货紧缩。然而，某些新制度主义学者将税收描述为君主个人与社会之间或者王室与财产所有者之间的直接冲突，而没有考虑税收制度的影响，这种非制度性的解释多少让人有些吃惊。❶

事实上，维护国家权力并不要求中央尽可能多地集聚收入。相反，中央和地方对维护社会和政治秩序的共同关注，在很大程度上支撑着财政分权制度。这是财政负担从中央向地方转移必不可少的政治条件。在每个案例中，我们都观察到，国家相当成功地通过动员地方政府甚至地方社会来分担不断增长的国家事务开支，以减轻财政困难。地方参与减轻了中央政府日益增长的支出负担，这一过程又加剧了财政分权，并进一步降低了寻找替代制度的紧迫性。财政分权和地方参与维护社会政治秩序之间的互补

---

❶ 更多详情参见 Daron Acemoglu, Simon Johnson, and James Robinson, "Institutions as the Fundamental Cause of Long-Run Growth," NBER Working Paper, Series 10481, 2004, 9; Edgar Kiser and Michael Hechter, "The Role of General Theory in Comparative-Historical Sociology," *American Journal of Sociology* 97, no. 1 (July 1991): 19–20。

在很大程度上稳定了社会政治秩序，无论事后看起来这样的平衡是多么的脆弱。

在这种情况下，我们并没有看到国家当政者寻求替代制度的积极行动，即便他们可能有过一些设想。例如，英国枢密院在1627年对法国和西班牙的战争期间建议在全国范围内对啤酒、麦芽酒和苹果酒征收非议会税。由于战争于1628年结束，该提案遂束之高阁。❶ 日本的德川幕府在1844年至1853年间并没有尝试征收新税，而是主要依靠土地税和对城市商人的"强制借款"。在中国，盛京将军禧恩于1843年建议政府针对钱庄、当铺、货栈等商业机构的净利润征收10%的商税。禧恩指出，这种征税除了每年带来数百万两白银的收入外，其本身也是公正的，因为农民税重而商人税轻违反了公平原则。然而，清政府认为检查每个商铺的账目，从行政管理上来说难度太大。❷

然而，既有制度调整的能力毕竟是有限的。财政分权的深化削弱了中央政府的能力，从而使其更加脆弱。17世纪30年代的英国，船费和关税是王室政府免于破产的两个主要手段。❸ 由于皇家海军耗尽了船费，加上包征商人控制了关税的征收，王室政府的借款能力十分有限。❹ 因此，17世纪30年代的政府财政状况平稳但并不牢靠。尽管缺乏财政资源，查理一世还试图强令英格

---

❶ Paul Christianson, "Two Proposals for Raising Money by Extraordinary Means, c. 1627," *English Historical Review* 117, no. 471 (April 2002): 355–373.

❷ 中国第一历史档案馆编：《嘉庆道光两朝上谕档》（55卷）（桂林：广西师范大学出版社，2000），第48卷，页331–334。

❸ Sharpe, *The Personal Rule of Charles I*, pp. 129, 593.

❹ 伦敦金融城在1628年决定在其以前借给国王的债务得到圆满清偿之前，不再向王室政府提供新的信贷。参见 Robert Ashton, "Revenue Farming under the Early Stuarts," *Economic History Review*, n.s. 8, no. 3 (1956): 317。

兰、苏格兰、爱尔兰这三个相对独立的王国接受统一的英国国教。1637 年至 1640 年与苏格兰的宗教战争，为 1640 年爱尔兰人的反叛提供了机会。这两场战争严重削弱了英国应付国内反对者的能力。查理一世和长期议会（Long Parliament）之间的互不信任日益增长，最终导致了双方 1642 年的武装冲突。[1]激进派利用统治阶级内部的分裂，先是倡议议会主权，后来是人民主权。一场传统意义上的反叛由此演变成伟大的共和革命。[2]

日本在 1858 年被西方打开大门，西方国家高昂的金价导致了日本黄金资源大量外流，幕府在 1772 年建立的日本金本位制度迅速崩溃。[3]为了避免通货紧缩，幕府在 1860 年被迫降低其金币的含金量。1861 年至 1868 年间，幕府在铸造 4700 万两的银币（万延二朱金）之外，只铸造了面值为 667000 两的金币（万延小判和一分金），这使得银币实际上成了本位货币。[4]1860 年至 1867 年间，幕府主要依靠铸造银币和铜币来增加收入，包括使用通过外贸获得的墨西哥银元作为铸造银币的原料。[5]1863 年，铸币的利润占幕府年收入的

---

[1] 查理一世在"三个王国"这一背景下的宗教政策，对于解释英国内战的爆发至关重要。参见 Russell, *The Causes of the English Civil War*, chapter 5; Conrad Russell, *The Fall of the British Monarchies, 1637–1642* (Oxford: Clarendon Press, 1991)。

[2] 从英国社会的宗教和经济冲突的角度解释内战的升级和持续，参见 Ann Hughes, *The Causes of the English Civil War*, 2nd ed. (Basingstoke, UK: Macmillan, 1991); David Wootton, "From Rebellion to Revolution: The Crisis of the Winter of 1642/3 and the Origins of Civil War Radicalism," *English Historical Review* 105, no. 416 (July 1990): 654–669。

[3] 日本的金银汇率为 1:5，而国外为 1:15。对此现象的讨论，参见 Ohkura Takehiko and Shimbo Hiroshi, "The Tokugawa Monetary Policy in the Eighteenth and Nineteenth Centuries," *Explorations in Economic History* 15 (1978): 112–115。

[4] 宫本又郎：「物価とマクロ経済の変化」，新保博、斎藤修編：『近代成长の胎动』（日本経済史）（東京：岩波书店，1989），第 2 卷，页 88。

[5] 1860 年至 1867 年铸造的银币总量估计为 8168 万两。大倉健彦：「洋银流入と幕府财政」，神木哲男、松浦昭編：『近代移行期における経済発展』（東京：同文館，1987），页 255。

52.6%。❶ 大多数大名领主缺乏有效的手段来满足其增长的支出需要，只好转向发行纸币。有些藩尤其是萨摩藩（1868 年明治维新运动的领导者之一），主要通过私铸幕府货币来增加收入。❷ 结果，1860 年至 1867 年间，日本的货币量大约从 5300 万两增加到 1.3 亿两。❸ 同期物价上涨 200% 以上。严重的通货膨胀不仅削弱了幕府的财政能力，也损害了其权力的正当性。❹ 这对于理解幕府的垮台至关重要。

与日本的通货膨胀相比，清政府不能用货币贬值来缓解因白银短缺造成的国内通货紧缩。19 世纪 30 年代末，清廷决定通过禁止鸦片贸易来限制白银的外流，从而引发了中英鸦片战争。❺ 中国战败后，国内通货紧缩仍在继续。清政府再次回到如何转变为铜钱本位制的问题，官员和学者争论不休却未能达成共识。❻ 这个财政枯竭的国家，在失业率上升和社会混乱的影响下变得不堪一击。结果，1851 年爆发于偏远之地广西的太平天国起义，迅速蔓延为大规模的全国性内战。❼

---

❶ 大仓健彦：「洋银流入と幕府财政」，神木哲男、松浦昭编：『近代移行期における经济发展』（東京：同文館，1987），表 7-3，頁 250。

❷ 萨摩藩在 1862 年至 1865 年间从私铸幕府货币中获得的净利润估计高达 200 万两。参见石井宽治、原朗、武田晴人等编：『日本经济史 1: 幕末维新期』（東京：東京大学出版会，2001），頁 16；毛利敏彦：『明治维新の再发见』（東京：吉川弘文館，1993），頁 70。

❸ 1867 年的货币总额中，各藩政府发行的纸币约占 15% 到 21%。参见宫本又郎：「物价とマクロ经济の变化」，頁 33, 89。

❹ 石井孝：『明治维新と自由民权』（横浜：有隣堂，1993），頁 54-69。

❺ 即使是 19 世纪 30 年代支持鸦片贸易合法化的官员，也认为白银外流是很严重的经济问题。他们建议进口鸦片只能换取中国货物，不能换取白银。井上裕正：『清代アヘン政策史の研究』（京都：京都大学学术出版会，2004），頁 193。

❻ 江口久雄：「阿片战争后における银价对策とその挫折」，『社会经济史学』，第 42 卷，第 3 期 (1976)，頁 22-40。

❼ 王业键：《18 世纪前期物价下落与太平天国革命》，重印于王业键：《清代经济史论文集》（板桥：稻乡出版社，2003），第 2 卷，頁 251-287；彭泽益：《十九世纪后半期的中国财政与经济》（北京：人民出版社，1983），頁 24-71。

1642年的英国内战、1868年的明治维新、1851年的太平天国起义，这三大事件的发生引发了财政体制改革。随之而来的战争，为国家当政者提供了实施前所未有、真正意义上的财政创新的机会，比如，征收国内消费税以及大量发行包括短期借贷和纸币在内的国家信用工具。然而，国家当政者事先无法预料到哪些制度实验将为国家的自主性和能力提供坚实的基础。在高度不确定的条件下，财政集权并不是必然会出现的结果。

例如在间接税征收中，作为"委托人"的中央与征收代理人之间，就存在三种不同的制度安排。第一种是包税制：政府将征税事务承包给代理人（通常是一个大商人），以换取稳定收入（租金）。第二种是分享合同：政府根据与代理人的固定比例分享预期收入。第三种是集中化管理：政府把征税代理人变成领薪的官员。正如埃德加·凯瑟（Edgar Kiser）指出，作为委托人的中央和作为"代理人"的征税官吏之间，存在着严重的信息不对称问题。❶征税代理人不会向中央透露有关有效征收方式的"私人信息"，因为代理人会从这种信息不对称中受益。在每个案例的制度发展初始阶段，中央都没有能力准确地估计间接税的潜在收益。如果集中征收间接税的信息成本过高，中央可能宁愿选择租包税制，或与征税代理人签订分享合同。

因此，即使在国家开始依赖间接税以后，财政分权也是很有可能出现的结果。例如，英国集中管理财政的努力，最早出现在17世纪50年代初。然而，王政复辟的初期（1660—1667）却见证了回归分散财政体制，其情形看起来与斯图亚特王朝初期

---

❶ Edgar Kiser, "Markets and Hierarchies in Early Modern Tax Systems: A Principal-Agent Analysis," *Politics and Society* 22, no. 3 (September 1994): 284–315.

（1603—1642）非常相似。王室政府依靠包税人来获取政府通常收入和短期信贷。1868 年后的日本，类似于联邦制的财政分权制度和财政集中化，都是可能出现的结果。即使国家当政者在 1871 年以后决定把财政集中化，他们都意识到有两种可能的节奏：一种是渐进而稳定，一种是激进而冒险。❶ 在中国，分散型财政从 19 世纪 70 年代一直持续到 90 年代，尽管来自国内消费税（即厘金税）和关税的间接税收几乎占政府年收入的一半。

间接税收与国家参与金融市场之间的制度联系，也存在不同的可能。例如，清政府在 19 世纪 60 年代至 90 年代依靠分散型财政制度处理了在紧急情况下借入的大量短期外债。即使国家建立了中央集权机构以征收间接税，也不必然最终都会走向现代财政国家。例如，英国在 1683 年开始集中征收国内消费税。然而，直到 1720 年集中征税才与支付英国政府长期借贷的稳定利息牢固地联系起来。在 1701 年英国加入西班牙王位继承战争之前，当权者更倾向于清算所有短期信贷并恢复无债务国家状态，而不愿承受发行永久债务带来的风险和祸福难料的前景。❷

由于可能结果具有不确定性和多样性，而历史因果关系有着起因与最终结果存在一定时间间隔的典型特征，这使得如何寻找历史因果解释变得极为复杂。我们如何证明最终结果不是由于原因和结果之间出现的其他因素所造成？❸ 通过从接近观测结果的某个关键点寻找原因，也许会避免虚假原因的出现。但是，缩短历

---

❶ 详情参见第三章。

❷ 详情参见第二章。

❸ 有关比较历史分析中虚假因果关系的一般讨论，参见 Kiser and Hechter, "The Role of General Theory in Comparative-Historical Sociology," 7.

史因果关系的时间范围又会增加遗漏因果要素的危险。❶ 例如，如果只在 1720 年后的英国或 1880 年后的日本探讨现代财政国家兴起的原因，就会错过之前重要的制度发展，比如英国在 1683 年和日本在 1880 年建立的间接消费税集中征收制度。

每一次制度变革都始于现有制度的崩溃期，这样的关键节点确实具有高度不确定，其未来发展也存在多种可能结果；对于拿出来试验的各种制度方案，行动者也不能预知其功能或分配效应。❷ 虽然行动者主观能动性的空间很大，但并不具备设计出最佳现代财政国家的理性能力。❸ 新的政治行动者在取得权力后，可以启动制度创新。❹ 但是，既有财政体制的黏性，限制了国家当政者和民间人士构想或实施新的替代方案的能力。因此，新的政治当权者（例如新兴的商人阶层）接管国家政权本身，并不足以消除制度创新的不确定性。

---

❶ 参见 Paul Pierson, *Politics in Time: History, Institutions, and Social Analysis* (Princeton, NJ: Princeton University Press, 2004), chapter 3; Paul Pierson and Theda Skocpol, "Historical Institutionalism," in Ira Katznelson and Helen Milner, eds., *Political Science: The State of the Discipline* (New York: W. W. Norton, 2002), pp. 703–704。

❷ 对关键节点的不确定性、可能结果的多样性和偶然性的精彩论述，参见 Giovanni Capoccia and R. Daniel Kelemen, "The Study of Critical Junctures: Theory, Narrative, and Counterfactuals in Historical Institutionalism," *World Politics* 59 (April 2007): 341–369。

❸ 关于个人能动性在根本性变革时期的加强作用，参见 Ira Katznelson, "Periodization and Preferences: Reflections on Purposive Action in Comparative Historical Social Science," in James Mahoney and Dietrich Rueschemeyer, eds., *Comparative Historical Analysis in the Social Science*s (Cambridge and New York: Cambridge University Press, 2003), pp. 270–301。关于制度动力学研究中理性设计的局限性，参见 Paul Pierson, "The Limits of Design: Explaining Institutional Origins and Change," *Governance* 13, no. 4 (October 2000), particularly pp. 477–486。

❹ 利用新的政治行动者来解释制度变化的例证，参见 Daron Acemoglu, Simon Johnson, and James Robinson, "The Rise of Europe: Atlantic Trade, Institutional Change, and Economic Growth," *American Economic Review* 95, no. 3 (June 2005): 563–565。

理念可以帮助国家当权者克服不确定性。❶ 然而，当变革过程中的当权者有着完全不同，甚至相互矛盾的理念时，制度发展的理念模型就不能有力解释最终结果。有时候，学习外国经验特别有助于消除建立新制度的不确定性。❷ 然而，这种方式也有其局限。即使国家当权者在借鉴外国经验上达成一致，不同的外国模式也可能提供相互冲突的经验教训。例如，在明治维新时期的日本，向西方学习的意愿未必能降低不确定性的程度，因为西方国家有着各自不同的历史经验，并非所有都适合日本国情。❸ 在财政方面，19 世纪的英国依赖税收，而普鲁士政府仍然严重依赖管理工业企业来获取收入。美国的国民银行（national banking）系统是分散的，但英格兰银行的模式却是高度集中的。

制度的分配效应意味着，政治权力的使用是制度发展的重要组成部分。然而，在高度不确定的制度发展进程中，强有力的当权者并不一定知道哪项制度安排最符合他们的利益。因此，使用政治权力本身并不能保证财政的各种试验都能成功，例如强迫人们接受国家发行信用票据的面值。基于顺序的因果机制则让人不禁要问：为什么在因果关系中，某个特定顺序较其他产生不同结

---

❶ 利用理念来减少制度发展中不确定性的示例，参见 Mark Blyth, *Great Transformations: Economic Ideas and Institutional Change in the Twentieth Century* (Cambridge and New York: Cambridge University Press, 2002), pp. 34−45。有关理念在社会政治变革中的重要作用，更多内容参见 Peter A. Hall, ed., *The Political Power of Economic Ideas: Keynesianism across Nations* (Princeton, NJ: Princeton University Press, 1989)。

❷ Kurt Weyland, "Toward a New Theory of Institutional Change," *World Politics* 60 (January 2008): 281−314.

❸ 对引进的西方组织与日本本土环境之间互动的强调，参见 D. Eleanor Westney, *Imitation and Innovation: The Transfer of Western Organizational Patterns to Meiji Japan* (Cambridge, MA: Harvard University Press, 1987)。

果的顺序更为重要？^❶反馈效应也不一定能决定制度发展指向某一特定方向，因为行动者的不同解释和反应，可能导致完全不同的制度结果。^❷

什么样的因果机制可以随着时间推移而降低不确定性的程度，从而有别于过程中的其他选择去解释最终结果？进化理论（evolutionary theories）和路径依赖理论都旨在考虑到变化过程中的不确定性、偶然性以及多种可能结果的同时，还能解释最后观察到的结果。以行动者试错学习经验为基础的进化理论，在理解技术或组织变革上非常有启发性。^❸然而，在研究制度创新时，我们不应该假定有着不同理念、制度偏好，以及存在利益和权力斗争的政治行动者会集体一致地"边做边学"。在制度试验的过程中，较早的制度推动者可能遇到失败的概率很高，他们因此不具有一些路径依赖学者所强调的"先发优势"，因为失败，特别是重大政策的失败，通常要付出失去政治权力的代价。国家当权者在跟新的制度因素打交道时，特别是纸币或长期信贷等风险较高的信用工具时，应该倾向于规避风险。因此，进化论的方法不足以解释现代财政国家的兴起，因为它不能告诉我们，国家当权者如何以及为何会不顾政治风险、既有动机和机会去不断尝试各种新的制度安排，直到获得最后观察到的成功结果。

路径依赖理论把偶然性事件、初始阶段的多个可能结果、后期阶段的不可逆转性（即事前无法预测的最终结果），整合为一个

---

❶ Andrew Abbott, "Sequence Analysis: New Methods for Old Ideas," *Annual Review of Sociology* 21 (1995): 93–113.

❷ 有关制度发展中反馈效应的讨论，参见 Paul Pierson, "When Effect Becomes Cause: Policy Feedback and Political Change," *World Politics* 45, no. 4 (July 1993): 595–628。

❸ 有关经济与技术变革的进化理论的综述，参见 Richard R. Nelson, "Recent Evolutionary Theorizing about Economic Change," *Journal of Economic Literature* 33, no. 1 (March 1995): 48–90。

统一的解释。❶路径依赖本身不是一种解释性理论，而是对非线性动态过程的描述。在这个过程中，最终结果的概率分布，取决于先前随着时间流逝发生的事件，其深层机制包括收益递增、（或正或负的）界外效应、互补效应（或自我强化）以及锁定效应。❷作为具有多种均衡结果的"分支过程"，路径依赖的解释与"本该发生却没有发生的"反事实论证紧密结合，即分支过程或会导向其他可能结果的替代路径。❸然而，由于路径依赖过程的非决定论性质，没有任何理论能够告诉我们，究竟哪些初始偶然事件或动因，会使路径依赖过程从初始的多重均衡状态发展到那个"特殊的拐点"（damned point），而在此之后路径便不可逆转地朝着特定的结果发展。❹

---

❶ 关于路径依赖对社会政治变革研究的重要性，参见 Paul Pierson, "Increasing Returns, Path Dependence, and the Study of Politics," *American Political Science Review* 94, no. 2 (June 2000): 251–267; James Mahoney, "Path Dependence in Historical Sociology," *Theory and Society* 29 (2000): 507–548。

❷ 关于路径依赖作为非线性动态过程的讨论，参见 Scott Page, "Path Dependence," *Quarterly Journal of Political Science* 1, no. 1 (2006): 87–115; W. Brian Arthur, *Increasing Returns and Path Dependence in the Economy* (Ann Arbor: University of Michigan Press, 1994); Paul A. David, "Clio and the Economics of QWERTY," *American Economic Review* 75, no. 2 (May 1985): 332–337。

❸ 有关路径依赖解释的反事实性质的讨论，参见 R. Cowan and P. Gunby, "Sprayed to Death: Path Dependence, Lock-in, and Pest Control Strategies," *Economic Journal* 106, no. 436 (1996): 521。路径依赖中的反事实论证，与历史学家约翰·加迪斯（John L. Gaddis）所说的"似是而非的反事实论证"类似，"这些选项对当时的决策者来说似乎是可行的"。参见 John L. Gaddis, *The Landscape of History: How Historians Map the Past* (Oxford and New York: Oxford University Press, 2002), p. 102。

❹ Paul A. David, "Path Dependence, Its Critics and the Quest for 'Historical Economics,'" in Pierre Garrouste and Stavros Ioannides, eds., *Evolution and Path Dependence in Economic Ideas: Past and Present* (Northampton, MA: Edward Elgar, 2001), pp. 20–21, 31; Jack A. Goldstone, "Initial Conditions, General Laws, Path Dependence, and Explanation in Historical Sociology," *American Journal of Sociology* 104, no. 3 (November 1998): 829–845; Page, "Path Dependence," 91 and 102.

以英国向现代财政国家转型为例。这个过程何时变得不可逆转？在一项关于制度如何影响经济活动的开创性研究中，道格拉斯·诺斯（Douglass North）和巴里·温加斯特（Barry Weingast）提出，1688年光荣革命确立的议会主权，是英国政府长期债务成功的关键，因为议会确保了英国政府保护债权人财产权的可信承诺。[1]但是，这一理论难以解释1689年至1697年的九年战争期间，无资金担保的短期借贷占主导地位，而此类借款占政府债务总额的70%以上。[2]诺斯和温加斯特将1694年成立的英格兰银行作为政府长期信贷的制度基础，但这家新的金融机构在早期并不稳定。正如J. 劳伦斯·布罗兹（J. Lawrence Broz）和理查德·S. 格罗斯曼（Richard S. Grossman）阐述，议会可以通过将英格兰银行给政府贷款本金返还的方式，合法收回英格兰银行的经营特许权。而实际上议会在与英格兰银行谈判合同续约时，确实将此作为实实在在的威胁。[3]因此，1688年的议会并不能解释1714年之后，长期信贷在英国政府变得愈来愈重要。[4]

为了发现1688年至1714年之间的因果联系，诺斯和温加斯特提出了动态的解释。在他们看来，随着新的议会君主制在保护财产权方面的"可预测性和可信承诺"愈来愈被社会熟知，人们意识到借钱给政府的风险降低，长期借贷在1693年后开始增

---

[1] Douglass C. North and Barry R. Weingast, "Constitutions and Commitment: The Evolution of Institutions Governing Public Choice in Seventeenth-Century England," *Journal of Economic History* 49, no. 4 (December 1989): 803–832.

[2] 数据来自 B. R. Mitchell, *Abstract of British Historical Statistics* (Cambridge: Cambridge University Press, 1962), p. 401。

[3] J. Lawrence Broz and Richard S. Grossman, "Paying for Privilege: The Political Economy of Bank of England Charters, 1694–1844," *Explorations in Economic History* 41 (2004): 48–72.

[4] David Stasavage, *Public Debt and the Birth of the Democratic State: France and Great Britain, 1688–1789* (Cambridge and New York: Cambridge University Press, 2003), p. 5.

加。❶然而，正如布鲁尔所言，英国在建立以市场为基础的长期借贷体系方面的成功，即便在 1697 年尚非显而易见，也不能说是英国在 1688 年卷入了欧洲权力争霸的必然结果。❷根据拉里·尼尔（Larry Neal）的研究，英国政府直到 18 世纪 20 年代才在市场上完全建立起其永久年金的信用。从那时起，按时支付其不断增加债务的半年期利息的压力，迫使英国政府必须确保从间接税中有效获取收入，政府不可逆转地走向以公债为主导，年金利率定为 3%。❸

不过，政府按时支付利息与市场对其长期信贷的信心增强，这两者之间相互强化的过程为什么没有更早出现？这个关于时机的问题尤其令人困惑，特别是考虑到集中征收关税的官僚机构形成于 1672 年，而集中征收国内消费税的国产税局（Excise Department）成立于 1683 年，两者都发生在光荣革命之前，1688 年后的议会并不能解释这两种制度创新。凯瑟和约书亚·凯恩（Joshua Kane）把原因归结为 1688 年之前出现的结构性变化，比如"有效的通讯、运输和账簿管理等方面的进展"。他们认为，这些变化提高了英国政府对集中征收间接税的监督能力。❹然而，这些社会经济条件本身并没有为政府集中征税提供动机，使其寻找有效的手段来监督征税官吏。因此，它们无法解释集中征收间接

---

❶ North and Weingast, "Constitutions and Commitment," pp. 823−824.

❷ John Brewer, *The Sinews of Power: War, Money, and the English State, 1688−1783* (New York: Alfred A. Knopf, 1989), p. 138.

❸ Larry Neal, "The Monetary, Financial, and Political Architecture of Europe, 1648−1815," in Leandro Prados de la Escosura and Patrick K. O'Brien, eds., *Exceptionalism and Industrialization: Britain and Its European Rivals, 1688−1815* (Cambridge and New York: Cambridge University Press, 2004), pp. 180−181.

❹ Edgar Kiser and Joshua Kane, "Revolution and State Structure: The Bureaucratization of Tax Administration in Early Modern England and France," *American Journal of Sociology* 107, no. 1 (July 2001): 187 and 195.

税出现的特定时机。

为了解释欧洲中央财政官僚体制的演变，托马斯·埃尔特曼（Thomas Ertman）强调了参与欧洲地缘战争时机的重要性。在他看来，财政官僚制管理兴起的必要条件，是先前教育和金融的发展已经培养了一批干练且受过良好教育的人才，国家可以从中招募财政官员。因此，如果国家在拥有这样的人才资源之前（比如1450年之前）参加地缘战争，那它只能求助传统的做法来满足国家财政需要，例如"将官员职位作为产权出卖，征用包税人及金融商人兼任官员"。[1] 然而，时机的因果效应在英国这个案例中并不突出。正如埃尔特曼本人承认，从12世纪初到15世纪80年代，英国参与了欧洲的地缘战争。他最后不得不用英国与荷兰的两场战争（1665—1666、1672—1674）期间得以强化的议会监督，以解释征收关税、消费税的中央官僚机构的出现。[2] 然而，在此期间，关税和消费税属于王室的通常收入，议会无权干预这些税种的征收和使用。[3] 从这个角度来看，时机可能会缩小选择的范围，但其本身并不一定能解释最后观察到的制度结果。

为了抗衡起初的不确定性以及多种可能结果以解释最终结果，杰弗里·海杜（Jeffrey Haydu）认为，当一个共同问题迫使不同行动者寻求解决方案时，反复解决问题的过程也许可以在不同时间段的事件之间提供所需的因果联系。[4] 但他没有说明，对于具有

---

[1] Thomas Ertman, *Birth of the Leviathan: Building States and Regimes in Medieval and Early Modern Europe* (Cambridge and New York: Cambridge University Press, 1997), p. 28.

[2] 同上书，页 171−178，187−207。

[3] Henry Roseveare, *The Treasury 1660−1870: The Foundations of Control* (London: Allen and Unwin, 1973), pp. 52−54.

[4] Jeffrey Haydu, "Making Use of the Past: Time Periods as Cases to Compare and as Sequences of Problem Solving," *American Journal of Sociology* 104, no. 2 (September 1998): particularly 353−359.

不同的利益、理念和政治蓝图的政治人物来说，什么样的问题为何又如何能成为他们必须共同面对的难题。此外，他提出的一些"有待解决的问题"，包括雇主与工会的矛盾、劳动力流动和贫困等，都是普遍的社会问题。处理这些问题的不同方法往往会导致不同的结果，而不是汇聚到单一的制度发展方向上。

要应用路径依赖的洞见，最大的难题是其解释能力不能追溯到早期阶段，因为变革的过程在这个阶段仍然对各种可能的结果开放。例如，在民主巩固的研究中，路径依赖的可能来源——制度密集度、巨额初设成本、协调效应、适应性预期——不足以在民主转型开始时导致不可逆转的巩固路径。在这一阶段，政治人物仍然可能通过相互争斗以修改制度安排来促进其各自不同的利益。❶ 对路径依赖理论尤其致命的是，变革者在制度创新的初期不太可能同时实施能够彼此支持的制度要素。❷ 在这种情况下，由于缺乏互补性安排，某一孤立的制度创新可能显得无效。因此，用来解释制度得以巩固的互补效应并不一定能解释该制度是如何出现的。

克服外生信用危机而产生的因果机制

现代财政国家兴起的过程，有着起始阶段高度不确定性和过

---

❶ Gerard Alexander, "Institutions, Path Dependence, and Democratic Consolidation," *Journal of Theoretical Politics* 13, no. 3 (2001): 257-260.

❷ 关于制度发展的异步性及其对历史因果关系的启示，参见 Giovanni Capoccia and Daniel Ziblatt, "The Historical Turn in Democratization Studies: A New Research Agenda for Europe and Beyond," *Comparative Political Studies* 43, no. 8/9 (2010): 940。

程中可能出现多样性结果等特征。那我们该如何解释现代财政国家在英国和日本，而没有在中国兴起呢？这三个案例的制度发展共同具备以下几个关键特征：（1）既有制度功能失调却黏性十足；（2）探索替代制度始于既有制度在重大事件中的崩溃；（3）在不确定条件下进行各种制度安排的试验。可能的结果包括在此过程中实际出现却未持续下去的制度，如英国和日本的分散财政制度，或者本应该出现却没有出现的制度，如中国的集中财政制度，或者国家决策者仔细考虑却未执行的，如英国将政府债务转换成纸币的方案。为了避免将历史行动者事先无法获得的信息或知识强加到他们的"理性计算"中，我在本书中进行了"深度"的比较历史分析，以重构历史行动者在制定政策时实际考虑的目标和面对的约束条件及不确定性。

我在本书中解释现代财政国家兴起的因果机制，是将适当的社会经济条件与具体信用危机相结合。这种信用危机源于过度发行"空头"信用工具，如毫无税收支持的债券或不兑换纸币。信用危机的出现是事件或政策的偶然或意外的结果，因此对随后展开的制度建设来说是外生性的。没有一个国家的当权者是因为想要建立其所偏好的制度而发行这些危险的虚值信用工具。然而，这种因事件而产生的信用危机却能深刻地影响随后的制度发展，它改变了历史进程，并导致最终出现的制度结果。❶

---

❶ 关于社会科学中的事件分析法，参见 William H. Sewell Jr., "Three Temporalities: Toward an Eventful Sociology," in Terrence J. McDonald, ed., *The Historic Turn in the Human Sciences* (Ann Arbor: University of Michigan Press, 1996), pp. 245–280; Sewell, *Logics of History: Social Theory and Social Transformation* (Chicago: University of Chicago Press, 2005), chapter 5; Tim Büthe, "Taking Temporality Seriously: Modeling History and the Use of Narrative and Counterfactuals in Historical Institutionalism," *American Political Science Review* 96, no. 3 (2002): 481–493.

这样一种关乎制度发展的事件式因果机制，其因果效用源自信用危机的特殊性。首先，信用危机威胁着国家的信誉，是一个无论谁上台执政都必须面对和解决的共同问题。由于发行信用工具的中央政府必须承担保证信用工具价值的所有金融风险，因此，它不能再把负担转嫁给地方政府。这从根本上改变了作为委托人的中央和作为"代理人"的地方政府以及收税人之间的风险分布状态，赋予中央以强烈的动机来想尽办法更好地监督征税代理人的表现，从而打破分散财政制度的"锁定"效应。故而，信用危机为实现财政集中化提供了必要的动力。其次，已发行空头信用工具的规模严重限制了解决方案的选择，它把注销债务排除出选项。国家当权者也不能简单地使用强制手段，来确保其发行的空头信用工具在市场中的价值。如何在市场上救赎空头信用工具的价值，成为评估进入考虑或试验范围的制度设计有效性的"硬性标准"，这在复杂且不透明的政治世界并不多见。❶

克服信用危机的尝试，为现代财政国家的出现提供了时间因果链。行动者寻求制度解决方案所做的努力，导致一系列的试验过程及有效要素在过程中不断积累。克服信用危机的需要，为有才干的财政官员创造了在寻求有效制度安排中发挥其主导作用的难得机会。不同国家的当政者面对同样的信用危机，既可以从自己，也可以从竞争对手的成败中吸取教训。在这种情况下，有用的制度安排和具有专门知识的关键人员更有可能得以保留，即便这些制度和人员可能是主要政治竞争对手的遗产。因此，捍卫已发行空头信用工具价值的艰苦努力，能够在争权夺利的政治人物

---

❶ 关于政治世界缺乏"硬性"选择机制的问题，参见 Pierson, "Increasing Returns, Path Dependence, and the Study of Politics," 261。

之间产生一个事实上的"集体学习"过程，并导致有效的制度要素、方法和人员的不断积累。

随着有效的制度设计和人员的积累，国家当权者逐渐认识到长期债务与集中征税之间的相互促进关系。也就是说，集中间接税征收的可靠性增强了债权人对国家长期信用工具的信心，而维护国家信用工具信誉的压力，又迫使国家决策者维持并提高集中征税的效率。这促使制度发展不可逆转地走向现代财政国家，而这个最终结果很多人也没法预测。

适当的社会经济条件对于支持行动者的试验和学习，可谓必不可少，直至行动者确立了集中征税与国家长期债务信用之间相互促进的作用。例如，既有的私人金融网络在市场大量发行大打折扣的信贷工具，包括短期债券或不兑换纸币，可谓至关重要。如果市场上的经济行动者干脆拒绝持有这些信贷工具，那么当权者几乎没有机会去找到合适的制度安排来恢复这些信贷工具的价值。

社会经济条件也深刻影响着国家当权者集中征税的努力以及特定形式的国家长期信用工具的可行性。例如，国内消费间接税的集中征收，与消费部门在经济中的规模以及集中程度密切相关。主要消费品的生产和销售越集中，国家集中收税的成本就越低，因为只需要监督城市地区数量有限的大型生产商和批发商。国家甚至可以特意鼓励批发商或生产商形成垄断，从而降低集中征税的成本。这样的做法，实际上是国家与这些大型生产商或批发商分享垄断性利润。相比之下，当主要消费品掌握在众多小生产者或零售商手中时，要实现集中征税相当困难。

将现代财政国家的兴起视为克服因滥发信贷工具而造成信用危机的动态过程，这一因果解释，是建立在有效的制度安排和具备相应才能的财政官员不断积累的基础之上的。这反过来又能逐渐减少不确定性并增加多种替代方案中某种具体制度出现的可能。因而，现代财政国家的兴起具有路径依赖的一般特征，即随着时间推移，制度安排与行动者的行为模式以及认知框架之间的相互联系日趋增强，这导致某种特定结果出现的概率越来越大。❶ 社会经济环境则是通向现代财政国家的路径依赖制度发展的"边界条件"。❷

滥发信用工具造成的严重信用危机与特定的社会经济环境相结合，决定了在英国和日本观察到的制度发展方向和不同的快慢程度。对于中国而言，同样的机制既解释了19世纪末业已发生的制度发展，又能表明现代财政国家在中国兴起具备现实上的可能性。

就英国而言，1665年至1672年间政府发行的缺乏预期收入担保的巨额短期债券造成了信用危机。这强烈刺激了王室政府集中征收关税和消费税的努力。荷兰在1689年入侵英国，使英国陷入两场几乎连续的战争：其一是与法国的九年战争（1688—1697），其二是西班牙王位继承战争（1702—1714）。这两场战争耗资之大，持续时间之长，出乎当时所有人的意料。1714年后，短期借贷和无指定税收担保的长期借贷构成天文数字般的巨额债务，迫使英国政府将其转换成能够由税收支持的长期债务。在这个过程

---

❶ 对这一点的强调，参见 Page, "Path Dependence," 89; Douglass C. North, "Five Propositions about Institutional Change," in *Explaining Social Institutions* (Ann Arbor: University of Michigan Press, 1995), p. 25。

❷ 这些边界条件在路径依赖的理论讨论中经常是以隐含的形式出现。参见 Paul A. David, "Why Are Institutions the 'Carriers of History'?: Path Dependence and the Evolution of Conventions, Organizations, and Institutions," *Structural Change and Economic Dynamics* 5, no. 2 (1994): 208; Pierson, "Increasing Returns, Path Dependence, and the Study of Politics," 265; S. J. Liebowitz and S. E. Margolis, "The Fable of the Keys," *Journal of Law and Economics* 32, no. 1 (1990): 1–26。

中，诸如伦敦在英国经济中的主导地位以及大伦敦地区以外的国内金融网络不发达的社会经济条件，都显著地影响了英国通往现代财政国家的路径，即英国政府没有把债务转换成可以在整个经济体中流通的纸币，而是将其转换成永久年金的低息国债。

就日本而言，信用危机源自 1868 年明治维新时筹集推翻幕府行动所需的军费而发行的不兑换纸币。由于明治新政府在税收制度建立之前就需要满足其巨大的政府支出，在推翻幕府之后的最初几年，它别无选择，只能继续依赖发行事实上的不兑换纸币。日本政府在 1871 年决定采用金本位制，这一决定不久即导致严重的意外后果，因为 1873 年后国际市场上的黄金价值不断上升，大大加剧了纸币兑换的压力，并对中央政府的信用造成严重威胁，这在很大程度上决定了财政集中化的轨迹和激进步伐，特别是在 1880 年完成的中央对酒类生产间接税的集中征收。这一时期日本活跃的国内经济对货币有着强烈需求，这是支持不兑换纸币流通至关重要的社会经济条件。尽管通过建立中央银行以实现纸币可兑换性的这一制度发展方向，在 19 世纪 80 年代初期就已经变得清晰起来，但明治政府与国会请愿运动之间的对抗，使得日本现代财政国家诞生于 1883 年至 1886 年间严重通货紧缩的经济环境中。

中国的案例则说明必要的社会经济条件与信用危机脱节的后果。清政府于 1853 年发行纸币以支付镇压太平天国起义的军事开支，但这场毁灭性的长期内战严重扰乱了国内经济和跨区域金融网络，使政府财政更加分散，导致了纸币发行的失败。19 世纪 60 年代中期内战结束之后，尽管国内经济和跨区域金融网络在 70 年代和 80 年代得到恢复甚至扩张，但咸丰年间纸币发行的惨败使得清政府不愿意在政府财政中重新引入信用工具。由于中央政府在这一时期没有遭受信用危机，分散型财政得以持续存在。然而，各省担负着必须完成中央紧急指拨命令的压力，这迫使他们寻求制度安排、管理方法和人员，以便加强对各省厘金征收的监督。假设出现威胁到中央的信用危机，清政府是否会利用这些资源将厘金的征收集中化呢？为了回答这个问题，我把 1895 年甲午战争后对日本的赔偿当作这种信用危机的模拟，并以清政府的赔款支付作为"自然实验"来检验 19 世纪末中国可能成为现代财政国家的反事实论证。

第**2**章

英国之路径，1642—1752

在英国转型至现代财政国家的 1642 年至 1752 年，我们可以看到先前的制度成就为后来的制度发展奠定基础的清晰顺序。财政国家或税收国家的财政制度在英国内战后得以牢固确立，关税、月课（1692 年土地税的前身）、国内消费税构成政府收入的基础。在复辟时期（1660—1688），王室通常收入的管理变得更加集中；英国政府于 1672 年开始集中征收关税，并于 1683 年集中征收啤酒税。在与法国的九年战争以及西班牙王位继承战争时期，英国政府开始发行长期债券。从 18 世纪 20 年代开始，英国政府凭借从诸如国内消费税和关税等间接税获得的可靠而有弹性的收入，能够按时支付其长期债务的利息，从而导致了利率为 3% 的永久年金（3 percent Consol）在国债中占据主导地位。❶

但这一顺序关系仅在事后观察才变得清晰明了。如果我们从 1642 年开始，在充满不确定性的历史情境下与变革者一起前行，那就会面临多种不同的制度结果。17 世纪 50 年代财政制度所出现的初步集中管理，很快就崩溃了。1660 年恢复的斯图亚特君主制，从财政分权的程度以及政府对包税人和短期信贷的依赖来看，其

---

❶ Larry Neal, "The Finance of Business during the Industrial Revolution," in Roderick Floud and D. N. McCloskey, eds., *The Economic History of Britain Since 1700, vol.1*, 2nd ed. (Cambridge and New York: Cambridge University Press, 1992), pp. 165 and 172−173.

制度似乎相当稳定。而在 1683 年关税、消费税集中征收制度建立之后，英国政府并没有寻求长期贷款，反而试图清偿其债务。即使到了 1714 年，英国政府被迫将九年战争和西班牙王位继承战争累积的大量短期债务转换为长期债务，当时仍然有两种不同的选择：其一是将其转换成利率较低的永久年金；其二是让英格兰银行接管债务并赋予其发行纸币的垄断权。为什么英国会走上以永久国债而不是纸币为主的现代财政国家之路呢？

财政集中和基于市场的长期国债体系，都不是必然的结果。相反，这两种制度变革都是为了应对因参与国际战争发行空头信用工具而发生的两次信用危机。第一次危机发生在 1666 年至 1672 年间，当时的政府完全依赖短期财务署券（Treasury Orders），这是一种无税收担保的短期借贷票据。另一次危机发生在 1689 年至 1713 年间，政府发行的无资金担保公债可谓五花八门：司库债券（tallies）、国库券（exchequer bills），以及陆军和海军为弥补各自赤字而发行的信用债券。

这些信用危机都是战争造成的意外后果，相对于随后的制度发展是外生因素。但它们在多种可能性和不确定性的背景下，显著影响了制度发展的方向。1666 年至 1672 年间的信用危机，促使英国财政官员集中管理和征收关税与酒类消费税，以保证王室稳定的通常收入。1713 年之后，解决信用危机的努力促成了集中征收间接税与国家永久债务之间的制度联系。而诸如国内啤酒生产规模的扩大、金融网络的地理分布等社会经济条件，对于理解英国在集中征税上的效率，以及英国为什么没有走上基于纸币的现代财政国家之路，都是非常重要的。

财政集中化之路

英国内战的军费开支，迫使王室政府和长期议会（Long Parliament）双方都寻求新途径来增加收入。长期议会于1643年开征两项新税，即消费税和周课（weekly assessment）。消费税针对多种消费品（包括啤酒、烟草和苹果酒）征税。周课则是对各郡及各镇的财产和收入征收的固定配额直接税。周课在1646年变成月课（monthly assessment）。[1]17世纪50年代，共和（Commonwealth）政府主要靠关税、消费税和月课获取其财政收入。[2]

政府财政的集中管理也在此时出现。1654年，护国（Protectorate）时期的国务委员会（Council of State）下令将关税、消费税和其他税赋直接上缴到司库。[3]这种财政集中化的趋势，代表着"向真正现代意义上的国家财政设想迈出的一步：将税收汇总管理，政府的开销从税收基金的整体中划定，而非由个别指定税收去支付"。[4]与此同时，共和政府在17世纪50年代实行了赤字融资制度，即以预期的未来税收作为担保来为陆军和海军募集经费。例如，海军司库给那些向海军提供货物和服务的承包商签发赊账单和权证。这些可以在市场上转让或出售的短期信用工具，填补了在赋税收入收讫与军需支出之间的时间空档。在税款到位之后，

[1] M. P. Ashley, *Financial and Commercial Policy under the Cromwellian Protectorate* (Oxford: Oxford University Press, H. Milford, 1934), p. 66.

[2] James S. Wheeler, *The Making of a World Power: War and the Military Revolution in Seventeenth-Century England* (Stroud, UK: Sutton, 1999), pp. 118–119.

[3] Ashley, *Financial and Commercial Policy under the Cromwellian Protectorate*, pp. 40–41.

[4] Wheeler, *The Making of a World Power*, p. 141.

这些票据则被结清。❶

伦敦在英国经济中的独特地位，为政府试图集中征税提供了便利。政府的关税收入中约有 70% 至 80% 来自伦敦。另外，伦敦及其周边地区是英国最富裕的地区。在 1645 年，议会对其控制地区所征收的月课达 53436 英镑，其中超过三分之二的税款来自东部及伦敦周边各郡。❷1647 年 9 月 30 日至 1650 年 9 月 29 日所征收的消费税中，56.7% 来自伦敦。❸ 当超过一半的政府收入来自伦敦及其周边地区时，政府的集中征税就变得更容易了。

然而，英国的国内金融网络在 17 世纪 50 年代尚不发达，而且消费品的生产规模较小，这些都严重制约了政府长期信贷制度的发展。当时英国还没有全国性的金融网络来汇兑资金。1654 年至 1659 年间，绝大部分进出伦敦的税收和政府支出，仍以实物形式而非汇票来传递。❹新模范军的军费，也是以金属货币来支付的；这些货币每月从伦敦发送到各地的兵团。❺ 运输大量金属货币既困难又耗时，因此，将当地征收的税费直接分送到支出目的地更为方便。比如，部分消费税在当地征收并发放，而不是先送到伦敦然后再由中央分配处理。❻ 由于克伦威尔（Oliver Cromwell）

---

❶ James S. Wheeler, "Navy Finance, 1649-1660," *Historical Journal* 39, no. 2 (June 1996): 459-460.

❷ Ian Gentles, *The New Model Army in England, Ireland, and Scotland, 1645-1653* (Oxford and Cambridge, MA: B. Blackwell, 1992), p. 28.

❸ Wheeler, *The Making of a World Power*, p. 157. 1658 年 3 月到 1660 年 8 月间，这一比例高达 60%。Ibid., p. 166.

❹ 在这一时期，实物税并不罕见，因为只有一半的税款需要以现金支付。参见 Michael J. Braddick, *Parliamentary Taxation in Seventeenth-Century England:Local Administration and Response* (Woodbridge, UK, and Rochester, NY: Royal Historical Society/Boydell Press, 1994), p. 153, particularly footnote 155。

❺ Gentles, *The New Model Army in England, Ireland, and Scotland*, p. 48.

❻ Wheeler, *The Making of a World Power*, p. 158.

允许收税官直接向驻军或兵团发送所收税费，而不是把所有的税款都送往伦敦，月课征收的集中程度也开始下降。❶

当时的社会经济条件也使得中央政府很难获得弹性收入增长。英国的对外贸易直到 17 世纪下半叶才开始繁荣。由共和政府和护国政府直接征收的关税，只占英国政府总收入的 20%。❷至于消费税，最初由政府官员直接征收。1644 年至 1649 年间发生了多起反对征收消费税的民众抗争，迫使议会撤销了对肉类和自酿啤酒的征税。❸由于这一时期应纳税的商品生产规模小，而且较为分散，直接征收消费税的行政成本相当高。为了降低行政成本，政府将征税事务分包给了更了解当地情况的地方乡绅。❹但地方乡绅似乎不太可能为了中央政府增收而牺牲本地利益。❺护国政府在1655 年至 1657 年严厉查禁酒馆的政策，也直接影响了消费税的收入。❻

月课是护国政府收入的主要来源。1654 年的月课，几乎占其总收入的一半。❼然而，地方乡绅牢牢地控制着月课的估算和征

---

❶ Ashley, *Financial and Commercial Policy under the Cromwellian Protectorate*, p.82. 有关汉普郡税收分散支发制度的详细情况，参见 Andrew M. Coleby, *Central Government and the Localities: Hampshire, 1649–1689* (Cambridge and New York: Cambridge University Press, 1987), pp. 47–48。

❷ 数据引自 Wheeler, *The Making of a World Power*, p. 213。

❸ Patrick K. O'Brien and Philip A. Hunt, "Excises and the Rise of a Fiscal State in England, 1586–1688," in W. M. Ormrod, Margaret Bonney, and Richard Bonney, eds., *Crises, Revolutions, and Self-Sustained Growth: Essays in European Fiscal History, 1130–1830* (Stamford, UK: Shaun Tyas, 1999), pp. 209–214; Michael J. Braddick, "Popular Politics and Public Policy: The Excise Riots at Smithfield in February 1647 and Its Aftermath," *Historical Journal* 34, no. 3 (September 1991): 597–626.

❹ Braddick, *Parliamentary Taxation in Seventeenth-Century England*, pp. 191–193.

❺ Ibid., pp. 135–136.

❻ Peter Clark, *The English Alehouse: A Social History, 1200–1830* (London: Longman, 1983), p. 177; Peter Haydon, *The English Pub: A History* (London: Robert Hale, 1994), p. 71.

❼ Ashley, *Financial and Commercial Policy under the Cromwellian Protectorate*, p. 96.

收。[1] 月课负担的增重，经常遭到土地所有者的强烈抵制。1657年6月，对月课负担沉重的抗议之声越来越强烈，护国政府被迫将每月税费从12万英镑大幅降至3.5万英镑。[2] 这造成了每年100多万英镑的损失，而政府却无法用其他收入来弥补。

征税能力的不足，大大降低了护国政府的信誉。1652年后，由于过去的债务尚未清偿，伦敦金融城拒绝向其提供借贷。[3] 伦敦金融城在1658年甚至不接受政府用预期收入作为借贷的担保。[4] 陆军和海军物资的承包商在17世纪50年代是政府的主要债权人。海军在1651年至1660年间新增的绝大部分债务都源于对其物资供货商的拖欠。[5] 然而，这些供货商缺乏向政府提供长期贷款的财力。当护国政府不能及时清偿先前的短期债务时，这些供货商便只接受现金付款了。[6] 由于1656年未能从与西班牙的战争中获利，无力偿还债务的护国政府很快垮台；尽管其在1659年的总债务仅为220万英镑，"仅等同于其一年的平均收入，其短期债务的规模与1660年至1690年间的平均债务相当，远低于1700年后的债务"。[7]

1660年复辟的斯图亚特王朝，恢复了王室通常收入和议会非

---

[1] 有关克伦威尔在构建集中财政管理方面失败的尝试，参见 David Underdown, "Settlement in the Counties, 1653–1658," in G. E. Aylmer, ed., *The Interregnum: The Quest for Settlement, 1646–1660* (London: Macmillan, 1972)。

[2] Wheeler, *The Making of a World Power*, p. 193.

[3] Ashley, *Financial and Commercial Policy under the Cromwellian Protectorate*, pp. 98–99.

[4] Ibid., p. 107.

[5] 1651年至1660年间，这一比例在60.5%至82.2%之间浮动。引自 Wheeler, "Navy Finance, 1649–1660," 463。

[6] Bernard Capp, *Cromwell's Navy: The Fleet and the English Revolution, 1648–1660* (Oxford: Clarendon Press, 1989), p. 364; Wheeler, "Navy Finance, 1649–1660," 465.

[7] Wheeler, "Navy Finance, 1649–1660," 460.

通常收入之间相互分离的传统。尽管如此，英国当时实际上已经成为税收国家，因为王室与保王党议会（Cavalier Parliament）达成协议的通常收入，主要来自关税（40万英镑）、酒类消费税（30万英镑）和灶户税（30万英镑，为1662年添加的税收项目）。虽然每年的通常收入设定在120万英镑，但由于政府管理和社会经济状况尚未从1659年和1660年的政治动荡和严重萧条中恢复过来，这些税收都处于拖欠状态。❶1660年6月，可供财务署支配的现金总额只有141英镑，而从前政权接收的陆军和海军每月所需支出高达10万英镑。❷

急切需要通常收入的王室政府不得不采用包税制。王室政府于1662年将关税和消费税分包出去。与早先的斯图亚特时期一样，包税人成为王室短期信贷的重要提供者。❸在这种财政分权的制度下，特定税收项目在担保获取贷款方面，比政府全部的名义收入更为重要。例如，伦敦金融城借贷给政府时，其得到的偿还不是来自财务署，而是直接来自特定税收项目的包税人。那些特定税收项目，则经常被指定为贷款的担保。❹

一批新的金融商在1667年包揽了关税的征收，其中两位最有权势的金匠银行家罗伯特·维纳爵士（Sir Robert Viner）和爱德华·贝克韦尔（Edward Backwell）尤其著名。他们吸纳伦敦及各郡商人、乡绅和职员的存款，因此能够向王室政府提供更优惠的

❶ C. D. Chandaman, *The English Public Revenue, 1660−1688* (Oxford: Clarendon Press, 1975), p. 206.

❷ Glenn O. Nichols, "English Government Borrowing, 1660−1688," *Journal of British Studies* 10, no. 2 (May 1971): 89; Chandaman, *The English Public Revenue*, p.196.

❸ Robert Ashton, "Revenue Farming under the Early Stuarts," *Economic History Review*, n.s., 8, no. 3 (1956): 311−313.

❹ Nichols, "English Government Borrowing," 89.

贷款条件。与此同时，由于他们可以在收到通常税收和将税收上缴政府这段时间内（一季至半年不等）保管这些存款而不用向政府支付利息，这大大增强了他们在市场上的信贷能力。与王室官员密切的私人关系，也令他们向政府部门提供的短期贷款既安全又有利可图，而这又有助于他们吸引更多存款。❶重要包税人利用向政府提供贷款和所征的税款作为其流动资产，增强他们在金融市场的影响力，而其他金融商则难以向政府提供更有吸引力的贷款条件，因此，政府对包税制的依赖与日俱增。

为了满足经常性的支出需求，王室政府在这一时期用其预期收入作为担保发行了两种短期信用工具，即 SOL 债券和 PRO 债券。前者有指定的特定收入来源担保，但由于不能出售或转让，其流动性很低；后者虽然可以出售或转让，但没有任何指定的政府收入项目作为担保。如果 PRO 债券持有者在政府内没有一定的内线关系，要想从司库那里兑现就不那么容易了。❷由于王室政府并没有集中管理其通常收入，所以它不得不将兑现债券的责任转交给政府各部门的财政主管。财政主管在收到这些债券后，要么把它们卖掉，要么用它们作为担保再从私人金融商那里借钱。在兑现这些债券方面，政府官员和市场上金融商之间的私人纽带，比政府制度更为重要。❸

---

❶ 以贝克韦尔为例，他在 1666 年的投资有 90% 以上借给了政府。参见 Henry Roseveare, *The Financial Revolution, 1660−1760* (London: Longman, 1991), p. 20。

❷ 关于斯图亚特王朝初年使用国债进行赤字融资，参见 Robert Ashton, *The Crown and the Money Market, 1603−1640* (Oxford: Clarendon Press, 1960), pp. 48−50。 有关复辟时期国债的使用，参见 Chandaman, *The English Public Revenue*, pp. 287−294。

❸ 例如，斯蒂芬·福克斯爵士 1661 年在卫队做出纳，后来在军队做出纳，再后来成了王室的出纳。他能够按时在英国财务署兑现其司库债券，因此在处理政府开支的过程中获得了丰厚的利润。参见 C. G. A. Clay, *Public Finance and Private Wealth: The Career of Sir Stephen Fox, 1626−1716* (Oxford: Clarendon Press, 1978) , particularly chapters 3 and 4。

1665 年，英国政府在与荷兰的条约谈判中，试图用逼迫策略来获得更加优惠的利益，却完全没有准备好去应对这一策略所引发的第二次英荷战争。❶ 迫在眉睫的战事，使伦敦信用市场的银根相当紧张。对政府信贷能力缺乏信心的伦敦金融商，拒绝向已经负债累累的王室政府提供新的信贷。❷ 在这种情况下，英国政府被迫采用财政署长乔治·唐宁爵士（Sir George Downing）提出的财务署券制度（Order system）。❸ 这项建议的要旨，是通过发行新的政府信用工具，即利率为 6% 的财务署券（Treasury Order），来直接从公众那里筹募借款。这些财务署券在两年内以 125 万英镑的议会供给作为担保，可在市场上出售或转让。司库大臣负责每半年清偿一批款项，具体批次则严格按照发券的时序，即认购者向司库人员支付款项日期的先后顺序来执行。不到两年，政府凭借这一新的财务署券制度，从约 900 名认购者那里筹集到近 20 万英镑的资金。❹

由于英国政府无法调动资助第二次英荷战争所需的财政资源，因而遭受惨败，颜面尽失。但战败本身并没有迫使政府彻底改革其财政制度。下议院在 1666 年 12 月成立了公共账目委员会（Commissions of Public Accounts），审计议会批准用于战争的特殊

---

❶ Paul Seaward, "The House of Commons Committee of Trade and the Origins of the Second Anglo-Dutch War, 1664," *Historical Journal* 30, no. 2 (June 1987): 437–452.

❷ Paul Seaward, *The Cavalier Parliament and the Reconstruction of the Old Regime, 1660–1667* (Cambridge and New York: Cambridge University Press, 1989), pp. 239–240 and 303.

❸ 乔治·唐宁爵士在护国政府的财政管理方面有一些实际经验。他亲眼目睹了荷兰政府如何通过有效管理税收来确立其信誉，从而可以轻而易举地从金融市场借款。有关唐宁的早期背景及这与他提出"财务署券制度"的关系，参见 Jonathan Scott, "'Good Night Amsterdam.' Sir George Downing and Anglo-Dutch Statebuilding," *English Historical Review* 118, no. 476 (April 2003): 334–356。

❹ Henry Roseveare, *The Treasury, 1660–1870: The Foundations of Control* (London: Allen & Unwin, 1973), pp. 18 and 24–26.

物资账目支出状况。然而，由于政府部门使用司库债券的方式非常不正规，而且缺乏标准的簿记，因此委员会很难区分欺诈行为与必要的金融操作。❶ 下议院的审计毫无成效，也未能导致政府财政的根本改革。❷

虽然第二次英荷战争的结束解除了增加军事开支的压力，但王室政府的财政状况依然严峻。1667 年的伦敦金融市场，尚未从战争、1665 年的大瘟疫和 1666 年伦敦大火的破坏中恢复过来。1665 年至 1667 年间，英国王室通常收入的平均收益，降至每年 68.6 万英镑，而年度赤字约为 60 万英镑。❸ 因此，王室政府无法从市场获得任何新的信贷。由于包税人的合同尚未到期，政府也无法从他们那里获得更多的借款。❹ 而随着和平的恢复，政府又无法要求议会提供更多的"特别收入"。万般无奈之下，查理二世（Charles Ⅱ）于 1667 年 6 月任命几位年轻官员，组建新的财政委员会以拯救政府财政。这些年轻人没有贵族背景，但在管理财政事务方面都有丰富的实际经验。这些官员包括托马斯·克利福德爵士（Sir Thomas Clifford）、威廉·考文垂爵士（Sir William Coventry）和约翰·邓肯伯爵士（Sir John Duncombe）。唐宁爵士被任命为财务署长。❺

---

❶ Henry Roseveare, *The Treasury, 1660–1870: The Foundations of Control* (London: Allen & Unwin, 1973), pp. 52–53.

❷ J. R. Jones, *The Anglo-Dutch Wars of the Seventeenth Century* (London: Longman, 1996), p. 96.

❸ Chandaman, *The English Public Revenue*, pp. 211–212; Seaward, *The Cavalier Parliament and the Reconstruction of the Old Regime*, p. 317.

❹ 国产消费税合同于 1668 年到期，关税合同于 1671 年到期，灶户税合同于 1673 年到期。参见 Chandaman, *The English Public Revenue*, pp. 215–216。

❺ Howard Tomlinson, "Financial and Administrative Developments in England, 1660–88," in J. R. Jones, ed., *The Restored Monarchy, 1660–1688* (Totowa, NJ: Rowman and Littlefield, 1979), pp. 96–97.

这些财务委员除了延续唐宁的财务署券制度来满足政府开支之外，别无选择。与战争期间发行、由议会特别供给担保的国债券不同，新发行的财务署券由王室的通常收入来担保。1667 年至 1670 年，每年发行财务署券的金额约为 120 万英镑。[1]这些债券属于空头信用工具，因为实际上没有任何贷方资金在发行前支付给司库。它们类似钞票，因为面值较小，可用于经济生活中的普通交易。[2]不过，与钞票不同的是，这些财务署券是有息短期信用工具，必须在到期日（通常是一年）去司库兑现。因此，这类财务署券的空头信用工具的数额造成了紧迫的信用危机，迫使王室政府寻求偿还的办法。

由于财务署券是由王室的通常收入担保的，财务委员努力集中管理通常收入的征收和支出，并确保这些收入能迅速转入司库。从 1667 年起，财务委员在政府各部门建立了精细的簿记制度，命令将所收税款迅速转交司库，并要求支出部门每周提供凭证，以便定期检查账目。[3]在这些制度改革的过程中，财务署对政府财政的管理越来越专业化，因而也逐渐独立于枢密院和国务大臣。[4]

尽管如此，这些重要行政改革的有效性在实践中十分有限，因为财务署没有政治权威来控制政府各部门的开支，以产生更多的财政盈余来偿还已经发行的财务署券。[5]虽然政府的通常收入，从 1665 年至 1667 年的年收入不足 65 万英镑，增加到 1669 年至

[1] Chandaman, *The English Public Revenue*, pp. 216 and 219.

[2] Ibid., p. 297; Nichols, "English Government Borrowing," 99.

[3] Roseveare, *The Treasury*, pp. 22–36; Chandaman, *The English Public Revenue*, pp. 213–214; Stephen B. Baxter, *The Development of the Treasury, 1660–1702* (Cambridge, MA: Harvard University Press, 1957), pp. 180–184.

[4] Tomlinson, "Financial and Administrative Developments in England," 98–99.

[5] Roseveare, *The Treasury*, pp. 27–28.

1670 年的 95.4 万英镑，但到了 1670 年，政府的债务总额上升至近 300 万英镑。[1] 第三次英荷战争（1672—1674）前夕，到期的财务署券价值超过 110 万英镑，如期还款将使政府的可支配收入减少到 40 万英镑以下。[2] 国王查理二世在 1672 年 1 月不得不宣布推迟一年还款，并答应为这些欠款支付 6% 的利息。[3] 这次司库中止偿还，并非故意违约，主要是由于政府无法利用其现有收入来支付当前开支和未偿还的短期债务。[4] 然而，这对于四位金匠银行家和包税人来说是灾难性的。他们已经在市场上以极低的折扣大量收购财务署券，其所持有的财务署券在 1672 年高达发行总量的 80%。[5]

通常收入和特别收入之间相互分离的传统，也制约了财务专员增加王室收入的努力。在整个复辟时期，下议院将月课及通过提高关税或消费税税率所获得的任何额外收入，都作为特别收入加以控制。[6] 不过，下议院并没有权力监督王室的通常收入。[7] 在征收税收的方法方面，王室政府享有充分的自主权。由于不能通过扩大税基来增加政府收入，王室政府只能从已经确定的关税、酒类消费税和灶户税等通常收入中最大限度地获取利益。

---

[1] Chandaman, *The English Public Revenue*, p. 220.

[2] Ibid., p. 226.

[3] Nichols, "English Government Borrowing," 100–101.

[4] 1674 年后，王室政府设法从其通常收入支付这笔债务的利息。参见 J.Keith Horsefield, "The 'Stop of the Exchequer' Revisited," *Economic History Review*, n.s., 35, no. 4 (November 1982): 511–528。

[5] Roseveare, *The Financial Revolution*, p. 22.

[6] Chandaman, *The English Public Revenue*, pp. 47–49; Roseveare, *The Treasury*, pp. 54–56; J. R. Jones, *Country and Court: England, 1658–1714* (Cambridge, MA: Harvard University Press, 1978), pp. 192–196.

[7] Roseveare, *The Treasury*, p. 54.

作为短期借贷票据而发行空头财务署券，在一定程度上减少了王室政府对包税人短期信贷的依赖。而偿还这些财务署券的压力，迫使政府从包税人那里榨取更多的收入。1670 年的续约谈判中，关税包征人试图从政府那里获得更多优惠，而财务专员则决定直接征收关税。包括乔治·唐宁爵士在内的六名委员会成员，受命负责管理新的集中征税工作。这一行政机构沿用了关税包税人在当地建立的管理和人事的整体框架，以及包税人制定的征收指导手册。从 1678 年起，海关总署署长（后来也是财务委员）开始定期检查主要港口的关税征收情况。[1]

对英国各地的酒类直接征收消费税是一项艰巨的任务。在 1662 年，消费税的包征非常零散。大约 75% 的乡村包征都落入各地乡绅之手。[2] 为了降低与包税人谈判的交易成本、获得更优惠的条件，财务委员鼓励少数大金融商来包征消费税。大金融商对拥有更多的消费税收入也颇有兴趣。从 1668 年起，政府开始支持金匠银行家威廉·巴克纳尔（William Bucknall）及其幕僚的计划。他们曾是伦敦消费税的征收包税人，现在政府令其接管先前由当地乡绅控制的乡村消费税的包征。到了 1671 年，巴克纳尔集团控制了英国全部消费税中近 75% 的征收。[3]

1672 年的司库中止偿还债务，使空头财务署券这一信用工具信誉扫地。王室政府必须利用其实际收入，以获得新的信贷来源，这在第三次英荷战争的压力下尤为迫切。由于下议院反对查理二

---

[1] Roseveare, *The Treasury*, p. 34.

[2] Chandaman, *The English Public Revenue*, p. 54.

[3] Ibid., p. 59−61；Edward Hughes, *Studies in Administration and Finance, 1558−1825, with Special Reference to the History of Salt Taxation in England* (Manchester: Manchester University Press, 1934), pp. 148−152.

世的外交政策，王室政府很难获得议会的特别供给，所以，将消费税的征收作为整体完全包租出去的想法，变得非常有吸引力。对于政府来说，担任单一消费税包税官这一新职位的金融商财团，可以利用消费税的总收入做担保，来为政府筹集更多的信贷。对于金融商来说，控制消费税总收入，会大大增强他们在金融市场上的势力，特别是当所有收税员必须将其每日征收所得交给消费税包税官时，这一作用尤其明显。❶

尽管私人金融商在政府内有着不同的政治庇护人，他们有利用消费税总收入来为政府筹集信贷的共同目标。在竞争消费税包税官职位时，他们在合同谈判中竞相向政府许诺更好的年租和预付款条件。❷ 政府内部激烈的权力斗争，包括财务委员克利福德下台，以及 1673 年丹比（Lord Danby）上台成为财务署长，都没有阻碍英国向单一消费税包征制度的发展。

管理单一消费税包税征收的财团，与充当征收消费税"代理人"的雇员之间，存在着严重的信息不对称问题。埃德加·基瑟认为，利润最大化的动机，促使作为委托人的包税人制定有效的组织方法，来监督其收款代理人的绩效。❸ 然而，在风险分布不同的情况下，对利润最大化的共同关注，会导致委托人与代理人之间出现三种契约关系：如果委托人比代理人更希望规避风险，他会给代理人提供包税合同，这就相当于单一消费税包征的分包；如果代理人更希望规避风险，按固定比例分配预期收入的合同为

---

❶ Chandaman, *The English Public Revenue*, pp. 62–64.

❷ 关于 1673 年与丹比和克利福德有关的金融商集团之间的竞争，参见 Clay, *Public Finance and Private Wealth*, pp. 98–100。

❸ Edgar Kiser, "Markets and Hierarchies in Early Modern Tax Systems: A Principal-Agent Analysis," *Politics and Society* 22, no. 3 (September 1994): 294.

最佳；如果委托人承担所有风险，则纯粹的工资合同最优。为了理解领薪收税员这一科层管理制度为什么会出现在消费税的征收管理中，我们需要分析消费税包税财团所承担的风险。

消费税包税财团是王室政府短期贷款的重要来源。将定期收纳的消费税当作其流动资本来控制，这极大地提高了消费税包税人通过调动市场金融资源向王室提供贷款的能力。当然，这里也存在一定的金融风险。为了确保王室政府在政治上的支持和保护，这些包税人必须能够在政府需要时提供短期信贷。消费税包税财团作为委托人，承担着全部的财务和政治风险，因此有动力与其征收代理人签订工资合同，并集中管理消费税的征收。❶

消费税包税财团利用消费税总收入作为担保为政府筹集借款，并从中获益，因而他们并没有抵触财务署于1674年提出派遣代理审计员去各郡区检查账簿和交税凭证，并向审计官"提交所有有关消费税收入的单独季度报告"的要求。这次检查使得政府首次认识到英国消费税的"精确年度税额"，促使财务署用直接征收来代替消费税包税制。❷英国政府在1683年直接征收消费税时，财务署接管了消费税包税财团所建立的整个组织，将其改为财务署管辖下的国产税局，以前的包税人和金匠银行家则继续担任管理职位，并利用消费税作担保，为英国政府筹集贷款。❸

为了加强对消费税的征收管理，英国国产税局在1683年至1688年间，极力规范全国886个消费税征收地区或部门的计量、

---

❶ 出于类似原因，法国总税务司也制定了集中的组织方法来监督、约束包税人。参见 Eugene N. White, "From Privatized to Government-Administered Tax Collection: Tax Farming in Eighteenth-Century France," *Economic History Review* 57, no. 4 (2004): 636–663。

❷ Chandaman, *The English Public Revenue*, p. 64.

❸ Ibid., pp. 72–73.

评估和簿记。❶ 消费税评估和征收的标准化，是克服委托人与代理人之间信息不对称以提高集中征收效率的重要手段。首先，这样做便于上级定期巡视当地税务站，以监督和评估税务人员。其次，税务人员被定期轮换到不同的征收岗位，这不仅可以防止他们与当地利益集团勾结，而且可以通过相互检查收款账目，有效约束其贪腐行为。

17 世纪 70 年代至 80 年代英国的经济条件，有利于集中征收关税和消费税的制度发展。随着英国对外贸易的扩张，直接征收关税的收益也相应增长。关税年均净收益从 1670 年包税时最高租金 40 万英镑，增加到 1681 年至 1684 年的年均 57 万英镑，以及 1685 年至 1687 年的年均 59 万英镑。❷ 与此同时，实际工资上涨，加上丰收导致粮食和麦芽价格下降，这些因素刺激了国内消费，特别是当时作为主要日常饮料的啤酒和麦芽酒的消费。这些日益增长的消费又促进了大型酿酒厂的发展，尤其是在经济发达的英格兰东部和南部地区。❸ 为了进一步鼓励大型酿酒厂，政府还对酒厂在酿酒过程中的浪费和损耗给予优惠补贴，❹ 大型酿酒厂难以逃避税务检查，因此降低了政府收税的成本。而大型酿酒厂也比小啤酒酿造商有更多的资源，以应付更高的税率。结果，在 1686 年到 1688 年间，每年酒类消费税的收入高达 62 万英镑。❺

---

❶ Miles Ogborn, "The Capacities of the State: Charles Davenant and the Management of the Excise, 1683–1698," *Journal of Historical Geography* 24, no. 3 (1998): especially 295–306.

❷ Chandaman, *The English Public Revenue*, p. 35.

❸ Clark, *The English Alehouse*, p. 184.

❹ Peter Mathias, *The Brewing Industry in England, 1700–1830* (Cambridge: Cambridge University Press, 1959), pp. 363–364.

❺ Chandaman, *The English Public Revenue*, p. 75.

1660 年至 1662 年间，王室和保王党议会就解决王室通常收入问题达成协议。但当时没有人能预料到，20 年后，集中征收酒类消费税会如此富有成效。当议会决定将灶户税列入王室的通常收入中时，对灶户税收益的估价，从 30 万英镑到 100 万英镑不等，高于对消费税收入的评估。[1] 不过，集中征收灶户税却是不可能完成的任务。挨家挨户地去查收的政治和行政成本都太高了。即使经济增长，灶户税也没有增长的空间，到 1688 年，其年净收益仅为 21.6 万英镑。[2]

关税和消费税的集中征收，在很大程度上改变了王室和议会之间的权力关系。虽然下议院严控月课和附加税（议会批准的非常收入），但王室不再迫切需要这些非通常收入了。从 1685 年到 1688 年，王室的年均通常收入增长到约 160 万英镑。[3] 这使得詹姆斯二世（James Ⅱ）能够维持一支约 2 万名士兵的常备军，相当于当时欧洲常备军的平均规模。议会和国内反对者在武力上都无法与他较量。[4] 政府收入的增长主要来自间接关税和消费税，因此王室和土地所有者之间并没有直接的利益冲突。

然而，1688 年前并没有什么迹象显示英国政府有朝向长期借贷制度方向的发展。关税和国内消费税的收税总监官，既是政府税收的官方收款人和出纳员，又是金融市场的私人金融商。他们

---

[1] Seaward, *The Cavalier Parliament and the Reconstruction of the Old Regime*, p. 111.

[2] Chandaman, *The English Public Revenue*, pp. 88-106.

[3] C. D. Chandaman, "The Financial Settlement in the Parliament of 1685," in H. Hearder and H. R. Loyn, eds., British Government and Administration: Studies Presented to S. B. Chrimes (Cardiff: University of Wales Press, 1974), pp. 151-152.

[4] John Childs, The Army, James II, and the Glorious Revolution (Manchester: Manchester University Press, 1980), pp. 2 and 5; Geoffrey S. Holmes, The Making of a Great Power: Late Stuart and Early Georgian Britain, 1660-1722 (London and New York: Longman, 1993), p. 177.

利用各自掌握的收入作为担保，从市场筹集短期贷款，再借给政府。在此期间，王室政府仅试图清偿其先前的债务，而没有谋求永久性负债。❶ 一个称职的国王应该没有债务，这一传统观念在当时的英国可谓根深蒂固。

信用危机与现代财政国家的兴起

荷兰人在 1688 年 11 月入侵英国，这对光荣革命的发生来说至关重要。正如乔纳森·伊斯雷尔（Jonathan Israel）所强调的，这场革命主要是由荷兰与天主教法国对抗的战略考量决定，而非英国詹姆斯二世的国内对手所能左右。❷ 当荷兰人在 1689 年把英国带入与法国的冲突时，没有一个英国人能够预料到，这一冲突开启了耗费巨大、延续近 20 年的九年战争和西班牙王位继承战争。九年战争期间，不断增加的军费开支、沉重的税收和经济衰退，导致了王室政府和议会之间的激烈对抗。

议会议员不能决定外交政策，因为外交政策的制定属于国王的特权。于是，议员转而努力去控制政府财政。为了确保议会在国家政治中发挥常规作用，议会在 1690 年有意投票授权威廉三世（William Ⅲ）和玛丽（Mary）以不足支付其开支的通常收入，并只批准给予王室四年的关税收入；而自从亨利六世（Henry Ⅵ，

---

❶ 根据钱达曼的估计，詹姆斯二世在 1688 年之前花了将近 100 万英镑来清理以前的政府债务。Chandaman, "The Financial Settlement in the Parliament of 1685," 152.

❷ Jonathan I. Israel, "The Dutch Role in the Glorious Revolution," in Jonathan I. Israel, ed., *The Anglo-Dutch Moment: Essays on the Glorious Revolution and Its World Impact* (Cambridge and New York: Cambridge University Press, 1991).

1421—1471）以来，关税一直是国王的永久性收入。[1] 下议院在1690 年设立公共账目委员会，并在 1691 年至 1697 年、1702 年至1704 年、1711 年至 1713 年几个时期，对陆军、海军等主要政府部门的开支进行了多次审查。1694 年通过的"三年法案"（Triennial Act）首次保证了议会的定期召开。

更重要的是，议会于 1698 年通过的"王室专款法案"（Civil List Act），废除了王室通常收入与议会所拨的特别收入之间长达一个世纪的分离状态，这种分离是领地国家制度的最后残余。从此，政府三大支柱收入（土地税、关税、消费税）成了议会的常规供给。议会划拨一大笔专款（每年 70 万英镑），以支付王室家庭和政府日常运作的费用。[2] 然而，议会的各项税收在 1698 年永久固定下来的这一事实，并不意味着它们会被用来担保国家的永久债务。

议会在监督政府财政方面的最大障碍，是政府部门的簿记缺乏标准和统一，特别是在陆军和海军这两个最大的支出部门。1695 年，下议院组建的委员会调查了陆军的财务管理情况；据其报告，军队账目"混乱得一塌糊涂"，以致无法对总账目做任何合理的估计。拉内勒夫伯爵（Earl of Ranelagh）于 1688 年至 1702年间担任陆军军需官，他的账目"极其笼统、模糊不清"，甚至没有列出特定权证的日期和明细账目。[3] 至于海军方面，财务署和下

---

[1] 英国王室的通常收入被设定为每年不到 70 万英镑。即使在和平时期，每年也会出现 20 万至 30 万英镑的赤字。Clayton Roberts, "The Constitutional Significance of the Financial Settlement of 1690," *Historical Journal* 20, no. 1 (1977): 59–76.

[2] E. A. Reitan, "From Revenue to Civil List, 1689–1702: The Revolution Settlement and the 'Mixed and Balanced' Constitution," *Historical Journal* 13, no. 4 (1970): 571–588.

[3] John Childs, *The British Army of William III, 1689–1702* (Manchester: Manchester University Press, 1987), pp. 142 and 144.

议院只收到非常笼统的年度总开支估算，无法获得各项开支项目的具体信息。而未经财务署或议会批准，海军可以发行短期信用债券以弥补当前开支的赤字。[1] 鉴于以上种种情况，议会对政府账目的调查很快就失去了实际意义。[2]

1688 年后，议会没有鼓励债权人向英国政府提供更长期限的贷款。随威廉三世军队一起来到英国的荷兰金融专家并没有引入新的金融方法来筹集长期信贷。当时，阿姆斯特丹银行主要是股票商人的交易所，并不直接向荷兰政府提供贷款。与英国一样，荷兰政府主要依靠各种税收的收税官来获得短期信贷。[3]1689 年，英国政府在与法国开战后继续利用短期贷款来满足其所需的军费开支，并根据未来的预期税收来发行财务署券。这些财务署券与 1665 年发行的财务署券类似，可以转让，但只能在司库兑现。然而，不断攀升的战争开支迫使英国政府在 1690 年发行没有任何资金或特定税收担保的空头财务署券这样的信用工具。[4] 从 1688 年到 1693 年，利率为 7% 至 8% 的短期债券总额上升到 1500 万英镑，其中包括大量由海军、军械署、后勤补给处发行的债券，这些债券都没有任何指定税收作为担保。[5]1693 年至 1694 年，这些短期信用工具在市场上大幅贬值。

---

[1] 详情参见 Daniel A. Baugh, *British Naval Administration in the Age of Walpole* (Princeton, NJ: Princeton University Press, 1965), pp. 452−480。

[2] John Brewer, *The Sinews of Power: War, Money, and the English State, 1688−1783* (New York: Alfred A. Knopf, 1989), pp. 149−153.

[3] Marjolein 't Hart, "'The Devil or the Dutch': Holland's Impact on the Financial Revolution in England, 1643−1694," *Parliament, Estates and Representation* 11, no. 1 (June 1991): 50−52.

[4] P. G. M. Dickson, *The Financial Revolution in England: A Study in the Development of Public Credit, 1688−1756* (London: Macmillan, 1967), p. 351.

[5] 短期债券的金额计算，根据 ibid., p. 344, table 53。

这一紧迫的形势，迫使英国政府在 1693 年寻求长期信贷。英国政府尝试以三种方法从公众那里筹集长期信贷：唐提（tontine）联合养老保险、彩票和单人人寿年金。[1] 尽管利率高达 6% 到 14% 不等，而且有议会税收款项做担保，政府在 1693 年至 1697 年间只筹集到 130 万英镑。[2] 除了直接向公众借款外，英国政府还从垄断海外贸易或钞票发行的特许公司获得了长期贷款。这些借贷债券不是永久性的，因为政府可以通过退还贷款本金来终止所签的借款合约。通过这种方式，英国政府于 1698 年从新东印度公司筹集到 200 万英镑。[3]

英国政府于 1694 年从新成立的英格兰银行获得贷款，标志着一场非常重要的使用钞票的货币试验。在 1691 年至 1693 年，英国政府收到了至少三项建议发行钞票作为法定货币的提案，其中一项就是由英格兰银行的早期发起人提出的。然而议会认为这种想法太过冒险。[4] 现在，英国王室特许英格兰银行作为钞票发行公司，以换取利率为 8% 的 120 万英镑的长期借贷，由英格兰银行发行的银行券支付这笔贷款。英格兰银行初始资本金的五分之四是由政府未清偿的债券组成，它们在当时市场上的折扣率超过 30%。政府的短期债券，就这样被转换成了银行券。由于英格兰银行是根据一定的保证金比例来发行银行券的，保证兑换已发行

---

[1] 这些方法当中，英国人更喜欢年金而不是唐提联合养老保险。参见 David R. Weir, "Tontines, Public Finance, and Revolution in France and England, 1688–1789," *Journal of Economic History* 49, no. 1 (March 1989): 95–124。

[2] 数据计算自 table 2 (No. 1, No. 2, No. 3, No. 4, No. 6, and No. 7) in Dickson, *The Financial Revolution in England*, pp. 48–49。

[3] Ibid., p. 49.

[4] J. Keith Horsefield, *British Monetary Experiments, 1650–1710* (Cambridge, MA: Harvard University Press, 1960), p. 126.

银行券的压力，要小于确保赎回所有未兑现政府债券的压力。尽管如此，英国政府最初的纸币试验还是小心翼翼，并没有赋予英格兰银行发行纸钞的垄断权，更不用说让这些银行券成为法定货币了。❶同时，由于英格兰银行现金储备率较低，其早期的银行券信誉低下。在 1697 年，英格兰银行不得不暂时中止其银行券的兑换。❷

英格兰银行以面值大幅打折的政府债券作为资本来发行银行券，引起了议会和王室政府的极大顾虑，甚至公开的敌意。在 1696 年，由温和的辉格党（Whigs）和托利党（Tories）组成的"爱国党派"（country party）控制了议会。他们试图通过特许设立的国家土地银行，用金属货币和土地这样的有形财产做担保来发行银行券，并向政府提供长期贷款。但是市场上充斥着大幅打折的政府债券，而 1696 年至 1697 年重铸银币失败，导致英国出现严重的现金短缺。❸由于拟议中的土地银行需要现金而不是高折扣的债券来认购股票，这个方案甚至无法启动。土地银行计划的失败，促使政府发行自己的信用工具，即带有利息的国库券。政府寻求与各郡的银行家合作，以便在伦敦以外地区推广使用。为了便于流通，国库券以 10 英镑和 5 英镑的小面额发行。为了稳定其价值，政府在 1697 年将其未偿付的国库券总额限定在 200 万英镑以内。❹

1693 年至 1697 年间，英国政府发行长期债券的信誉相当低。

---

❶ Roseveare, *The Financial Revolution*, p. 37.

❷ 1696 年春季下降到 12.8%，秋季下降到 2.7%。参见 Horsefield, *British Monetary Experiments*, p. 264。

❸ Dennis Bubini, "Politics and the Battle for the Banks, 1688−1697," *English Historical Review* 85, no. 337 (October 1970): 693−714.

❹ 关于国库券的首次发行，参见 Dickson, *The Financial Revolution in England*, pp. 368−372。

这主要是由于其无法获得足够的税收来偿还迅速增长的债务。议会准许对不动产和个人财产征收各种直接税,如月课、人头税,甚至对结婚、生育、葬礼、房屋和小贩征税。由于在评估和征收方面存在行政和政治上的双重困难,议会放弃了对个人收入征税的行动。17世纪90年代,直接税的征收主要针对乡村和城镇评估过的地产。❶ 尽管议会否决了一般性消费税计划,但是它提高了既有消费税的额外税率,并在消费税列表上增加了新项目,包括海运的煤、盐和香料。不过,1696年的经济严重衰退、外贸中断、重铸货币造成的现金短缺,大大减少了由消费税和关税获取的收入。❷ 威廉三世任命的新消费税专员管理不善,以及对税务官员的政治清洗,进一步降低了消费税征收的效率。❸

1697年九年战争结束时,英国政府拥有1220万英镑无资金担保的短期负债,以及510万英镑有租税担保的长期债务。❹ 对于一个在18世纪初年度总收入在400万至500万英镑的政府来说,这是庞大的债务。1659年护国政府倒台时,其总债务不过220万英镑;然而不同的是,17世纪90年代的英国政府可以寻求财力雄厚的金融商帮助其处理债务负担。17世纪80年代至90年代,伦敦证券市场发展迅速,形成了密集的社会网络。在这个网络中,大

---

❶ J. V. Beckett, "Land Tax or Excise: The Levying of Taxation in Seventeenth-and Eighteenth-Century England," *English Historical Review* 100, no. 395 (April 1985): 298.

❷ D. W. Jones, *War and Economy in the Age of William III and Marlborough* (New York: Basil Blackwell, 1988), chapter 2; William J. Ashworth, *Customs and Excise: Trade, Production, and Consumption in England, 1640−1845* (Oxford and New York: Oxford University Press, 2003), pp. 113−114.

❸ Brewer, *The Sinews of Power*, pp. 74 and 94; Hughes, *Studies in Administration and Finance*, pp. 192−194.

❹ B. R. Mitchell, *Abstract of British Historical Statistics* (Cambridge: Cambridge University Press, 1962), p. 401.

量投资者相互交换信息和知识，试图从私营股份公司的创立和英国政府的公债中获利。[1] 此外，光荣革命后的宗教宽容政策，也吸引了大批新教徒来英国寻求庇护，他们不仅带来了财富，还在长期贷款和国际金融网络等方面带来了金融制度创新。[2] 不信奉英国国教的新教徒，无论是作为董事还是投资者，对于股份公司（如英格兰银行、新东印度公司）的创立都是至关重要的。[3] 这些实力雄厚的股份公司在直接向政府提供信贷方面，取代了关税和国内消费税税务总监官的作用。

在这种情况下，政府越来越关注如何收取更多的税收来偿还债务。1697年后，财务署努力提高征收消费税的效率，加强对国产税局的集中管理。[4] 18世纪开始，通过安全、快速的汇票将收税款汇兑到在伦敦的私人银行家，已经成为国产税局税务官的工作惯例。[5] 然而，通向长期信贷之路在1697年还远非不可逆转。

在众多特许的有限股份公司中，新东印度公司向政府提供了长期信贷以换取对远东贸易的垄断权。一旦获得特许，它就没有必要继续接受政府无资金担保的短期债务来承担额外风险。海外贸易的波动性，也限制了它向政府增加长期贷款的能力。相比之下，英格兰银行更有能力将政府短期债务转换成长期债务。议

---

[1] Anne L. Murphy, *The Origins of English Financial Markets: Investment and Speculation before the South Sea Bubble* (Cambridge and New York: Cambridge University Press, 2009).

[2] Larry Neal, *The Rise of Financial Capitalism: International Capital Markets in the Age of Reason* (Cambridge and New York: Cambridge University Press, 1990), pp. 10–12.

[3] Bruce G. Carruthers, *City of Capital: Politics and Markets in the English Financial Revolution* (Princeton, NJ: Princeton University Press, 1996), p. 139.

[4] John Brewer, "The English State and Fiscal Appropriation, 1688–1789," *Politics and Society* 16, no. 2–3 (September 1988): 367.

[5] Hughes, *Studies in Administration and Finance*, 214; D. M. Joslin, "London Private Bankers, 1720–1785," *Economic History Review*, n.s., 7, no. 2 (1954): 169.

会在 1697 年将该银行的特许经营权延长到 1719 年，并保证它是议会唯一授权发行银行券的银行。作为对这种特权的回报，英格兰银行在其资本金中增加了 1001171 英镑，其中五分之四来自按面值计算的政府债券（虽然它们在市场上要打 40% 的折扣），其余的则是来自英格兰银行自己的银行券。[1] 同年，丹尼尔·笛福（Daniel Defoe）建议英格兰银行增加 500 万英镑资本以发行价值 1000 万英镑的钞票，并在英国每个城镇设立分行，以便将钱款汇出或汇入伦敦。[2] 这个方案将把英格兰银行变为真正的"英国国家银行"，而不是所有业务都集中在大伦敦地区的"伦敦银行"。如果议会将其银行券定为法定货币，那么英格兰银行就能大大增加其银行券的发行量。

然而，英格兰银行在 17 世纪 90 年代末仍然只是私人"投资信托公司"，主要通过向政府贷款获利。议会并没有赋予其银行券以法定货币的地位，这些银行券不得不与市场中其他私人金融商发行的钞票以及政府发行的国库券竞争。这大大限制了该银行接受更多政府未偿债券的能力。英格兰银行是辉格党主导的机构，但当政府中重要辉格党成员、财政大臣蒙塔古（Montagu）于 1697 年要求银行再持有 1000 万英镑无税收担保的政府债券作为股本时，英格兰银行却予以拒绝。[3] 商业利益的算计压倒了政治联盟的考量。

与此同时，国内的政治形势使政府债务问题更加复杂。1697

---

[1] J. H. Clapham, *The Bank of England: A History*, vol. 1 (Cambridge: Cambridge University Press; New York: Macmillan, 1945), pp. 22–23; A. Andréadès, *History of the Bank of England, 1640–1903*, 4th ed. (London: Frank Cass, 1966), pp. 111–112.

[2] Horsefield, *British Monetary Experiments*, p. 140.

[3] Henry Horwitz, *Parliament, Policy, and Politics in the Reign of William III* (Newark: University of Delaware Press, 1977), pp. 187–188.

年九年战争结束时，由托利党和"爱国辉格党"组成的"爱国党派"对战时政府财政中的腐败和管理不善深感失望。❶这些土地所有者，也对经济衰退、高利率，以及沉重的土地税感到不满。在他们看来，政府的借贷只是将土地财富转移到一小撮金融商那里。他们对政府永久性债务抱有敌意，宁愿清偿债务。❷1697年至1701年间，下议院通过了一系列法案，以削减常备军的规模和开销，减少政府财务官员在议会辩论中的影响。❸时至1698年，英国政府共发行1220万英镑无资金担保的短期债券和510万英镑有资金担保的长期债券。❹随着国内经济和对外贸易的恢复，政府的税收净收入增加到400多万英镑，而1700年的政府开支减少到300万英镑。1701年，无资金担保的短期债务和有资金担保的长期债务分别减少到940万英镑和470万英镑。❺17世纪末，政府债务规模不断缩小，至少使得本金的清偿变得可能。

然而，西班牙国王卡洛斯二世（Carlos Ⅱ）突然去世，再次激起英国与法国之间的冲突，触发了1702年西班牙王位继承战争。❻当战争在1713年结束时，英国政府的债务状况已经完全改变了，其债务总额已上升到4800万英镑，每年支付的利息约占政

---

❶ 例如，政府部门的出纳员通常用大幅打折的国库券来纳税，从而获得丰厚的利润。参见 David Ogg, *England in the Reigns of James II and William III* (Oxford: Clarendon Press; New York: Oxford University Press, 1955), pp. 88–89; Dickson, *The Financial Revolution in England*, p. 416。

❷ Julian Hoppit, "Attitudes to Credit in Britain," *Historical Journal* 33, no. 2 (1990): 308–311.

❸ Horwitz, *Parliament, Policy, and Politics in the Reign of William III*, chapters 10 and 11.

❹ Mitchell, *Abstract of British Historical Statistics*, p. 401.

❺ Ibid., p. 401.

❻ 因为法国、荷兰和英国在财政上都已疲惫不堪，无力在短时间内再发动一场大战，所以这一突发事件对冲突再起至关重要。

府年度支出的一半以上。❶ 在此关键时刻，政府解决问题的方向变得清晰明确，决心把所有无资金担保的短期债务转为利率较低的长期债务。尽管托利党和辉格党在外交和宗教政策上存在很大分歧，但其主导的内阁都更多地依赖间接关税和消费税来增加政府收入，而非直接征收土地税。❷ 获取可靠间接收入来偿还政府长期债务的压力，促使英国政府提高征收消费税的效率。1717 年之后，英国国产税局成为在党派斗争中保持中立的行政部门。❸

尽管在 1713 年后，用间接税支撑永久债务的方向变得不可逆转，但仍然有两条截然不同的道路可选择：一条是将债务转换为利率较低的永久年金，政府只需支付利息；另一条则是将债务转化为经济活动中使用的纸钞。英国政府在 1713 年之前，曾使用这两种方法来增加长期信贷。

西班牙王位继承战争期间，英格兰银行在财政上的地位发生了重大变化。作为政府的主要短期放贷方，它一直将政府债券视为有价证券。❹ 作为回报，议会授之以特权，使其成为唯一可以拥有六个以上合伙人的银行券发行公司。❺ 1707 年，英格兰银行开始认购财务署发行的国库券，这不仅消除了银行券发行的主要竞

---

❶ 长期债券包括：1250 万英镑的"不可赎回"年金（较长期年金于 1792—1807 年结束时利率为 9%，较短期年金于 18 世纪 40 年代结束时利率为 7%）；2750 万英镑的"可赎回"贷款，来自公众和三家政府特许公司，其中包括英格兰银行（337 万英镑）、东印度公司（320 万英镑）和南海公司（920 万英镑）；还有总计 750 万英镑的无资金担保的短期债务，例如由海军、军械署、后勤补给处发行的以满足其支出的债券和其他债券。参见 Roseveare, *The Financial Revolution*, pp. 52–53。

❷ 辉格党在 1710 年将蜡烛列入消费税清单。新保守党在 1711 年增加了啤酒花、兽皮和水运煤，在 1712 年增加了肥皂、纸张、淀粉、印花棉布、哈克尼椅、扑克和骰子。参见 T. S. Ashton, *Economic Fluctuations in England, 1700–1800* (Oxford: Clarendon, 1959), p. 28。

❸ Brewer, *The Sinews of Power*, p. 75; Hughes, *Studies in Administration and Finance*, pp. 272–273。

❹ Dickson, *The Financial Revolution in England*, p. 416。

❺ Andréadès, *History of the Bank of England*, p. 120。

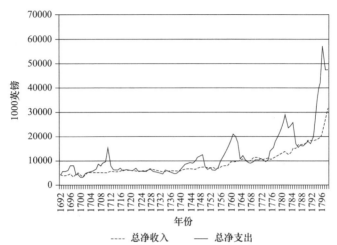

图 2.1　1692 年至 1799 年英国政府的净收入和支出总额

---- 总净收入　—— 总净支出

数据源为 B.R.Mitchell, *Abstract of British Historical Statistics* (Cambridge: Cambridge University Press, 1962), pp. 336-391。

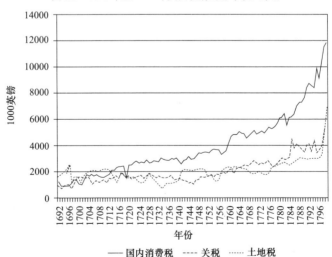

图 2.2　1692 年至 1799 年英国政府的总净收入来源

—— 国内消费税　---- 关税　…… 土地税

数据源为 B.R.Mitchell, *Abstract of British Historical Statistics* (Cambridge: Cambridge University Press, 1962), pp. 386-388。

争对手，而且巩固了它在政府短期融资中的重要地位。[1] 由于其绝大部分资本金来自国债券和国库券，政府及时清算这些未偿还的债券对于英格兰银行确保其银行券的信誉至关重要。因此，英格兰银行根本没有兴趣去持有无指定税收担保的短期债券，比如海军、军械署和后勤补给处的债券。

在这种情况下，托利党政府于 1711 年特许南海公司（South Sea Company）将海军、军械署和后勤补给处未清偿的 950 万英镑的债券，根据其面值转换成年利率为 6% 的可赎回长期年金。南海公司可以用这些年金做担保，通过发行能够在证券市场自由转让的股票来筹集资金。作为回报，议会授权南海公司垄断与西班牙帝国的贸易。[2] 正如拉里·尼尔（Larry Neal）强调的，南海公司是解决政府无资金担保债务的重要途径。即使公司的海外贸易没有任何盈利，它的股东仍然可以从政府支付的年金和公司股票的交易中受益。南海公司成立之初业绩不佳，主要是由于政府不能向公司股东按时支付年金。1713 年战争结束后，随着政府财政状况有所改善，南海公司的股票在 1716 年逐渐返回其额定价值。[3]

1717 年，英国政府邀请南海公司和英格兰银行竞标接受其剩余的 3100 万英镑可赎回和不可赎回年金。南海公司可以把这些年金转换为永久年金；而英格兰银行则可把它们纳入其资本，并相应增加其银行券发行的数量。因此，这两家公司代表着通向现代财政国家的不同道路，一条是发行永久债券，另一条是发行纸钞。

---

[1] Dickson, *The Financial Revolution in England*, pp. 373-376.

[2] 在政府财政方面，1710 年保守党政府继续与那些同辉格党有密切联系的大金融商合作。参见 B. W. Hill, "The Change of Government and the 'Loss of the City', 1710-1711," *Economic History Review*, n.s., 21, no. 3 (August 1971): 395-413.

[3] Neal, *The Rise of Financial Capitalism*, p. 91.

但是，他们接受政府债务的条款和消化债务所需的时间明显不同。为了中标，英格兰银行最多可以向政府支付 540 万英镑，而南海公司则愿提供 760 万英镑。英格兰银行提出用其股票面值来换取政府债权人的资产，用 25 年的时间来消化政府债务；[1] 而南海公司计划利用其股票在市场上的高价，在五年内兑换相同数额的政府债务。[2] 南海公司的提案，对政府来说无疑更具吸引力。而英国政府此时已经显示出较强的间接税征收能力，因此，接管政府债务将有利可图。至于英格兰银行，由于它在战时给政府提供了至关重要的金融资源，其在政府内部应该能得到更多的支持。但为什么英格兰银行没有为政府提供更好的条件呢？

发行银行券是当时英格兰银行最重要的业务，其发行量从 1700 年的 150 万英镑增加到 1750 年的 400 万英镑。如果英格兰银行要在五年内将 3100 万英镑政府债务纳入其资本，它将不得不大幅增加其银行券的发行量。而同一时期，英国经济中的金属货币数量从 700 万英镑增加到了 1800 万英镑。[3] 据估计，1700 年英国的货币存量约为 1450 万英镑，1750 年则为 3000 万英镑。这意味着，如果发行的银行券能够在整个英国经济中而不是仅在大伦敦地区流通，那么英格兰银行在增加纸钞的发行量方面有着巨大潜力。

---

[1] 有关英格兰银行逐步转换政府债务的建议详情，参见 William R. Scott, *The Constitution and Finance of English, Scottish and Irish Joint-Stock Companies to 1720*, vol. 1 (1912; Bristol: Thoemmes Press, 1993), pp. 305–306。

[2] Ibid., p. 306.

[3] Forrest Capie, "Money and Economic Development in Eighteenth-Century England," in Leandro Prados de la Escosura, ed., *Exceptionalism and Industrialization: Britain and Its European Rivals, 1688–1815* (Cambridge and New York: Cambridge University Press, 2004), table 10.2, p. 224.

然而，英格兰银行在 1719 年尚未在伦敦以外的地区开设任何分行，主要的金匠银行家在英格兰银行也没有大量存款。[1] 由于金匠银行不是股份有限公司，他们可以合法发行自己的银行券。此外，英格兰银行尚未垄断税收和官方资金的汇兑业务，甚至陆军和海军的财务总监也未将其持有资金存入英格兰银行。[2] 虽然英格兰银行方面表示有兴趣接管税收的汇兑，但由于私人银行家的抵制，此举没有成功。[3] 由于英格兰银行尚未成为垄断税收汇兑以及发行作为法定货币纸钞的公共银行，它在短期内难以通过大幅扩大银行券的发行来接管剩余的政府债务。

相比之下，南海公司可以发行更多公司股票，来交换现有的不可赎回年金。这些年金的流动性很低，而且在国库转让、兑现的程序上既缓慢又麻烦；而转换为南海公司的股票后，这些年金可以在证券市场上自由交易。[4] 所以，不可赎回年金的持有人有动力自愿将这些资产兑换成股票，即使利率较低，因为政府会准时支付利息，股票又有较好的流动性，他们依然能够从中受益。如果南海公司将不可赎回年金与股票面值进行兑换，本可以采取渐进的方式转换政府债务。然而，南海公司提出利用其股票的市场价格来兑换年金，这为政府提供了快速清偿其剩余债务的快捷方式。

在 1720 年臭名远扬的南海泡沫（South Sea Bubble）中，南海公司的股票在市场上价值暴涨，诱使不可赎回年金的持有人在

---

[1] Dickson, *The Financial Revolution in England*, p. 390.

[2] 直到 18 世纪 80 年代，英格兰银行才开始管理这些资金。参见 J. E. D. Binney, *British Public Finance and Administration, 1774–92* (Oxford: Clarendon Press, 1958), p. 147。

[3] W. R. Ward, *The English Land Tax in the Eighteenth Century* (London: Oxford University Press, 1953), p. 48.

[4] Neal, *The Rise of Financial Capitalism*, pp. 93–94.

数月内将其资产换成股票。[1] 当泡沫在同一年破裂时，80%的不可赎回年金和85%的可赎回年金已转换为南海公司的股票。这些在1727年都转为利率为3%的永久年金。[2] 对于剩余的高利率可赎回年金，当市场利率较低时，英国政府可以通过偿还债务本金这一确实有效的威胁手段，迫使其持有人接受较低的利率。

随着英国政府逐渐展现出其能够从关税和消费税征收间接税，并能按时向年金持有者支付利息的能力，按期支付利息的年金成为小型投资者的安全投资渠道。市场上显著的安全性和流动性弥补了这种年金的低利率。[3] 从18世纪20年代开始，英国不可逆转地朝着永久信贷的现代财政国家迈进。按时支付利息，吸引了更多永久年金的认购者，这促使政府保持征收间接税的效率。18世纪20年代出现的现代财政国家，到1752年得到进一步巩固。当时，英国政府已将其长期债务转变为"3%年利的永久公债"，即年利率为3%的按时支付利息的永久年金。

新建的现代财政国家制度的分配效应，对其稳定起到了重要作用。对关税和消费税的依赖，极大缓解了政府和地主阶级之间的紧张关系。[4] 执政的辉格党可以把降低土地税作为安抚托利党的政治策略。18世纪20年代后，土地税征收的管理大为松弛，导致普遍的税赋低估和逃税现象的出现。[5] 而普通消费者由于受到"集

---

❶ 在1720年，这些股票的价格从1月的128英镑一直上涨到6月的950英镑（有记录的价格），到了12月又下降到155英镑。关于金融欺诈的背景和影响，参见Julian Hoppit, "The Myths of the South Sea Bubble," *Transactions of the Royal Historical Society*, 6th ser., 12 (2002): 141–165。

❷ Dickson, *The Financial Revolution in England*, p. 134.

❸ Neal, "The Finance of Business during the Industrial Revolution," pp. 165, 172–173.

❹ Beckett, "Land Tax or Excise," p. 305.

❺ Ward, *The English Land Tax in the Eighteenth Century*, chapter 7.

体行动问题"的困扰，成了政府税收政策的牺牲品，无法有效抵制不断增长的消费税。❶ 政府长期债券的低利率，也减少了金融阶级和土地所有者之间的利益冲突。这一系列分配效应，也说明了为什么国产税局的高效率在 18 世纪的英国仅仅是例外而非政府常态。1715 年后出现的辉格党寡头垄断了政权，只要政府有足够的收入稳定偿还其不断增长的债务，议会和王室政府都没有动力去主动惩治腐败，以进一步提高财政的整体效率。例如，关税征收的效率就因庇护网络关系、挂名任职等陋习而导致管理不善。

18 世纪上半叶英国的社会经济条件，有利于英国政府尝试各种长期信贷手段。参加西班牙和奥地利的王位继承战争，虽然增加了英国政府的债务负担，但英国与美洲的对外贸易却没有因此中断，这与 17 世纪 90 年代的经济衰退、收成不佳、金属货币短缺以及外贸中断形成了鲜明对比。18 世纪以后，英国的对外贸易稳步发展，尤其是从北美和印度经英国再出口到欧洲市场的货物，开始迅速增长，到 18 世纪 50 年代已占出口总量的 40%。尽管关税的征收效率低下、管理不善，但这一时期对外贸易量的增长，使得关税收入显著增加。❷

由于国内经济稳步发展，因此人们能够承受主要消费品（特

---

❶ 在 1733 年，罗伯特·沃波尔爵士（Sir Robert Walpole）试图用进口烟草和葡萄酒的额外消费税来取代这些商品的关税，从而引发了大规模的反消费税抗议活动。这些抗议活动的发起人，主要是从走私烟草中获益的富有烟草商人，而不是普通消费者。关于大烟草商在这场"消费税危机"中的作用，参见 Paul Langford, *The Excise Crisis: Society and Politics in the Age of Walpole* (Oxford: Clarendon Press, 1975); 关于美洲殖民地烟草种植商在这些抗议中的作用，参见 Jacob M. Price, "The Excise Affair Revisited: The Administrative and Colonial Dimensions of a Parliamentary Crisis," in Stephen B. Baxter, ed., *England's Rise to Greatness, 1660–1763* (Berkeley: University of California Press, 1983)。

❷ Binney, *British Public Finance and Administration*, pp. 31–32; Brewer, *The Sinews of Power*, pp. 101–102.

别是啤酒和麦芽酒）税率的不断提升。这些税收占 18 世纪上半叶消费税总收入的四分之一。在消费税的征收中，这些大众消费品的生产规模和集中程度，对征收效率有着显而易见的影响。17 世纪末以来，伦敦大众啤酒酿造厂的规模一直在扩大。18 世纪 20 年代，啤酒酿造的技术革新，促进了伦敦等大城市啤酒的大规模生产和销售。❶ 随着小型酿酒商被逐出市场，巨型大众酿酒厂得以日益控制零售网络，政府官员征收啤酒消费税也变得更加容易。❷ 高消费税和对大生产者有利的补贴政策，加高了进入啤酒酿造业的门槛。换言之，政府和大型啤酒酿造商在以普通消费者为代价，共同瓜分啤酒生产和销售的垄断性租金。

相比之下，国产税局的官员发现，从分散的小生产商征税相当不容易。例如，麦芽生产的分散性质，使得以提高麦芽税税率来增加税收的企图会适得其反，因为税收官员无法控制因此产生的逃税行为。❸ 出于同样的原因，各郡县的收税效率明显低于伦敦这样的大城市。❹ 同样，由于有数目庞大的小蒸馏商，税收官员也发现很难从金酒（gin）的消费中征收相应税款。由于普遍存在的逃税和走私，1736 年英国消费的 1400 万加仑金酒中，只有 44% 缴了税。❺

伦敦在英国的国内外贸易和金融市场的主导地位，显著影响着英国走向现代财政国家的路径。伦敦有相当数量的金融商和投资者，在 17 世纪 90 年代至 18 世纪第一个十年有足够的资本大量购买市场上价格低廉的政府短期债券，以期获得未来的投机利润。

---

❶ 到了 1748 年，伦敦超过总量 40% 的啤酒由 12 家最大的普通酿酒商生产。参见 Mathias, *The Brewing Industry in England*, p. 26。

❷ 关于大型酿酒商控制零售渠道的开发，参见 Clark, *The English Alehouse*, p. 184。

❸ Mathias, *The Brewing Industry in England*, p. 342.

❹ Ibid., p. 342.

❺ Haydon, *The English Pub*, pp. 89 and 95−96.

这些有利因素，给英国政府提供了必要的时间去探索将短期债务转换为长期债务的各种方案。18 世纪上半叶，英国国内金融市场尚未完全整合。这一时期的政府巨额借款，并未吸引到全国的投资者。[1] 在 18 世纪 50 年代，英国政府长期年金的 6 万名认购者中，约 90% 居住在伦敦和英国的东南部。[2]18 世纪初，伦敦金融市场逐渐与西欧（尤其是阿姆斯特丹）的主要金融市场融为一体。[3] 因此，外国人持有英国政府长期债券的比例，从 1723 年至 1724 年的 10% 上升到 1750 年的 20%。[4]

伦敦的地理位置，极大地方便了英国政府集中征收间接税。这十分明显，因为 18 世纪英国一半以上的对外贸易都要经过伦敦。而政府征收的消费税，大约有 80% 来自伦敦或其邻近的县市，如赫特福德、萨里、布里斯托尔、罗切斯特、萨福克和诺维奇。相比之下，北部、中部和威尔士只占 20%。[5] 因此，伦敦受到国产税局的严密监管。18 世纪后期，约 18% 国产消费税的征收官员在伦敦地区工作。[6]

[1] 直到 18 世纪下半叶，英国金融市场才出现一体化。参见 Moshe Buchinsky and Ben Polak, "The Emergence of a National Capital Market in England, 1710–1880," *Journal of Economic History* 53, no. 1 (March 1993): 1–24; Julian Hoppit, "Financial Crises in Eighteenth-Century England," *Economic History Review*, new series, 39, no. 1 (February 1986): 52–56。

[2] Roseveare, *The Financial Revolution*, p. 68.

[3] Neal, The Rise of Financial Capitalism, chapter 3; Larry Neal and Stephen Quinn, "Networks of Information, Markets, and Institutions in the Rise of London as a Financial Centre, 1660–1720," *Financial History Review* 8, no. 1 (April 2001): 7–26.

[4] Roseveare, *The Financial Revolution*, p. 74.

[5] 这 80% 的消费税中，伦敦本身就占了三分之一。Ashton, *Economic Fluctuations in England*, p. 29。

[6] Miles Ogborn, *Spaces of Modernity: London's Geographies, 1680–1780* (New York: Guilford Press, 1998), p. 194.

1642 年至 1752 年间，重大历史事件和社会经济环境共同决定了英国通往现代财政国家的路径。17 世纪 50 年代，小规模消费品生产分散，集中征收消费税很难实现。金融市场的不发达，使得护国政府不可能发行长期信贷。即使社会经济条件合适，特定历史环境中的行动者，也不会自行实施集中税收和长期国债的制度发展。

1660 年后，财政分权与对包税人的依赖相辅相成，构成"锁定"状况，但其间发生了一些重要事件。第二次英荷战争，迫使财政枯竭的王室政府发行大量空头国库券这样的信用工具以满足其开战后的支出需要。1688 年后，虽然英国参与了国际争霸，但18 世纪之交，财务状况脆弱的英国政府并不愿与法国再次发生重大冲突。然而，西班牙国王之死意味着英国在 1688 年至 1713 年连续卷入了两场耗费巨大的战争。战争带来了巨额无资金担保的短期债务及高利息长期贷款，而战后唯一可行的选择，是将它们转变为长期债务，以减少政府每年的利息支付。在这两次信用危机中，如何确保已发行信用工具的价值，需要具体的制度安排。这样特定的制度安排，排除了其他包括财政分权、包税制和对短期信贷的依赖等种种可能的替代结果。如果信用危机没有发生，其中任意一项替代方案，都很可能会被历史中的当事人"锁定"。最后，由于信用危机威胁着国家的信誉，无论哪个政治集团上台，信用危机都是他们必须解决的问题。1720 年后，通过集中征收间接税和确保国家永久债务信誉之间的相互强化过程，新兴的现代财政国家得到了进一步巩固。

第 3 章

明治日本财政的迅速集中化，1868—1880

19 世纪 80 年代初，日本政府已经确立了集中型财政制度，统一征收酒类间接税，并集中管理政府财政。这一制度发展有助于政府保障日本银行发行纸币的可兑换性，有利于政府筹募长期国内借款。这些现代财政国家的制度特征，与 20 年前的分散型财政制度及纸币信誉的低下形成鲜明对比。我们该如何解释这项成就呢？

历史学家坂野润治把明治维新后的政治发展描绘成一个试错的过程，这一过程可能有多种结果。[1] 的确，1858 年日本被迫开国，政治精英阶层普遍有危机感。他们的共同目标是维护国家的主权和独立。为了应对西方的威胁，19 世纪 60 年代的幕府，还有萨摩、长州等强藩，都意识到"富国强兵"的重要性。[2] 他们实施了大致相同的现代化政策，如引进西方武器和技术、改革军事组织、派遣官员和学生到西方学习等。[3] 这使得一些历史学家认为：那

[1] 坂野潤治：「明治国家の成立」，梅村又次、山本有造编：『開港と維新』（日本経済史）（東京：岩波書店，1989），第 3 卷，頁 57。

[2] Richard J. Samuels, *"Rich Nation, Strong Army": National Security and the Technological Transformation of Japan* (Ithaca, NY: Cornell University Press, 1994), chapter 2.

[3] Marius B. Jansen, "The Meiji Restoration," in Marius B. Jansen, ed., *The Cambridge History of Japan, vol. 5: The Nineteenth Century* (Cambridge and New York: Cambridge University Press, 1989), pp. 345–353.

场导致明治维新的幕府与萨摩、长州两藩的内战，无论结果如何，对日本后来的发展都不会有什么影响，因为无论哪方获胜，都将继续实现现代化，向西方学习。❶ 从这个角度来看，明治初期制度发展的不确定性，并不是一个严重的问题，因为向西方学习，是明治时期各派领导人的共识。他们借鉴西方财政模式，进行试验，以逐步降低不确定性，从而建立现代财政国家。

然而，这样来描述明治维新的性质，我们就很难理解为什么萨摩和长州要用武力去推翻幕府。1868年内战爆发之前，日本许多政治人物都非常担心，幕府与萨摩、长州之间的武装冲突可能招致西方列强的干涉。如果双方有共同的现代化方针，对待西方的态度也都一致，为什么他们不能以非暴力的方式来解决分歧呢？最近的史学研究对这些问题进行了新的阐述，强调19世纪60年代三个主要政治阵营在思想理念和制度设计上的根本分歧。这三个阵营包括：王政复古派、幕府，以及由诸如土佐、越前等强藩组成的公议政体派。幕府和公议政体派一致肯定在日本设立代议制度的重要性，尽管这两派在代议制度的具体设计上存在分歧；而朝廷、萨摩和长州的保守派则倾向于恢复天皇统治的政治制度。这一根本分歧，迫使萨摩、长州两藩用武力推翻幕府，以阻止幕府与公议政体派建立政治联盟。

然而，1868年武力倒幕之后，并没有产生一个主导性的政治团体或联盟，以决定明治时期日本的制度发展。1868年后，控制着中央政府的萨摩派和长州派之间，以及萨摩、长州两个藩阀和

---

❶ 这种观点在近些年有关明治维新的描述中经常出现。更多实例参见 Philip D. Curtin, *The World and the West: The European Challenge and the Overseas Responsein the Age of Empire* (Cambridge: Cambridge University Press, 2000), p. 163; Peter Duus, *Modern Japan*, 2nd ed. (Boston: Houghton Mifflin, 1998), p. 85。

要求代议制度以保证在政策制定中更多体现"公议"的政治集团之间，权力斗争持续不断。鉴于日本社会经济环境迥异于西方，对于移植西方模式的优先级别和进展速度，即使在西化官员内部也存在严重分歧。因此，在制度发展方向上，明治政权绝不是有共识的、高度统一的政治实体。

在财政方面，向西方学习并不意味着单一的制度发展方向。明治时期的政治家都知道，西方国家存在截然不同的模式，既有分散型的美国国民银行体系，也有集中型的英格兰银行模式。此外，大隈重信、井上馨、伊藤博文和涩泽荣一等主要财政官员，也试图汲取本国财政的历史经验教训。[1] 明治初期负责财政事务的由利公正和大隈重信，曾在各自不同的藩政府担任过"财政专家"。德川后期，各藩为组织商业垄断以控制主要商品的生产和销售，施行了重商主义的经济政策（国益）。这些政策，尤其是在纸币发行方面的努力，为明治初期的政府提供了重要遗产。[2] 然而，这些政策在一些藩政府导致了效率低下和政府赤字。德川后期的批评者呼吁，将更多的商业竞争和个人能动性引入生产和商贸领域。[3] 这些藩政府的重商主义政策能否在国家层面发挥作用，仍然无法确定。因此，各种西方经验和日本复杂的历史遗产，都不足以消除财政体制发展中的不确定性。

---

[1] 关于明治制度建设中历史经验的重要性，参见 Richard J. Samuels, *Machiavelli's Children: Leaders and Their Legacies in Italy and Japan* (Ithaca, NY: Cornell University Press, 2003)。

[2] Luke S. Roberts, *Mercantilism in a Japanese Domain: The Merchant Origins of Economic Nationalism in 18th-Century Tosa* (Cambridge and New York:Cambridge University Press, 1998); 西川俊作、天野雅敏：「諸藩の産業と経済政策」，新保博、斎藤修編：『近代成長の胎動』（日本経済史）（東京：岩波書店，1989），第2卷，頁206-210。

[3] 平川新：「地域経済の展開」，朝尾直弘等編：『岩波講座日本通史』（東京：岩波書店，1995），第15卷（近世5），頁139-143。

明治初期混乱不明的局面，可导致多种结果，例如类联邦制、渐进废除藩制并逐步建立集权体制、急进废藩而快速建立中央集权体制。建立西式陆海军以维护明治新政权需要大量军费，但为此抽收重税，会引起国内民众的抵制甚至骚乱。鉴于财政首当其冲地承受着政府内部、国家与社会之间的利益冲突，因而，不同政治派系之间激烈的权力斗争使制度发展更为复杂。在制度建设的初始阶段，政策失误的概率较高。由于政治竞争对手正虎视眈眈地盯着对手任何可能的差错和失误，那些制度初创阶段的改革领导者的政治成本相当高。在这种情况下，即使把明治初期财政制度的发展描述为不断试错、摸索的过程，我们也不能想当然地认为，改革必然导致制度建设将沿着一条特定路径持续发展、层层推进。

鉴于多种可能的结果，我们应如何解释日本现代财政国家的兴起呢？王政复古派在1868年1月发起的武装倒幕运动是关键事件。这一事件本身，远非精心策划或不可避免，却产生了意外的后果：明治政府为了资助1868年至1869年间对亲幕府军的军事行动，滥发不兑换纸币。在明治初期，新政府没有足够收入应付正常支出，不得不依赖不兑换纸币。1871年8月，明治政府突然决定废藩置县，信用危机更加恶化。突如其来的废藩置县，使新中央政府在建立全国征税制度之前，不得不使用新印制的政府纸币来接管各藩的支出和债务。明治政府于1871年6月宣布采用金本位制，而1874年后，国际市场黄金价格不断上涨，大大增加了以黄金计价的政府纸币的兑换难度。

虽然不兑换纸币的发行是明治维新这一事件的意外结果，但这些纸币的兑现问题，对随后的财政制度发展产生了深刻而持久的影响。这一信用危机，威胁着明治政府的生存和信誉。无论哪个政治派别掌权，都必须保证纸币可兑换。这一难题使年轻有为的官员及一些前幕府官员有了施展才能的机会。他们尝试了许多不同的方法，包括直接参与工商活动以及设立有效的税务制度。而他们的政策失误，也招致政府内部政治保守派及社会上批评者的诸多责难。然而，纸币兑换问题在多种可能结果存在的背景下决定着财政集中化的制度发展方向。1874年以后，不断加深的信用危机排除了较为渐进的方式，对财政集中化的速度产生了巨大影响。

信用危机的根源

18世纪日本形成的早期现代国家，具有独特的"二元主权"（dual sovereignty）制度特征。幕府充当中央政府，垄断国家的外交和货币权，并有权动员各藩参与水利建设、国防等大型公共项目。[1] 虽然幕府严密控制着朝廷，但天皇理论上仍然是政治上的最高权威，只是将"大政委任"给幕府，使其成为事实上的统治者。

18世纪末19世纪初，朝廷势力在国内和外交事务中都逐渐开始抬头。幕府无力应对经济波动和社会混乱，朝廷成为政治诉求的替代符号。例如，朝廷在1787年为了响应成千上万遭受饥荒的灾民的请愿，首度发声要求幕府提供救济。[2] 18世纪末19世纪初，具有相当政治影响力的国学派别"水户学派"主张尊皇攘夷，强

---

[1] 高埜利彦：「18世紀前半の日本—泰平のなかの転換」，朝尾直弘等編：『岩波講座日本通史』（東京：岩波書店，1994），第13卷（近世3）。

[2] 大口勇次郎：「国家意識と天皇」，朝尾直弘等編：『岩波講座日本通史』（東京：岩波書店，1995），第15卷（近世5），頁207–208。

调面对国内不断加剧的动荡和来自西方的威胁，天皇作为凝聚全国的最高统治者的角色和地位。❶ 然而，对天皇权威日益增强的期待，并没有立即对现有政治制度造成致命打击。在19世纪三四十年代，加强海防的紧迫任务仍然可以通过二元主权来完成。天皇理论上将国防事务"委托"给幕府，幕府则动员各藩参与，特别是像长州、萨摩、水户等位于战略要地的藩国。

然而，1853年美国佩里舰队抵达日本后，二元主权承受着巨大压力。1854年，幕府向大名领主询问如何应对日本开国的要求，他们的回答各不相同。诸如长州、土佐、桑名和水户等藩主的强硬派，主张以武力驱逐外敌。而包括萨摩在内的大多数藩主则担心西方列强的军事优势，因此更倾向于回避战争。他们提议开放一些港口，作为绥靖策略，以便让日本有时间进行军事准备。佐仓、津山和中津等藩的藩主则认为，在新的国际形势下，与西方进行贸易不可避免，他们主张用通商来使日本更加富裕。❷ 当朝廷和幕府在开国问题上出现分歧时，各藩之间的分裂就具有相当的颠覆性，因为大名领主可以与朝廷结盟，将他们的不满转化为反对幕府的政治运动。

1857年，幕府与美国人签订了第一个通商条约，其中的条款比鸦片战争后西方列强强加于中国的不平等条约稍好一些。❸ 然而，务实的让步成了朝廷和各藩攘夷势力攻击幕府的借口。条约

---

❶ 尾藤正英：「尊皇攘夷思想」，朝尾直弘等编：『岩波講座日本歷史』（東京：岩波書店，1977），第13卷（近世5），頁78–80。

❷ 小野正雄：「大名の鴉片戰爭認識」，朝尾直弘等编：『岩波講座日本通史』（東京：岩波書店，1995），第15卷（近世5），頁299–310。

❸ 尽管这两项条约对出口实行了5%的固定税率，并设立了领事法庭，但幕府并没有给予美国商人或传教士在日本自由旅行的权利，也没有授予美国最惠国待遇。参见 Jansen, "The Meiji Restoration," p. 316。

同意开放横滨、长崎、新潟和兵库（神户），引起许多有影响力的政治人物的强烈反对，其中包括幕府最著名的强硬派德川齐昭以及萨摩和长州的大名领主。攘夷的心态在朝廷公卿和各级武士阶层中尤其强烈。1858 年，孝明天皇拒绝敕准此项条约草案。但迫于外国的压力，幕府在没有得到天皇敕许的情况下，与美国、荷兰、英国、法国和俄罗斯签署了条约。这一举动显然严重违反了"大政委任"的原则。于是，朝廷成了聚集激进攘夷志士的一面旗帜。

1860 年，激进攘夷派公卿主导下的朝廷要求幕府"即时攘夷"。1863 年，孝明天皇下令"破约攘夷"，全国攘夷的呼声达到了顶峰。在激进攘夷派的重镇长州，激进分子炮轰西方船只。萨摩藩兵也与英国人发生了激烈冲突。如果幕府反对天皇的攘夷命令，这些人还准备推翻幕府的统治。❶英国、法国、荷兰和美国的反击，迫使萨摩、会津等藩的务实领主与幕府合作，整肃长州和朝廷的激进攘夷志士，以避免战败后签订更为屈辱的条约。❷

这一时期，朝廷和主要的外样大名都参与外交政策的制定，这在德川幕府时期是史无前例的。❸如果大名领主认为幕府的行动有损日本利益，幕府便无法调动他们的部队，正如 1866 年夏天"第二次征长战役"中所表现的那样。越前、中国（日本地名）、九州等地的大名领主，甚至萨摩藩和秋藩的领主都认为，鉴于西方列强的威胁，幕府进一步讨伐长州的行动只会削弱日本的防御

---

❶ Duus, *Modern Japan*, pp. 72–74；安丸良夫：「1850—70 年代の日本：維新変革」，朝尾直弘等編：『岩波講座日本通史』（東京：岩波書店，1994），第 16 卷（近代 1），頁 20–21。

❷ 萨摩藩的领主与幕府的合作，旨在清除反西方激进志士，以阻止"实时攘夷"的莽动。有关这些内容，参见佐々木克：『幕末政治と薩摩藩』，（東京：吉川弘文館，2004），第 3 章。

❸ 同上书，頁 286–288。

力量，因而拒绝服从幕府的命令。❶ 这正式标志着幕府政治统治的终结。❷

　　幕府第十五代将军德川庆喜实施现代化改革，以振兴幕府。同时，他也意识到朝廷的支持对于维护幕府对大名领主的权威，是必不可少的。萨摩、土佐和越前等强藩的领主则要求结束二元主权，以便"举国一致"，对抗西方的压力。1866 年 9 月，来自越前的松平春岳提议幕府将外交权、大名指挥权、铸币权等大政归还朝廷，同时还提议，政策的决定应该在各强藩代表和幕府的"公议"基础上做出。松平春岳的提议，得到了当时军力最强大的萨摩藩的支持。❸

　　1867 年 3 月，英国和法国特使根据签署的条约要求开放兵库。萨摩藩领主建议由朝廷主持外交事务，兵库开港的问题应该根据朝廷、幕府、强藩大名领主的"公议"来决定。❹ 然而，西方列强坚持要求在兵库实际开放日（1868 年 1 月 1 日）前六个月正式公布兵库开港，这使得日本没有时间来解决内部分歧。1867 年 6 月，德川庆喜在没有征得强藩大名领主同意的情况下，设法得到天皇敕许，宣布兵库开港。这一决定严重冒犯了这些大名领主，成为主要政治派别再度洗牌联手的转折点。❺ 此刻，萨摩、长州和土佐等强藩领主，都一致主张幕府应该将"大政奉还"朝廷。

---

❶ 有关中国（日本地名）、九州等地大名领主的意见，参见青山忠正：『明治維新と国家形成』（東京：吉川弘文館，1984），頁 211–221。有关越前，参见：三上一夫：『公武合体論の研究：越前藩幕末維新史分析』，（东京：御茶の水書房，1990），頁 212–214。

❷ 参见 Conrad D. Totman, *The Collapse of the Tokugawa Bakufu, 1862–1868* (Honolulu: University of Hawaii Press, 1980), chapter 8。

❸ 青山忠正：『明治維新と国家形成』，頁 233–234。

❹ 同上书，頁 240–242。

❺ W. G. Beasley, *The Meiji Restoration* (Stanford, CA: Stanford University Press, 1972), p. 269.

尽管如此，在这一关键时刻，日本的政治前途仍不明朗，三个主要派系有着不同的理念、议程和制度构想。一个是王政复古派，主要由反幕府的朝廷公卿以及萨摩和长州两藩的强硬派组成。他们的目标是恢复帝制，让天皇在大臣的辅助下统治日本。[1] 包括岩仓具视在内的许多朝廷公卿，由于在 1860 年至 1864 年间支持激进攘夷志士而受到处罚。1867 年 2 月，天皇睦仁（即后来的明治天皇）继位时颁发大赦令，允许他们重返朝廷。尽管萨摩藩内部也有建立代议制机构的提议，但萨摩藩强硬派主张"公议"，却是让幕府失去其正当性并获得其他强藩领主拥戴的政治策略。[2] 在反幕府朝廷公卿的支持下，萨摩和长州两藩积极准备用武力推翻幕府。

另一个政治阵营是公议政体派，其领袖人物包括土佐藩领主山内容堂和越前藩大名松平春岳。这个阵营有一些著名的西化思想家，比如来自越前的横井小楠，他赞成类似君主立宪的体制。在这个体制中，天皇是最高统治者，但重要政策由两院制的立法机构"议事院"来制定。上议院是一个"大名领主代表大会"；下议院的成员必须是"德才兼备"之人，无论其社会地位如何。[3] 公议政体派的领袖，还希望了解更多西方国家立法院的体制结构和运作情况。[4] 其拟议中的两院制议事院，将允许更多藩政府参与国家大政。

---

[1] M. William Steele：『もう一つの近代：側面からみた幕末明治』（東京：ぺりかん社，1998），頁 175。

[2] 石井孝：『戊辰戦争論』（東京：吉川弘文館，1984），頁 22；高橋裕文：「武力倒幕方針をめぐる薩摩藩内反対派の動向」，家近良樹編：『もうひとつの明治維新』（東京：有志舎，2006），頁 230—260。

[3] 佐々木克：『幕末政治と薩摩藩』，頁 382。

[4] 同上書，頁 409。

最后一个政治派别则是拥有一大批精明强干的行政官员的幕府。从荷兰留学回来的幕府官员西周和津田真道计划保留幕府作为行政机构，并建立新的两院制立法机构。上议院由大名领主组成，下议院由各藩的藩士代表组成。幕府将军是真正的主权者，主管行政院和上议院；而天皇依旧是名义上的君主，只有仪式上的权威。❶

直到1867年下半年，这三派之间的关系仍不确定，他们争斗的前景也不明朗。王政复古派和公议政体派，都对幕府签订的条约和兵库开港的决定感到不满。他们的共同要求包括：幕府将大政奉还朝廷，此后外交政策应通过公议舆论来制定，日本应该试图与西方国家签订新的、更平等的条约。❷尽管如此，公议政体派跟幕府也有一致的观点，即公议机构在政策制定中应当具有真正的政治权威。准备对幕府使用武力的王政复古派，仍然需要公议政体派的支持。但公议政体派却希望说服德川庆喜将大政和平交还朝廷，并与幕府一起建立新的政治代议制度。倘若德川庆喜接受这一建议，公议政体派的领袖就反对武装倒幕。❸

1867年11月8日，德川庆喜正式宣布将大政奉还朝廷。1868年1月2日，政权交归天皇（王政复古），从此结束了幕府的统治。1868年1月3日，迫于王政复古派的压力，德川庆喜进一步

---

❶ 田中彰：「幕府の倒壊」，朝尾直弘等编：『岩波講座日本歴史』（東京：岩波書店，1977），第13卷（近世5），頁338—342。

❷ 宮地正人：「維新政権論」，朝尾直弘等编：『岩波講座日本通史』（東京：岩波書店，1994），第16卷（近代1），頁113。横井小楠还提议日本修改已签署条约中的不恰当条款，并以公平条款将其取代。横井小楠：「新政について春嶽に建言」（1867年11月28日），佐藤昌介、渡辺華山、山口宗之编：『渡辺華山・高野長英・佐久間象山・横井小楠・橋本左内』（日本思想大系）（東京：岩波書店，1970），第55卷。

❸ 关于土佐和萨摩之间的关键分歧，参见佐々木克：「大政奉還と討幕密勅」，『人文學報』，第80期（1997），頁14。

宣布辞官纳地，将幕府管辖的全部土地和金银矿交还给重新掌权的朝廷政府。德川庆喜这一决定，是在与土佐和越前两个强藩的公议政体派代表反复协商后做出的。公议政体派的领导人现在则奔走努力，确保德川庆喜加入新政权和建立两院制的代议机构。和平的王政复古似乎已成定局；公议政体派和德川庆喜的联盟，将成为王政复古派的强大对手。❶

尽管如此，1868 年 1 月 27 日，王政复古派抓住萨摩藩兵与会津、桑名两个亲幕府的藩兵在鸟羽、伏见爆发冲突这一机会，发动了武装倒幕的军事行动，即"戊辰战争"。王政复古派对战事毫无军费方面的准备，起初维新政府的税收极少，在金融市场的信用度很低。到了 1868 年 6 月，王政复古派试图举债，但在大阪仅收到 23 万两、在京都仅收到 17250 两的"御用金"。而讨伐亲幕府军队的东征预计支出却逾 300 万两。❷ 因此，王政复古派不得不发行以金计价的不兑换纸币"太政官札"来满足其军费需要。到了 1869 年 6 月，明治政府已发行了价值 4800 万两的太政官札。❸这一紧急财政措施，即使在王政复古派内部也备受争议，但似乎并没有更好的选择。❹

对于王政复古派来说，接管政权最佳顺序，应该是等到维新政府控制了幕府所管辖土地之后，再挑起冲突，或者，至少应该首先要求幕府将铸币权移交给朝廷。铸币不仅是国家主权的象征，也是重要的收入来源。如果幕府拒绝，则显然违反了"大政奉

---

❶ 高橋秀直：『幕末維新の政治と天皇』（東京：吉川弘文館，2007），第 10 章，第 11 章。

❷ 藤村通：『明治財政確立過程の研究』（東京：中央大学出版部，1968），頁 14。

❸ 这些官札的 60% 以上用来支付明治政府的开销，20% 发给各藩政府，14% 用于"劝业"（奖励产业）。数据来自澤田章：『明治財政の基礎の研究：維新當初の財政』（東京：寶文館，1934），頁 121。

❹ 藤村通：『明治財政確立過程の研究』，頁 27-28，38。

还",使得武力推翻幕府名正言顺。对公议政体派和德川庆喜之间联盟的惧怕,可以解释为什么王政复古派在没有充足资金准备的情况下便贸然发起倒幕军事行动。因此,发行不兑换纸币带来的信用危机,是 1867 年年末和 1868 年年初政治权力斗争的意外结果,也是后来财政制度发展的外生性因素。

王政复古后的不确定性与废藩置县

明治政权从建立伊始,就饱受政治领导人之间权力斗争的困扰,这些人物有着不同的理念和制度构想。在政治体制方面,王政复古派反对公议政体派建立"公议"立法机构的尝试。在财政方面,政治保守派和西化官员经常意见相左。财政的集中化绝不是必然结果。

1868 年 6 月,土佐的福冈孝弟和肥前的副岛种臣起草了"政体书",要求将行政、立法、司法三权分立作为国家的基本政治原则。公议政体派的领袖,如山内容堂(土佐藩领主)和秋月种树,不仅参考西方国家的各种立法制度,还邀请神田孝平、加藤弘之、津田真道这些研究过西方宪政的前幕府官员加入他们的事业。1869 年 4 月 18 日,他们成立了带有政策讨论性质的"公议所",其成员为来自各藩的藩士代表。

然而,王政复古派中的政治保守派,尤其是岩仓具视、三条实美这样的朝廷公卿,都不喜欢公议所的这些西化分子。❶1869

---

❶ 山崎有恒:「公議抽出機構の形成と崩壊」,伊藤隆编:『日本近代史の再構築 』(東京:山川出版社, 1993),頁 60—61。

年 6 月，亲幕府军队被彻底击败后，朝廷公卿和萨摩、长州的首领主宰了中央政府。他们将公议所改组成纯粹的咨询机构，并更名为"集议院"，使之不再具有决策权。山内容堂、秋月种树、加藤弘之、津田真道等公议政体派知名人士都被逐出集议院。大原重德等攘夷派朝廷公卿把持集议院，使之变成了一个攻击西化官员的阵地。❶

大藏省是西化官员的主要堡垒。1869 年 9 月，为了加强对前幕府领土税收的监督，大藏省与民部省合并，成为政府中权力最大的部门。负责该部事务的大隈重信身边聚集了井上馨、伊藤博文等许多年轻的西化官员。他还邀请了涩泽荣一等前幕府官员加入大藏省。在有大藏省"智囊团"之称的"改正挂"，13 名成员中，有 9 人是前幕府官员。❷

由于不平等条约使得日本无法通过提高关税来增加政府收入，明治政府只能首先依靠从前幕府领土征得的税收。为此，许多前幕府的地方官被留任以帮助新政府征税。❸ 在财政困难的压力下，尽管 1868 年和 1869 年出现大量歉收，大隈重信还是禁止减免土地税。❹ 如此严厉的措施，在日田、信州、福岛等地引发了大规模农民暴动。地方官员首当其冲，在农民抗议的冲击下，他们也要

---

❶ 笠原英彦：『明治国家と官僚制』（東京：芦書房，1991），頁 41；三上一夫：『公武合体論の研究：越前藩幕末維新史分析』，頁 244—245。

❷ 大藏省智囊团改正挂就一系列问题制订了计划，包括货币整顿、财政集中、邮政体系、度量衡、户籍管理和公司法。丹羽邦男：『地租改正法の起源：開明官僚の形成』（京都：ミネルヴァ書房，1995），第 3 章。

❸ 関口栄一：「民蔵分離問題と木戸孝允」，『法学』，第 39 巻，第 1 期（1975 年 3 月），頁 42。

❹ 松尾正人：「維新官僚制の形成と太政官制」，近代日本研究会編：『官僚制の形成と展開』（東京：山川出版社，1986），頁 18。

求中央降低税收，以作为"仁政"来显示新政权的正当性。❶

在增加政府收入的压力下，大藏省的西化官员也试图通过投资铁路建设和采矿业来直接赚钱。这一政策体现了领地国家的财政原则，并与德川后期开始的私人资本逐渐进入金银矿开采的趋势背道而驰。❷井上馨甚至动用政府储备基金，投资金、银、铜矿的开采。❸然而，投资铁路建设并没有带来多少利润，反而成了严重的财政负担。到了1871年，明治政府已经在铁路铺设上投资了1000多万日元。这对于年收入为2000万日元的政府来说，无疑是一笔巨额开支。❹

财政官员受到政治保守派的猛烈抨击，不仅由于他们倡导西化，还因为他们的政策失误。西乡隆盛等政治保守派，将政府的财政困难归咎于铁路建设这样的西化工程。1870年，财政官员试图获取300万英镑的外债用以建设铁路，保守派得知消息后感到十分震惊。❺为了削弱西化财政官员的权力，大久保利通在1870年8月把民部省与大藏省分开，并将民部省置于他的控制之下。

---

❶ 関口栄一:「民蔵分離問題と木戸孝允」，頁43-47；松尾正人:『明治初年の政情と地方支配:「民蔵分離」問題前後』,『土地制度史学』，第23巻，第3期（1981年4月），頁48。

❷ 山本弘文:「初期殖産政策とその修正」，安藤良雄編:『日本経済政策史論（上）』（東京:東京大学出版会，1973），第1巻，頁23；永井秀夫:『殖産興業政策の基調——官営事業を中心として』；原載『北海道大学文学部紀要』，第10期（1969年11月）；重印为永井秀夫:『明治国家形成期の外政と内政』（札幌:北海道大学図書刊行会，1990），頁220-222。

❸ 神山恒雄:「井上財政から大隈財政への転換:準備金を中心に」，高村直助編:『明治前期の日本経済:資本主義への道』（東京:日本経済評論社，2004），頁25。

❹ 永井秀夫:『殖産興業政策の基調』，頁225。对19世纪70年代早期政府资助的铁路建设的批评，参见:中村尚史:『日本鉄道業の形成:1869—1894年』（東京:日本経済評論社，1998），頁49-50。

❺ 这项贷款谈判最初是秘密进行的，以避免保守派的反对。详情参见立脇和夫:『明治政府と英国東洋銀行』（東京:中央公論社，1992），頁74-96。

维新伊始的明治政府根本没有足够的财政和军事能力来实现全面的中央集权，特别是在它还没有完全接管在前幕府管辖地域征税的税务机构之前。虽然伊藤博文曾提议，朝廷应该从倒幕战争调集的藩兵中挑选"精兵强将"组建朝廷直辖的"亲兵"，但朝廷无力负担这笔费用，只好把这些藩兵遣送回各藩。❶这样一来，明治政府只能依靠萨摩、长州和土佐等强藩的藩兵来遏制反政府势力和镇压农民暴动。尽管后藤象二郎、木户孝允、伊藤博文等官员倾向于中央集权，但他们不得不接受现实。❷1870年年末，明治政府重要官员山县有朋在结束对欧洲军事体系的考察归国后，也不得不承认，用中央直辖的征兵制取代士族藩兵还为时过早。❸

1870年10月，在东京举行的有关藩政改革的藩制会议最终达成协议，即各藩的军事预算水平不得超过其"石高"（土地预估生产量，换算为米的产量）的9%，其中一半送交中央，另一半留作各藩藩兵的军费。❹结果，各藩政府被迫通过削减家臣团的家禄和藩兵的规模来减少开支。土佐、久居、和歌山等地的藩政府开始征用农民来取代世袭的藩兵。❺土佐、彦根、长州、福井、米泽等藩的政府发行了债券，以解除他们向士族家臣团提供世袭家禄的义务。❻

1870年的日本政治局面，类似于联邦制。自德川幕府后期以

❶ 千田稔：『維新政権の直属軍隊』（東京：笠間書院，1978），頁56。
❷ 松尾正人：「藩体制解体と岩倉具視」，田中彰編：『幕末維新の社会と思想』（東京：吉川弘文館，1999），頁217–218。
❸ 千田稔：『維新政権の直属軍隊』，頁162。
❹ 千田稔：『維新政権の直属軍隊』，頁116。
❺ 同上书，頁180–188。
❻ 千田稔：『維新政権の秩禄処分：天皇制と廃藩置県』（東京：笠間書院，1979），頁421。

来，联邦制对许多日本人一直颇有吸引力。❶各藩未经中央批准，不得向外国人借款。❷他们承认中央在货币问题上的主权，以实现货币统一，结束了日本通货混乱的局面。❸尽管各藩领主不再世袭，必须由中央任命，但一些强藩仍然保留了相当大的自主权，可以根据具体情况改革管理体制。中央政府首先需要加强对幕府所奉还领土的征税能力。中央政府尚未拥有大规模常备军，因此无法将中央集权的制度强加到各藩头上，特别是仍然拥有大量藩兵的萨摩、长州、土佐等藩。中央政府甚至不能保证各藩按时交纳已承诺的海军建设军费。❹由于财政困难，明治政府并没有试图通过对外征服来强化其对各藩的权威，从而加速中央集权的进程，反而否决了明治政府主要领导人之一的木户孝允入侵朝鲜的建议，并极力避免与俄罗斯在桦太岛（即库页岛）问题上发生冲突。❺

作为一个理念，政治和财政的集中化对明治政府的财政官员非常有吸引力。正如大隈重信在1870年的《大隈参议全国一致之论议》中明确指出，"中央政府仅靠前幕府领土八百万石的租税，不能供全国政务的一切用度及兵制外交等费用，因此亟须统一全国之财政，建一致之政体"。❻但在1871年年初，明治政府的领导

---

❶ 关于德川幕府后期和明治早期模仿美国联邦制度的尝试，参见井上勝生：『幕末維新政治史の研究：日本近代国家の生成について』（東京：塙書房，1994），頁304-305，409-411。

❷ 松尾正人：『廃藩置県の研究』（東京：吉川弘文館，2001），頁81-84。

❸ 当时，除了明治政府引进的不兑换纸币（太政官札）外，还有前幕府铸造的硬币，一些藩（特别是萨摩、土佐和佐贺）私铸的幕府货币，各藩发行的纸币（藩札），以及在开放港口流通的外币，如墨西哥银元。

❹ 大内兵衛、土屋喬雄、大藏省：『明治前期財政経済史料集成』（東京：明治文献資料刊行会，1962），第2卷，頁211，352。

❺ 麓慎一：「維新政府の北方政策」，『歴史学研究』，第725期（1999年7月），頁25，86。

❻ 大隈重信：「大隈参議全国一致の論議」，早稲田大學社会科学研究所編：『大隈文書』（6卷）（東京：早稲田大學社会科学研究所，1958），第1卷，頁A1，1-3。

人认为，废藩置县的改革并没有那么迫切。❶甚至连广泽真臣等废藩拥护者也承认，要先将小藩与大藩合并，再逐步增强对各藩的集权统治，而这需要相当长的时间。❷然而，在1868年的维新初期，这一渐进走向政治集权的进程，被明治维新时动员起来推翻幕府的激进攘夷志士扰乱了。

明治新政权最初利用幕府签署的不平等条约，来剥夺其政治正当性。1868年2月8日，明治政府在递交给西方各国公使的第一封国书中，要求修改这些条约。然而，为了使西方列强在讨伐亲幕府军的内战中保持中立，明治政府随后迅速宣布接受所有已签署的条约。❸但1868年2月4日，备前的藩兵攻击了在神户的外国人。3月8日，土佐的藩兵袭击了驻扎在堺的法国兵。5月，明治政府在长崎逮捕了100多名基督徒。从11月起，对基督徒的迫害蔓延到包括佐贺和萨摩在内的18个藩；到1870年2月，已有逾3400名基督徒被投入监狱。❹然而，西方列强对此做出强烈反应，迫使明治领导人恢复幕府开国后的和亲政策。这极大地疏离了激进攘夷志士，这帮人随后把攻击的目标转向明治政府中的西化官员。1869年2月15日，著名的西化思想家横井小楠被暗杀。同年，西式征兵制的倡导者大村益次郎被杀害。而明治政府的许多高官，如三条实美、副岛种臣、大原重德，对这些激进的攘夷

❶ 原口清：「廃藩置県政治過程の一考察」,『名城商学』, 第29期（別冊）(1980年1月), 頁47-94。高橋秀直：「廃藩置県における権力と社会 」, 山本四郎編：『近代日本の政党と官僚』(東京：東京創元社, 1991), 頁23。

❷ 下山三郎：『近代天皇研究序説』(東京：岩波書店, 1976), 頁329。

❸ 山室信一：「明治国家の制度と理念」, 朝尾直弘等編：『岩波講座日本通史』(東京：岩波書店, 1994), 第17巻（近代2）, 頁117。

❹ 宮地正人：「廃藩置県の政治過程」, 坂野潤治、宮地正人編：『日本近代史における転換期の研究』(東京：山川出版社, 1985), 頁70。

志士公开表示同情。❶

　　到了 1869 年，随着财政枯竭的藩政府，特别是长州、土佐等藩开始削减其藩兵的人数，脱队藩士的问题变得日益严重。数千名对遣散条件不满的脱队藩士投奔久留米、熊本、秋田等领主，因为他们以支持"即时攘夷"而闻名天下。1870 年 10 月，这些藩积极与外山光辅、爱宕通旭等攘夷派大臣串谋，计划发起所谓的"二次维新"，以推翻和亲政策，并将"邪恶"的西化官员从中央政府中清除出去。1871 年 2 月，攘夷志士杀死了明治政府的重要领导人、西式征兵制和废藩的著名倡导者广泽真臣。广泽真臣被刺事件，引发了明治政权的政治危机。❷ 由于中央政府只有一支小规模亲兵，不得不请求萨摩、长州、土佐的领主派遣其藩兵，来防范攘夷志士的袭击。1871 年 3 月 30 日，来自这三个藩的 8000 多名藩兵抵达东京。新一轮的体制改革开始了。

　　带领萨摩藩藩兵来到东京的西乡隆盛和大久保利通，是中央政府的实权人物。除了保护中央政府的权威，他们还有自己的政治主张。西乡隆盛认为，像铁路建设这样的西化工程，既浪费资金，又是对西方的"无谋之模仿"。❸ 他尤其不喜欢大藏省的西化官员。在他眼里，这些"俗吏"并不了解"德性"的重要性，只知道计算利润。❹ 在西乡隆盛和大久保利通看来，解决财政问题的

---

❶ 佐藤誠朗：『近代天皇制形成期の研究：ひとつの廃藩置県論』（東京：三一書房，1987），頁 118–119。

❷ 宮地正人：「廃藩置県の政治過程」，頁 104–107。有关 1870 年政治危机的详情，另见下山三郎：『近天皇研究序説』，頁 315–316。

❸ 石井孝：「廃藩の過程における政局の動向」，原載：『東北大学文学部研究年報』，第 19 期（1969 年 7 月）；再版：松尾正仁編：『維新政権の成立』（東京：吉川弘文館，2001），頁 268；福地惇：『明治新政権の権力構造』（東京：吉川弘文館，1996），頁 6。

❹ 福地惇：『明治新政権の権力構造』，頁 8。

正确方法，是"停止铁路和蒸汽等项目"，以及清除政府中的"冗官"，从而减少政府开支。❶ 与之相反，长州派系的领导人木户孝允则试图保护西化的财政官员，以巩固其在中央的权力基础。来自土佐的板垣退助与来自肥后、德岛和米泽等藩的官员呼吁建立一个能够确保政策制定"至公至正"的国家机构。他们的目的在于打破萨摩和长州这两个藩阀对中央政府的垄断。❷

　　中央政府里的权力斗争持续了几个月，最终于 1871 年 8 月 29 日以决定废藩置县而暂告结束。这一根本性的政治变革，事先并没有做好完备方案。即便在事发前三个月，政府中主要的财政官员对此也毫无预见。1871 年 5 月 19 日，大隈重信和井上馨敦促伊藤博文立即从美国返回日本，参与中央政府的制度改革。而在关于中央与各藩的关系上，他们的主要目标是建立一种确保各藩按照商定的方式向中央"纳贡"的制度。❸

　　废藩的直接结果是，新中央政府负担起各藩的债务及其士族家禄。除了承担各藩 2400 万日元债务外，政府还必须另外发行 2500 万日元的纸币，以兑换所有仍在使用的藩札。❹ 政府发行纸币的总量，约为 9500 万日元。因此，在建立全国性的税收制度之前，新成立的中央政府已经背负了巨额债务。

---

❶ 丹羽邦男：『地租改正法の起源：開明官僚の形成』，頁 235，239-240。

❷ 松尾正人：『廃藩置県の研究』，頁 297-299；高橋秀直：「廃藩置県における権力と社会」，頁 59-64。

❸ 1871 年 5 月 19 日，大隈重信、井上馨给伊藤博文的信。引自渋沢青淵記念財団竜門社編：『渋沢栄一伝記資料』（東京：渋沢栄一伝記資料刊行会，1955-1971），第 3 卷，頁 548。

❹ 明治政府支付了 400 万日元的现金来偿还外国贷款。针对 1868 年至 1872 年间累积的 1282 万日元债务，明治政府发行了利率为 4% 的债券，计划在 25 年内赎回这些债券。对于 1842 年以前累积的 1123 万日元债务，政府决定在 50 年内不计息返还。山本有造：「明治維新期の財政と通貨」，梅村又次、山本有造編：『開港と維新』（日本経済史）（東京：岩波書店，1989），第 3 卷，頁 147，150。

纸币的可兑换性，与明治新政权的正当性和信用度密切相关。而兑换纸币的需求，又制约着 1871 年以后的权力斗争，在很大程度上保护了西化官员免受政治保守派的排挤。减少政府开支等传统财政措施，并不能直接解决纸币兑换的问题。西乡隆盛带到中央的财政官员，如谷铁臣和津田出，在萨摩藩时并没有多少管理纸币的经验。[1] 岩仓具视是西乡隆盛和大久保利通在太政官中的政治盟友，在考虑到纸币发行问题的紧迫性后，他也不得不承认大隈重信应该继续留在大藏省。[2] 虽然废藩后，大久保利通成了大藏卿，但他对财务问题并不熟悉。政府财政继续由大隈重信、井上馨和涩泽荣一等西化官员管理。[3]

信用危机对制度发展的影响

由于明治政府在接管传统幕府领土的税收之前必须满足政府支出需求，它在创立之初别无选择，只能依靠纸币来支付 1868 年至 1871 年间的开支。1868 年 1 月至 1869 年 1 月，纸币发行量在政府总收入中所占比例高达 72.6%，1869 年 2 月至 10 月则为69.5%。虽然 1870 年 11 月至 1871 年 10 月间，这个比例下降至10%；但政府在 1871 年 8 月废藩之后发行了更多纸币，使得这一

---

[1] 在 1869 年 9 月私铸幕府赝币结束之前，萨摩藩政府从中获得的年利润为 150 万两，这是其重要的财政收入。引自丹羽邦男：『地租改正法の起源：開明官僚の形成』，頁 10。

[2] 関口栄一：「廃藩置県と民蔵合併—留守政府と大蔵省—1」，『法学』，第 43 卷，第 3 期（1979 年 12 月），頁 308。

[3] 涩泽荣一在许多年后回忆说，大久保利通"对理财之实务非但不熟，对其真理也颇难了解"。引自丹羽邦男：『地租改正法の起源：開明官僚の形成』，頁 251。

比例在 1871 年 11 月至 1872 年 12 月间回升至 35.3%。[1] 如何稳定纸币价值并满足政府支出需要，是十分艰巨的任务。那些以前在各藩表现出较强的理财和管理纸币能力的官员，因此被升调到中央政府。

除了建立税收制度外，这些财经官员还根据自己先前在各藩所积累的"重商主义"经济政策经验，尝试了各种制度安排。根据这些政策，各藩发行"藩札"的纸币，作为资本贷款给特权商人。这些商人形成商业垄断，设立"商法会所"或"国产会所"来组织当地名特商品的生产，然后将产品出售到大阪、京都和江户的中央市场来换取现金，进而稳定藩札的价值。这类方案在国家一级的层面上是否有效，很大程度上取决于日本当时的社会经济条件。

由利公正因为在越前藩管理纸币的成功经验，被推荐到中央政府负责明治初期纸币的发行。[2] 他成立了"商法司"，其成员有政府官员和来自小野组、三井组、岛田组等大商号的经理。这些特权商人获得政府以纸钞支付的贷款，同时得到垄断权，组织日本的生丝、茶叶等主要出口商品的生产和出口。他们所获取的以现金结算的利润，有助于政府稳定纸币的价值。[3] 然而，这些特权商人无法与传统的商业行会（株仲间）竞争，后者与当地小商人、生产者和农民建立了密集的商贸网络。[4] 此外，由于外国商人的反

---

❶ 藤村通:『明治財政確立過程の研究』，頁 154−155。

❷ 澤田章:『明治財政の基礎の研究 : 維新當初の財政』，頁 115。

❸ 間宮国夫:「商法司の組織と機能」,『社会経済史学』，第 29 卷，第 2 期（1963），頁 138−158。

❹ 柚木学:「兵庫商社と維新政府の経済政策」,『社会経済史学』，第 35 卷，第 2 期（1969），頁 17。

对，政府特权商人也不能垄断出口。[1] 由于这些特权商人无力赚取现金交给政府，政府纸币的价值因而无法得到保证。这些纸币在东京、大阪、京都市面上的折扣约为 60%，甚至无法在乡下流通。1869 年 3 月，由利公正被迫辞职。[2]

由利公正的继任者大隈重信，也曾在佐贺藩管理纸币和振兴财政方面取得了成功。[3] 大隈重信要求主要通商口岸和商业中心的特权商人成立信贷公司（为替会社）。为替会社接受政府的借贷，发行商业承兑汇票，并将这些票据贷款给由各藩建立的商业垄断组织，即"商法会所"或"国产会所"。[4] 大隈重信试图利用各藩的商业垄断机构，来流通明治政府的纸币。然而，这些商业垄断企业无法与私营企业竞争，特别是在茶叶和生丝等利润丰厚的行业。[5]

明治政府也不能如愿以偿地操纵国内市场。例如，1868 年 6 月 28 日，政府禁止使用民间银行发行私人银行券和商业票据，这在大阪引起了巨大恐慌。虽然政府被迫在一个月内废止了该项禁令，但大阪几家老牌银行破产倒闭，其中包括著名的"鸿池家"。以大阪为中心的金融网络遭到了严重破坏。[6]

---

[1] 新保博：『日本近代信用制度成立史論』（東京：有斐閣，1968），頁 16。中村尚美还强调，通商司的半官方、半私人性质，以及集中向各藩藩主放贷，是其失败的主要原因。参见中村尚美：『大隈財政の研究』（東京：校倉書房，1968），頁 29-30。

[2] 山本有造：「明治維新期の財政と通貨」，第 3 卷，頁 129。

[3] 1864 年，大隈和其他士族官员在大阪和长崎开设了贸易公司，以促进佐贺制造商品的销售，并由此所获资金来支持佐贺政府发行的纸币。中村尚美：『大隈重信』（東京：吉川弘文館，1961），頁 27-28。

[4] 新保博：『日本近代信用制度成立史論』，頁 32。

[5] 同上书，頁 33。

[6] 梅村又次：「明治維新期の経済政策」，『経済研究』，第 30 卷，第 1 期（1979 年 1月），頁 30-38。

尽管如此，明治政府在货币问题上对各藩行使了货币主权。例如，中央政府要求萨摩藩和土佐藩停止私造幕府赝币，并禁止各藩发行新的藩札。❶ 为了促进政府纸币的流通，大隈重信动用了国家的强制权力。1869 年 9 月，他禁止在国内交易中使用金属货币，并下令将以前各藩发行的纸币和铸币统统兑换成政府的太政官札。❷ 通过这种方式，他排除了"具备竞争性的其他货币形式"，建立了中央纸币的垄断地位。为了促进政府纸币在市场上的流通，大隈重信下令印刷小面额的纸币，以便日常交易。❸

明治初期的经济状况，有利于大隈重信向日本社会推行不兑换纸币的政策。1868 年至 1869 年的内战，并没有严重破坏国内经济。此外，出口增长也极大地刺激了国内经济和跨区域贸易的发展。19 世纪 60 年代，日本人深受货币混乱的困扰，因此统一的政府纸币为他们提供了标准的市场交易媒介。到了 19 世纪 70 年代中期，政府纸币开始按其面值流通。❹ 然而，政府现金储备与已发行纸币数额的比率几乎为零，这显然不足以维持纸币的可兑换性。❺ 为了巩固人们对政府纸币的信任，大隈重信公开承诺，政府将在 1872 年之前用其新铸造的通货来兑换纸币。

1871 年 8 月，在出乎意料地迅速实行废藩置县后，新的中央政府背负着华族、士族世袭家禄的巨额债务。由于政治集权出现

---

❶ 丹羽邦男：『地租改正法の起源：開明官僚の形成』，頁 62—63，75。

❷ 岡田俊平：「明治初期の通貨供給政策」，岡田俊平編：『明治初期の財政金融政策』（東京：清明会叢書，1964）；丹羽邦男：『地租改正法の起源：開明官僚の形成』，頁 67。

❸ 大藏省：「紙幣改定の議」，1872，『大隈文書』（微缩胶卷），A1736。

❹ 山本有造：「明治維新期の財政と通貨」，頁 133。

❺ 原田三喜雄：『日本の近代化と経済政策：明治工業化政策研究』（東京：東洋経済新報社，1972），頁 174。

于中央对整个经济具备征税能力之前，即使像西乡隆盛这样的保守派也认为借外债是满足当时紧急需要的唯一切实可行方法，特别是在偿还士族和华族的债务方面。根据井上馨的建议，明治政府计划从美国筹募利率为 7% 的 300 万英镑（相当于 3000 万日元）的借款。政府打算将其中的 1000 万日元回购，用于发放给士族和华族的秩禄公债，1000 万日元用于铁路建设和采矿，其余用作政府开支。然而，这一尝试失败了，因为当时美国还不是重要的资本输出国，而且明治政府在国际资本市场上几乎没有什么信用度。结果，明治政府只得设法从当时东亚主要外资银行的英国东洋银行（British Oriental Bank，即在华的丽如银行）以 7% 的利率借到 1000 万日元。❶

1871 年 12 月 23 日，日本派遣岩仓使团出国，其主要使命是与西方列强谈判，以修订不平等条约，特别是恢复关税自主权。❷ 废藩之后的新中央政府希望利用这一策略，将自己与采取和亲政策的前幕府以及支持"即时攘夷"的激进派区分开来。对于大藏省来说，提高海关收入的能力至关重要，因为中央政府尚未健全征收国内税收的制度。❸ 然而，由于西方列强的反对，修改条约的尝试完全不切实际。正如坂野润治所言，明治政府在 1873 年只有三种方式巩固自己的权力正当性：外征、殖产兴业、

---

❶ 千田稔：「明治六年七分利付外债の募集过程」，『社会经济史学』第 49 卷，第 5 期（1983 年 12 月），页 445-470。

❷ 铃木荣树：「岩仓使节团编成过程への新たな视点」，『人文学报』，第 78 卷（1996 年 3 月），页 43。

❸ 早在 1871 年 12 月，井上馨和吉田清成就指出海关的重要性，不仅是为了增加政府收入，同时也是为了减轻土地税的负担。井上馨、吉田清成：「殖产兴业政策と税制改革についての建议」（1871 年 11 月），中村政则等编：『经济构想』（日本近代思想大系）（东京：岩波书店，1988），页 144。

开设国会。❶

外征需要巨大的财政资源，这会给政府带来严重的财政困难。1873年，因为财政状况糟糕，大久保利通、岩仓具视、木户孝允不得不联合起来，抵制强硬派入侵朝鲜的企图。这导致了明治政府内部的第一次大分裂。西乡隆盛、江藤新平、板垣退助辞去了政府职务。1874年1月，板垣退助、江藤新平、后藤象二郎等人呼吁建立民选议院，以确保主要政策获得更广泛的共识。他们的要求得到立法部门（左院）的支持。❷作为回应，明治天皇不得不在1874年4月颁布《渐次树立立宪政体》之诏书，承诺建立君主立宪制。之后，明治政府希冀用处理国内经济问题来确立政府的正当性。❸

然而，在财政赤字问题上，中央的财政官员存在分歧。由于大藏省无权控制政府各部门开支，在岩仓使团出国期间，负责财政的井上馨和涩泽荣一于1873年5月辞职抗议。他们发表声明，披露了明治政府的严峻形势：除了1873年的1000万日元财政赤字外，包括国内外借款和纸币在内的政府负债总额高达1.2亿日元。❹大藏省租税头陆奥宗光也辞职抗议造成政府财政困难的各项宏图大计，他批评政府官员，"徒好开明之虚声，而不省其程度顺序，欲将兴学、编法、劝工、征兵骙骙不止数端之事务，一举施行"。❺接替陆奥宗光担任租税头职务的松方正义也批评政府在铁路建设上大

---

❶ 参见坂野潤治：『近代日本の国家構想：1871—1936 』（東京：岩波書店，1996），初章。

❷ 1874年，士族和平民提出建立议会制度以监督财政的建议，参见：牧原憲夫：『明治七年の大論争：建白書から見た近代国家と民衆』（東京：日本経済評論社，1990）。

❸ 坂野潤治：「明治国家の成立」，梅村又次、山本有造編：『開港と維新』（日本経済史）（東京：岩波書店，1989），第3卷，頁78。

❹ 同上书，頁72。

❺ 福島正夫：『地租改正の研究』（東京：有斐閣，1970），頁99，脚注2。

量投资。在他看来，在等待这些"新奇远大之鸿业"今后可能带来的"鸿益"的漫长时间里，政府大概早已破产。❶

另一个紧迫的问题是，如何解决士族和华族的家禄问题。尽管在之前的改革中，这项支出已大大削减；但政府在 1873 年仍然为此花费了 1894 万日元，占其年度总支出的 30% 左右。对于发行秩禄公债以消除这笔债务的计划，明治政府内部几乎没有争议。1874 年和 1875 年，共有 142858 名士族领取了 1656 万日元的秩禄公债（年利率为 8%）和 2000 万日元的现金，以永久放弃他们的"既得之权利"。❷ 然而，大多数领取秩禄公债的士族在市场上将债券出售，很快又陷入了贫困状态。由于约 200 万士族及其家人的生计受到威胁，明治政府被迫于 1875 年 3 月暂停了这项政策，转而寻求渐进、稳定的解决办法。❸ 清偿债务的期限，从原来的六年延长到 30 年。1875 年，租税寮官员甚至计划采用权力下放的方法来处理这个问题，即委托府县政府来解决其治下士族的家禄问题。❹

此时，向西方学习的意愿不一定意味着快速的工业化。木户孝允和大久保利通随岩仓使团访问了西方国家。木户孝允得出的结论是，由于西方国家并非一夜之间就变得"富强"的，日本也应该逐步"西化"。❺ 大久保利通对铁路和以蒸汽为动力的工业

---

❶ 松方正義：「國家富強ノ根本ヲ奨勵シ不急ノ費ヲ省クベキ意見書」（付大隈書簡，1873），『大隈文書』，第 2 卷，A968，2。

❷ 数据引自藤村通：『明治前期公債政策史研究』（東京：大東文化大学東洋研究所，1977），頁 85，表 19。

❸ 同上书，頁 86。

❹ 吉原重俊、若山儀一：「明治八年租税寮第六課年報（1875 年 12 月）」，『大隈文書』（微缩胶卷），A1899。

❺ 福地惇：『明治新政権の権力構造』，頁 122–123。

印象深刻，但他认为对日本而言，更为可行的是将重点放在改善运河和内河航运上，就像在荷兰等国家所看到的那样。大久保利通主管民部省时，反对工部省对铁路建设的大量投资。相反，他优先考虑投资成本较低的工程，如运河和港口建设，以期发展河运和海运。他希望这些工程也能为失业的士族提供更多的就业机会。❶

因此，明治政府在1874年放慢了财政集中化的步伐并减少了政府开支，也是合理合情。渐进的集中化进程可以减少地方阻力，为明治政府建立有效的税收制度提供更多时间。缓慢的财政集中化，仍然可以支持木户孝允和大久保利通所倡导的有限的工业化。然而，这些措施并不能解决明治政府在1874年面临的最大信用危机，即如何兑换已发行的政府纸币。

明治政府最初决定于1870年12月采用银本位制。这是考虑到东亚黄金缺乏而白银丰富的现实后所做的决策。❷然而，伊藤博文于1871年结束了对美国货币和金融制度的考察归国后，便说服政府采用金本位制，以顺应西方的"大势"。于是，明治政府将一日元的价值设定为1.5克的黄金。❸由于造币寮无法准备足够的硬币来兑换已发行的纸币，政府从1872年1月将所有旧纸币兑换成了在德国印制的优质新纸币。

然而，1873年以后国际市场黄金价格不断上涨，极大地影响了这些纸币的可兑换性。1871年，德国成为继英国之后第二个采

---

❶ 山崎有恒：「日本近代化手法をめぐる相克——内務省と工部省」，鈴木淳编：『工部省とその時代』（東京：山川出版社，2002），頁125-126，134-135。

❷ 明治財政史編纂会編：『明治財政史』（東京：吉川弘文館，1972），第11卷，頁338。

❸ 三上隆三：『円の誕生：近代貨幣制度の成立』（増訂版）（東京：東洋経済新報社，1989），頁211。

用金本位制的国家，美国在 1873 年也加入这一行列。❶1875 年后，美国白银产量大幅增加，造成白银相对于黄金的价格进一步下跌。1871 年至 1883 年间，由于日本官方的黄金价格几乎保持不变，大量黄金流出日本。❷1874 年，黄金从日本市场消失殆尽，政府只能铸造银币。❸日本官员在 1871 年选择金本位制时没有料到，在如此短的时间内，国际市场上银价和金价会出现这么大的变动。

大藏省的官员非常清楚，大量黄金外流，将给政府纸币的兑换造成严重困难。❹到了 1874 年 8 月，纸币价值占国家债务总额的 71%。如何兑换纸币，成为明治政府面临的最为紧迫问题。❺这场信用危机严重制约了政策的选择范围。政治保守派提出的财政措施，如减少政府支出，对解决这场信用危机几乎无济于事。❻

大藏省的财经官员仔细权衡了两种选择方案。首先是恢复银本位制。大藏省官员关义臣明确表示，为了应对黄金的外流，日

❶ 关于 19 世纪 70 年代国际市场金本位制的确立，参见 Barry J. Eichengreen, *Globalizing Capital: A History of the International Monetary System* (Princeton, NJ: Princeton University Press, 1996), pp. 17–18。

❷ 山本有造：「内ニ紙幣アリ外ニ墨銀アリ」，『人文学報』，第 55 卷（1983 年 9 月），頁 37–55。

❸ 大藏省：「貨幣鋳造の事」（1875 年），『大隈文書』（微缩胶卷），A1748。

❹ 用大隈的话说，纸币"不过是要受其纸面记载之金额约束的证书，必须准备相应的现货。而受从来滥出之余弊，国内货币殆既空竭。而金货之日月滥出，最终纸币失去信用，将酿如何之大患，实难相测。此国家安危之所系，实不堪忧虑之至"。大隈重信：「税関収入金ニ関スル上申書」（1875 年 7 月 20 日），『大隈文書』，第 3 卷，A2341，頁 117。

❺ 1874 年 8 月，明治政府的债务总额为 1.3844 亿日元，其中纸币的总额为 9764 万日元。引自『大隈文書』（微缩胶卷），A2399。

❻ 例如，萨摩前领主、明治维新时期的著名政治人物岛津久光敦促政府实施"财政紧缩"，以克服财政困难。参见坂野潤治著：「明治国家の成立」，梅村又次、山本有造编：『開港と维新』（日本经济史）（東京：岩波书店，1989），第 3 卷，頁 74–75。

本应该从金本位制转向银本位制。[1] 大藏省 1875 年的一份文件坦承在目前金贵银贱的国际形势下，"我邦最大要紧，乃多铸贸易银，使其与米国（即美国）贸易银及墨西哥银元相抗衡，成为东洋通用货币"，并认为"金货铸造非眼前紧务"。[2]

另外一种选择是保留金本位制。大藏省官员川路宽堂认为，国际市场上黄金价格的上涨，是导致日本黄金外流的主要原因。他建议提高日本的黄金价格，以抑制黄金外流。然而，他没有考虑到由此产生的通货紧缩压力，也没有考虑到这一措施对政府纸币可兑换性的影响。[3] 维持日本金本位制的另一个挑战，是需要增加日本的黄金储备。为此，松方正义于 1875 年 9 月提出用金币而不是银币来征收关税。[4] 不过，明治政府无法强迫外国商人执行这一规定。大隈重信则希望利用外贸顺差，来增加日本的黄金储备。[5]

如果明治政府使用硬币作为其货币，那么只铸造银币就能够自然而然地恢复到银本位制。但是大量以黄金定价的政府纸币已经广为流通，此时放弃金本位制极为困难。板垣退助和后藤象二郎为建立国会而组织的自由民权运动，给明治政府带来很大的政治压力。长期以来，民权派一直批评明治政府的政策制定"朝令暮改"。[6] 如果不到三年就又从金本位制转变为银本位制，这会给

---

[1] 闢义臣：「明治八年度大藏省年报作制意见书」，『大隈文书』（微缩胶卷），A2205。

[2] 大藏省：「货币铸造の事」，『大隈文书』（微缩胶卷），A1748。

[3] 川路宽堂：「现货滥出论」（1875 年 10 月），『大隈文书』，第 4 卷，A3415，页 112-113，页 114。

[4] 松方正义：「通货流出ヲ防止スルノ建议」（1875 年 9 月），大久保达正编：『松方正义关系文书』（东京：大东文化大学东洋研究所，2001），第 20 卷，页 36。

[5] 大隈重信：「收入支出ノ源流ヲ清マシ理财会计ノ根本ヲ立ツルノ议」（1875 年 1 月），『大隈文书』，第 3 卷，A7，页 104。

[6] 实际上，"朝令暮改"是明治政府政策制定过程中遇到的最常见批评。

政府反对派提供新的把柄。同时，鉴于白银相对于黄金的贬值，采用银本位制将大大增加政府本已十分沉重的债务负担，因为政府不得不以银币来兑换以黄金计价的纸币。

最后，大隈重信和大久保利通决定保留金本位制。他们把注意力转向如何增加日本对欧美市场的出口并同时减少进口，以增加黄金储备。在大久保利通的领导下，明治政府于1875年实施了雄心勃勃的"殖产兴业"计划，以实现上述目标。[1] 这一新的经济政策，实际上是早先在藩政府层面上实施过的重商主义政策在国家和国际市场层面上的又一次展开。在幕末时期，很多藩政府曾经通过类似政策，从大阪、京都和江户的中央市场赚取硬通货，以稳定其发行藩札的价值。

增加黄金储备的目标，决定了"殖产兴业"计划的具体内容，并将其与促进出口的一般性政策区别开来。例如，明治政府特别重视"直输出"，而不是一般意义上的出口。在"直输出"计划中，政府官员和官商组织出口货物的运输，并将其营销到欧美市场，以便牢牢掌控通过销售赚取的黄金。[2] 政府还鼓励棉纺业、羊纺业和制糖业实行进口替代政策，并选择只使用国内原料而非进口原料的技术设备。[3] 为了增加中央政府可支配的投资资本，大隈重信把华族和士族的秩禄公债转为强制性的金禄公债；1875年至1877年间，政府发行了价值高达1.72亿日元的金禄公债。明治政府将这些债券作为资本，投资于农业、羊纺业、棉纺业等各种进

---

❶ 大隈重信：「収入支出ノ源流ヲ清マシ理財會計ノ根本ヲ立ツルノ議」（1875 年 1 月），『大隈文書』，第 3 卷，A7，頁 104–105。

❷ 参见大隈重信和大久保利通的提议：「外債償卻ヲ目的トスル內務大蔵兩省規約並関係書類」（1875 年 11 月），『大隈文書』，第 3 卷，A2410，頁 147–149。

❸ 永井秀夫：『殖產興業政策の基調』，頁 241。

口替代项目。

金本位制的采用，也极大地影响了明治政府建立银行体系的努力。废藩之后，大藏省的财政官员试图寻求与民间金融商合作，通过建立新的银行体系，来确保政府纸币的可兑换性。他们了解西方国家有两种不同的模式：美国国民银行的分散型制度和英格兰银行的集中型制度，后者垄断了纸币发行。伊藤博文更喜欢美国的制度，而涩泽荣一和前岛密则想效仿英国的做法。❶1870 年，在英国学习金融制度七年之久的吉田清成返回大藏省工作，他也推荐英格兰银行的模式。❷

1871 年 2 月 20 日，大隈重信和井上馨决定按照英国模式建立日本银行。同年 8 月，井上馨和涩泽荣一敦促三井组、小野组共同组成"金札银行"，其中 60% 的资金为硬通货，40% 的资金是政府发行的纸币。❸这项尝试失败了，因为这两家银行无法筹备必需的通货储量，来保证兑换大约 8000 万两以黄金计价的政府纸币。在这种情况下，大藏省转而接受伊藤博文的建议，选用美国国民银行的分散型制度，目的是把兑换纸币的负担分摊给位于不同地区的多家国立银行。1872 年 12 月 15 日，日本政府颁布了《国立银行条例》，要求国立银行使用纸币向政府提供利率为 6% 的贷款，以换取发行等量可兑换银行券的特权。❹

---

❶ 美国政府印刷局出版的相关书籍和小册子以及《美国国家货币法》（1864 年 6 月 3 日），都被翻译成日语。对英格兰银行的了解主要来自阿瑟·莱瑟姆·佩里（Arthur Latham Perry）的《政治经济学原理》（*Elements of Political Economy*, 1866），这本书也被翻译成日语。千田稔：「金札処分と国立銀行：金札引換公債と国立銀行の提起・導入」，『社会経済史学』第 48 卷，第 1 期（1982），页 32。

❷ 中村尚美：『大隈財政の研究』，页 38。

❸ 千田稔：「金札処分と国立銀行」，页 41—42。

❹ "国立银行"直接从美国使用的"国民银行"一词翻译而来。因此，在明治时期的日本，"国立银行"并不是国有银行，而是从政府获得发行银行券特权的私人银行。

然而，黄金的短缺导致这些国立银行普遍业绩不佳。截至1876 年年底，只有四家国立银行成立。发行银行券的总额，从1874 年 6 月 30 日的 136 万日元下降到 1876 年 6 月 30 日的 62456日元。[1]当中的主要困难，是这些银行也无法维持政府纸币的可兑换性。正如涩泽荣一忆述，黄金价格的上涨，使得银行券的持有者来到国立银行将他们的银行券兑换成黄金。在这种压力下，涩泽荣一不得不请求大藏省允许国立银行用政府纸币来兑换银行发行的银行券。[2]1876 年 8 月，大隈重信修订了《国立银行条例》，将国立银行资本中所需硬通货的比率从 40% 降到 20%，并允许国立银行用政府纸币代替硬币来兑换银行券。政府设定了 3400 万日元，作为国立银行发行银行券的上限。[3]1876 年至 1879 年，全国银行数量从 4 家增至 153 家，发行的银行券价值从 174 万日元增至 3393 万日元。[4]

尽管明治政府努力维持金本位制，但雄心勃勃的"殖产兴业"计划失败了，不但未能实现其目标，而且还造成了严重的财政赤字。[5]1877 年 7 月，大隈重信意识到，鉴于银价低廉，日本坚守金本位制毫无意义。[6]1878 年 5 月 27 日，日本政府允许将以前仅

---

[1] 中村尚美：『大隈財政の研究』，页 45。
[2] 『渋沢栄一伝記資料』，第 3 卷，页 376–377。
[3] 伊牟田敏充：「日本銀行の発券制度と政府金融」，『社会経済史學』，第 38 卷，第 2 期（1972），页 125–126。
[4] 山本有造：「明治維新期の財政と通貨」，页 155。
[5] 有关农业、畜牧业、羊毛和棉纺织等进口替代项目的投资浪费和效率低下，参见石塚裕道：「殖産興業政策の展開」，楫西光速编：『日本経済史大系』（東京：東京大学出版会，1965），第 5 卷（近代），页 55–56。
[6] 大隈重信：「大蔵省第二回年報書」（1877 年 7 月 12 日），『大隈文書』，第 3 卷，A1567，278。

为国际贸易铸造的日本银元用于国内交易和税费支付。❶由此，日本实际上回到了银本位制。大藏省劝业头河濑秀治于 1879 年 7 月承认，现阶段日本不应该试图增产西方人"惯熟勤劳而价值低廉"的进口替代商品，而应该增产"适应日本工手及土地"的出口商品。❷

"殖产兴业"计划的失败，产生了严重的政治后果。由于政府引导的投资未能产生预期利润，士族金禄公债的市场价值大幅下跌。1877 年，明治时期最大的士族叛乱"西南战争"爆发。为了镇压叛乱，政府不得不发行了 2700 万日元纸币，并向第一国立银行借了 1500 万日元。❸即使在叛乱被镇压之后，士族的失业问题仍然是重大社会问题。同年，大隈重信准备投资基础设施、交通、棉纺织、农业的"起业公债"，总计为 1270 万日元。其中 300 万日元作为士族贫困救助款的"士族授产金"，直接用于解决其失业问题。❹用岩仓具视的话，其政治目标是赢得士族的"爱国心"，防止他们"被欧洲过激自由之说"污染。❺然而，大规模发行纸币所引发的通货膨胀，在 1879 年已经很明显了。虽然日本当时事实上已经转到了银本位制，但用银元来保证纸币的兑换性对明治政府而言还是困难重重。

1853 年开港后，日本政治变革的过程充满了不确定性。甚至在 1867 年结束幕府统治、还政天皇的前景已经明朗时，三大政治

---

❶ 引自原田三喜雄：『日本の近代化と経済政策』，页 146。

❷ 河瀬秀治：「財政之儀ニ付建言」（1879 年 7 月 5 日），『大隈文書』，第 2 卷，A980，页 103。

❸ 山本有造：「明治維新期の財政と通貨」，页 158。

❹ 落合弘樹：『明治国家と士族』（東京：吉川弘文館，2001），页 218。

❺ 岩倉具視：「具視士族授産ノ議ヲ内閣ニ提出ノ事，」（1878 年 7 月），引自同上书，页 216。

阵营即王政复古派、公议政体派和幕府之间的关系仍然悬而未决。此时，是和平恢复王政还是武力推翻幕府，这两种可能的结果对未来的制度发展都有截然不同的影响。政治变革的偶然性特别表现在明治维新后的最初几年，政府无奈选择发行并继续依赖不兑换纸币。

1868 年的明治维新事件，并没有产生主导日本未来制度发展的单一政治团体。由于财政和军事能力薄弱，新成立的明治政府难以成为能将中央集权制度强加于社会的所谓"强国家"。明治初期的制度发展具有高度的可塑性，因为一些失败的制度试验可以得到中止，中央政府也进行了多次重大机构改组。当时的变革者认识到了几种可能的结果，如类似联邦制的分散型财政，或逐步过渡到集中型财政。即使在 1871 年 8 月突然废藩置县之后，财政趋向集中型制度仍有两种节奏：渐进的或冒进的。

在这样具有多种可能结果的背景下，由大量发行政府纸币引发的特殊信用危机，极大地影响了制度朝向集中型发展的方向和节奏。传统的财政措施，诸如财政紧缩，因为对解决这场信用危机几乎毫无作用而被排除。尽管政治保守派可以把西方两院制代议制的拥护者从权力中心赶下台，但有才干的西化财经官员仍然可以继续进行他们在财政方面的制度试验。兑换纸币的需求，决定了 1874 年至 1878 年间鼓励出口和进口替代计划的基本内容。如果没有这样的信用危机，我们所观察到的这些集中型财政制度的发展轨道和节奏，就不可能出现。

第 **4** 章

日本现代财政国家的诞生，1880—1895

 不兑换纸币的信用危机，对明治初年财政集中化的方向和进程都产生了重大影响。由于中央不得不承担兑换已经在经济中流通纸币的全部责任，这场信用危机改变了中央和地方政府之间的风险分布，促使中央政府积极探索加快税收集中化和加强管理政府支出的途径。农民对增收土地税的抵制，令政府更加重视征收消费税。到1880 年，日本政府建立了集中化的官僚机构，负责酒类间接税的估值和征收。清酒税的收益，成为政府弹性收入的主要来源，由此实现的财政集中化，则为日本建立现代财政国家奠定了坚实的基础。

 然而，现代财政国家在 19 世纪 80 年代日本的诞生，仍然是高度政治化的过程，因为财政的制度建设影响了社会利益分配以及政府内部的权力斗争。1877 年后，纸币过度发行引起通货膨胀，动摇了明治政府的正当性，极大地刺激了自由民权运动的开展。这场政治反对运动，继续要求建立国会制度。运动初期参与者以士族为主，但到了 19 世纪 70 年代后期，大批豪农和商人也开始参与其中。他们不仅要求在国家层面建立"民选议院"的代议制度，还要求在地方治理方面有更多自治和参与的机会。这些政治压力深刻地影响着明治政府在 19 世纪 80 年代努力稳定纸币价值、建立中央银行的制度发展。

 1879 年至 1881 年间，为了抑制通货膨胀，明治政府在政策上有多种选择。这些政策选项包括：放弃发行政府纸币、重新使用

图 4.1　1868 年至 1900 年日本政府的税收构成

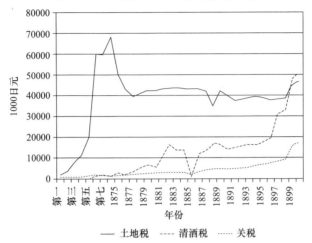

—— 土地税　---- 清酒税　····· 关税

第一：1868 年 1 月至 1869 年 1 月；第二：1869 年 2 月至 1869 年 10 月；
第三：1869 年 11 月至 1870 年 10 月；第四：1870 年 11 月至 1871 年 10 月；
第五：1871 年 11 月至 1872 年 12 月；第六：1873 年 1 月至 1873 年 12 月；
第七：1874 年 1 月至 1874 年 12 月；第八：1875 年 1 月至 1875 年 6 月。

资料来源为东京银行统计局编：《日本经济百年统计》，（东京：日本银行，1966 年），页 136。

银币，逐步减少流通中的纸币数量，或者大幅减少纸币的发行。
当时的改革者明白，经济上更稳健的做法是，逐步减少纸币数量
来控制通货膨胀，同时避免通货紧缩的危险。在此背景下，大藏
卿松方正义大幅减少纸币数量的急进政策，导致了 1882 年至 1884
年间严重通货紧缩，这绝不是为了实现纸币的可兑换性而必须付出
的代价。❶ 然而，鉴于明治政权与社会之间以及政府内部复杂的利

---

❶　关于松方正义及其 1882 年后的财政政策，参见 Jackson H. Bailey, "The Meiji Leadership:
Matsukata Masayoshi," in Harry Wray and Hilary Conroy, eds., *Japan Examined: Perspectives on
Modern Japanese History* (Honolulu: University of Hawaii Press, 1983); Steven J. Ericson, "'Poor
Peasant, Poor Country!' The Matsukata Deflation and Rural Distress in Mid-Meiji Japan," in
Helen Hardacre and Adam L. Kern, eds., *New Directions in the Study of Meiji Japan* (Leiden and
New York: Brill, 1997); 室山義正：『松方財政研究』（京都：ミネルヴァ書房，2004 ）。

益冲突，渐进兑换纸币以避免通货紧缩的做法在政治上难以实施。

然而，一旦通货紧缩开始，随之而来的经济衰退和农村贫困严重损害了明治政府的权力正当性。只有在这一背景下，我们才能够正确地理解松方正义祭出的一些非常规金融政策，例如允许各银行在日本银行存放的现金储备中使用铁路公司的股票等。与此同时，通货紧缩的经济缺乏投资机会，这也使日本政府为铁路建设和军事扩张而发行的长期国内债更容易为国内投资者所接受。日本迈向现代财政国家的最后一步表明，即使方向明确，财政制度的发展也是一个高度政治化的过程。

信用危机与财政集中化

如前所述，明治政府在增加政府收入方面尝试过各种方式，其中包括创办官营现代工矿企业、政府组织向西方市场的直接出口，以及建立完善的税收制度。当其他直接创收的手段未见成效时，建立税收国家的努力就显得尤其重要。废藩置县之后，中央和地方政府之间在税收方面有具体的分税制。中央政府负责"国税"，包括土地税、关税和针对主要消费品的间接税，如酒税。属于府县政府的"地方税"，则包括土地税中以固定比率划归地方的部分和一些中央征收难度较大的间接税，如零售税。不兑换纸币的信用危机，迫使大藏省官员不仅要集中征收国税，而且要确保税款迅速上交到中央。

为了保证快速掌握税收，明治政府在1869年1月命令50家传统银行（两替商，包括小野组、三井组和岛田组）汇兑政府税款。1871年废藩置县后，这些民间银行家充当了政府官金汇兑方

（為替方），并将其金融网络扩展到全国。❶ 他们协助政府将米纳的土地税转换成现金，即他们的分支机构从农民那里接收上缴土地税的大米，再用汇票将税金汇到东京的总部。虽然大藏省命令他们在每个月的 15 日和最后一日用汇票的形式将所收税款汇至东京，但他们仍然可以短期拥有不必支付利息的政府资金和收入，从中获益。❷ 政府税收和资金的相对稳定，提高了这些民间银行在市场上的声誉，而政府也避免在收纳税金时耗时费力地运输大米或现金。

然而，依赖民间银行汇兑政府收入和支出本身也包含着一定的风险，因为银行为了获利，往往将这些官方资金短期借贷出去。例如，在 1874 年秋季，当日本政府需要大量资金资助其远征台湾的行动时，汇寄政府资金的主要民间银行对此毫无准备。由于无法将他们借贷给采矿、不动产、生丝制造等行业的政府资金及时收回，小野组和岛田组不得不宣布破产。❸ 三井组则靠着从英国东洋银行获得的紧急贷款，勉强逃过一劫。❹ 尽管大藏省考虑过重新恢复现金运输，但运输成本的高昂和时间的迟缓，迫使其继续允许三井、安田等主要民间银行以及新成立的国立银行汇兑政府税款。❺ 不过，政府现在要求这些银行为存入的官方资金提供抵押品。到 1880 年，国立银行和主要民间银行处理了政府高达 85%

---

❶ 1872 年 4 月，小野组设立或计划设立办事处和分支机构的县总数为 35 个，三井组为 13 个，岛田组为 8 个。参见岩崎宏之：「国立銀行制度の成立と府県為替方」,『三井文庫論叢』，第 2 期（1968 年 3 月），215。

❷ 同上，頁 212。

❸ 小野组宣布破产时，这个"两替商"只有 2 万日元的现金和 11 万日元的债券和土地契约，而其负债总额为 750 万日元，其中包括 450 万日元的政府存款。加藤幸三郎：「政商資本の形成」，楫西光速编：『日本経済史大系』（東京：東京大学出版会，1965），第 5 卷（近代），頁 143。

❹ 立脇和夫：『明治政府と英国東洋銀行』（東京：中央公論社，1992），頁 156—157。

❺ 深谷徳次郎：『明治政府財政基盤の確立』（東京：御茶の水書房，1995），頁 69，70。

的税收和支出。❶

由于承担着兑换纸币的风险，中央政府有强烈的动机去集中管理政府各部门和地方政府的开支。1873 年，井上馨和涩泽荣一将复式记账法引入政府财政，命令所有政府部门和地方政府定期向大藏省提交当年的账簿和下一年的预算，以备检查。❷尽管如此，地方政府在财政运作方面仍有相当的自主权。他们从征收到的税款中扣除地方所需支出后，才把剩余资金上交到中央；常备金和预留金也由他们支配。❸

为了加强对政府支出的控制，大隈重信在 1876 年 2 月命令政府各部门和地方政府将包括常备金在内的所有剩余款项交还给大藏省集中分配。❹但由于政府各部没有按时将会计记录送交中央，大藏省迟至 1877 年尚未完成对两年前政府支出的审计。为此，大隈重信决定派遣检查官检查政府各部门的会计记录，以确保未来的预算建立在对各部门实际支出的准确审计基础之上。❺同样，为了监督地方政府将已征收的税款上交中央，租税寮于 1878 年向各地派出税务专员。❻政府的财政管理因此变得高度集中。

在征收税款方面，大藏省在考虑到减少社会阻力的同时也尝试了各种手段来增加收入。关税本应该是新政府最重要的收入来源，但由于不平等条约限定了日本的关税率，日本政府无法有效

---

❶ 杉山和雄：「金融制度の創設」，楫西光速編：『日本経済史大系』（東京：東京大学出版会，1965），第 5 卷（近代），頁 210。

❷ 池田浩太郎：「官金取扱政策と資本主義の成立」，岡田俊平編：『明治初期の財政金融政策』（清明会叢書，1964），頁 161。

❸ 深谷徳次郎：『明治政府財政基盤の確立 』，頁 97—98。

❹ 池田浩太郎：「官金取扱政策と資本主義の成立」，頁 164。

❺ 大隈重信：「検査官派出之儀ニ付上申」（1877 年 10 月 30 日），『大隈文書』（微缩胶卷），A2242。

❻ 深谷徳次郎：『明治政府財政基盤の確立 』，頁 74。

利用关税来增加政府收入。土地税的征收不仅遭到农民的激烈反抗，而且在评估各地区可供征税土地的市场价值时，中央政府还面临十分艰巨的信息难题。❶

在国内间接税的征收方面，明治政府的财政官员将商业部门视为重要的收入来源。早在1869年3月，中央政府颁布的《府县管理指南》就明确指出："商业盛旺而渐次征收商税，遂渐定税法而必期大成之功。"❷1871年8月废藩置县之后，财政官员投入了大量精力去探索提高间接税收入的方法，特别是增加酒、酱油等主要消费品的间接税。❸1876年9月，租税权头吉原重俊提出，政府应该降低土地税以提高农民的购买力。他认为，"农民占人口之百分之八十，农户生计景况上进，工商业随之繁荣，政府对物品之收税亦随之加增"。❹

就酒类生产而言，明治政府在1868年决定打破在德川幕府后期建立起来的特权商人的垄断地位。政府要求那些对酿酒感兴趣的人申请新的许可证（鉴札）。每家酿酒商将根据许可证上规定的酿造数量来支付执照费和年税。这一政策极大地刺激了地方酿酒业的发展，农村的小生产商如雨后春笋般涌现。❺然而，由于清酒

❶ Yamamura Kozo, "The Meiji Land Tax Reform and Its Effects," in Marius B. Jansen and Gilbert Rozman, eds., *Japan in Transition: From Tokugawa to Meiji* (Princeton,NJ: Princeton University Press, 1986), pp. 387–388。有关地租征收的更多详情，参见福岛正夫：『地租改正の研究』（東京：有斐閣，1970）。

❷ 千田稔、松尾正人：『明治維新研究序説：維新政権の直轄地』（東京：笠間書院，1977），頁253–254。

❸ 丹羽邦男：「地租改正と農業構造の変化」，楫西光速編：『日本経済史大系』（東京：東京大学出版会，1965），第5巻（近代），頁236。

❹ 吉原重俊：「租税徴収法之建議」，『大隈文書』（微縮胶卷），A1907。

❺ 小松和生：「明治前期の酒税政策と都市酒造業の動向」，『大阪大学経済学』，第17巻，第1期（1967年6月），頁39–40。

酿造的规模较小，大藏省很难有效地对清酒酿造征税。大藏省在其直接管辖的前幕府领土征收清酒税时，不得不依靠地方官和各村村长来监督执行。结果，有相当数量的清酒要么因为未经许可酿造而逃税，要么因酿造超过许可证上报告的数量而漏税。❶

大藏省还试图学习西方国家征收间接税的方法。例如，大藏省在 1870 年将英国国产税局的规章和管理法则以及征收啤酒消费税的方法翻译成日文。❷ 但由于西方国家的经济发展水平与日本差别很大，大藏省官员认为这种模式不能直接适用于日本。❸ 例如，在明治初期，超过一半的清酒酿造商的规模很小，年产量不到 100 石。❹ 相反，19 世纪时英国啤酒生产的规模很大，从而大大降低了中央政府征收消费税的成本。

明治政府在 1871 年废藩置县后，开始制定针对全国范围内酒类生产的征税条例。酒类商品的税收既包括生产税，也包括销售税。两者都是根据商家自报的当地平均价格来征收，这自然会导致广泛漏税的现象。❺1872 年，中央政府开始进行经济调查和实地调研，以收集诸如人口总数、对外贸易额和税收总收入等方面的国民经济统计数据。❻ 这些经济信息有助于明治政府更好地评估间接税的潜力。1874 年 12 月 12 日，大藏省税务官提议废除一些收入不佳的间接税，例如绞油的生产税，而增加酒类产品的生

❶ 大内兵衛、土屋喬雄、大藏省编：『明治前期财政经济史料集成』（東京：明治文献资料刊行会，1962），第 2 卷，页 239，329。

❷ 大藏省翻訳課：「合衆王国内国税年報编纂書」，《大隈文書》（微缩胶卷），A1842。

❸ 吉原重俊、若山儀一：「第六か年報」，《大隈文書》（微缩胶卷），A1899。

❹ 深谷德次郎：『明治政府财政基盤の確立』，页 186。

❺ 同上书，页 169-172。

❻ 这是日本版的"政治算术"，曾在荷兰学习过统计的前幕府官员，如津田真道、箕作麟祥，对这些努力作出了重要贡献。参见羽贺祥二：『明治维新と「政表」の编製』，『日本史研究』，第 388 期（1994 年 12 月），页 49-74。

产税，因为仅在 1873 年，单是清酒酿造就消耗了大约 400 万石大米。❶

1877 年，中央政府派出官员监督各地酒税征收工作。但日常税务评估和征收监督，仍然委托给地方官。根据 1878 年 3 月在两个府和 12 个县进行的一次实地调查，大多数地方官对执行中央征收酒类生产税的规定并不积极。他们或以清酒酿造商自行报告的价格作为估税依据，或者不去严格检查当地清酒酿造的真实规模。❷ 在重新审核清酒的市场价格后，政府获得了 40 多万日元的额外收入。❸ 大藏省因此大受鼓舞，决定设立更多的中央机构来直接评估清酒的产量和征收清酒税。

1879 年 10 月，大藏省在征收清酒税时将日本划分为六个大区。租税寮派出酒造检查员和当地监察员一起去检查酿酒商的规模。他们不仅仔细地测量清酒容器的容积，还检查了所有相关的账目记录。检查员直接向租税寮报告有关酿酒商月产量的调查结果。1880 年，清酒酒造检查员的工资和差旅费，全部由大藏省支付。为了简化征收程序，大藏省在 1880 年 9 月决定对清酒产量征收单一税，取消以往对零售商征收的税费。❹ 检查员有权检查清酒的酿造过程，这甚至使他们能够了解酿酒商的技术秘密。❺

到 1880 年，大藏省已将地方官吏排除在清酒税的评估和征收工作以外，依靠本部门派出的专业官僚来征收。当时，清酒产业是日本经济中规模最大的制造业部门；1882 年，六大工业品（清

---

❶ 大藏省：「租税興廃更正之儀上申」，『大隈文書』，第 3 卷，A 1889，页 52–53。

❷ 深谷德次郎：『明治政府财政基盤の確立 』，页 171–176。

❸ 同上书，页 172。

❹ 藤原隆男：『近代日本酒造業史 』（京都：ミネルヴァ書房，1999 ），页 94–103。

❺ 同上书，页 109。

酒、棉织品、生丝、茶叶、染料和纸张）的总产值中，清酒生产占44%。[1] 清酒税入从1874年的126万日元急剧上升至1879年的646万日元，这说明了清酒税本身的弹性。[2] 建立集中型征税制度，从清酒生产中收取弹性的收入增加，使明治政府得以避免过度依赖土地税。而土地税的征收，在政治上相当敏感，在行政上也难以操作。

明治政府在集中政府财政管理和集中征收清酒税的过程中，其发行的纸币仍然是不可兑换的。1873年，大藏省负责纸币印制事务的芳川显正警告说，如果政府继续通过发行纸币来弥补赤字，将会破坏政府财政，给人民带来巨大的灾难。[3] 然而，为了镇压西乡隆盛率领的下层士族叛乱，明治政府在1877年再次借助纸币来支付军费。结果，包括政府债券和国立银行发行的银行券在内的纸币总额，从叛乱前的1.07亿日元增加到1879年的1.64亿日元。[4] 过度发行纸币，造成通货膨胀和随之而来的银币囤积；而市面上的银货短缺又导致了纸币价值相对于银币进一步下跌。

尽管1877年以后出现了严重的通货膨胀，日本经济还是取得了重大发展。根据大阪商工会议所在1879年进行的市场调查，农民的购买力有所增加。农村地区的普遍繁荣，吸引了许多城市移民，刺激了国内贸易。农村地区所需商品的进口量增加了，尽管外国奢侈品进口有所减少。[5] 清酒的年产量从1871年的300万石

[1]　土屋喬雄、岡崎三郎：『日本資本主義發達史概説』（東京：有斐閣，1948），頁371。

[2]　深谷徳次郎：『明治政府財政基盤の確立』，頁193。

[3]　「紙幣寮事務取扱帳：紙幣頭芳川顕正宛大蔵大輔井上馨書簡」，『大隈文書』（微缩胶卷），A2174。

[4]　Nihon Ginko Tokeikyoku, ed., *Hundred-Year Statistics of the Japanese Economy* (Tokyo: Nihon Ginko, 1966), p. 166.

[5]　五代友厚：「海関税改正ニ関スル答申書」（1879年10月5日），日本経営史研究所編：『五代友厚伝記資料』（東京：東洋経済新報社，1972），第2卷，頁254–263。

跃升到 1879 年的 500 万石。这为明治政府提供了一个重要的间接税收来源。

国际市场的状况也有利于日本的出口。19 世纪 70 年代中期以后西方国家采用金本位制，导致大量白银流入东亚。1878 年，由于银币不仅可用于对外贸易，也可用于国内交易，日本事实上已经实行了银本位制。银价下跌，对日本起到了"保护性关税"的替代作用，而且也促进了日本商品的出口。1879 年 6 月，大藏省关税局要求东京和大阪的商工会议所调查进口对日本经济的影响，以便政府能够确定保护性关税的适当税率。这两个城市的商会都认为保护性关税是不必要的，并认为棉纱、糖、铁的进口对日本经济有利，尽管它们也承认提升关税水平会增加政府收入。❶

与此同时，随着国立银行和三井、安田等主要民间银行建立起全国通讯网络以跨时空汇兑，国内金融网络变得更加一体化。例如，150 家国立银行和三井银行及其各自分支机构之间有往来业务关系的数目，从 1877 年 6 月的 10 家增加到 1880 年 6 月的 1027 家。❷ 为了促进日本不同银行发行的银行券流通，第一国立银行行长涩泽荣一组织了名为"择善会"的银行同盟会，协调其会员银行的业务活动。他对引进美国和瑞士的"清算所"制度有浓厚的兴趣，这一制度可以帮助清算各会员银行之间的债务和贴现彼此的票据。❸1880 年，大阪成立了一个类似的银行同盟会，由 15 家主要国立银行和三井银行组成。这种银行协会在协调会

❶ 三和良一：『日本近代の経済政策史的研究』（東京：日本経済評論社，2002），頁 47。

❷ 靍見誠良：『日本信用機構の確立：日本銀行と金融市場 』（東京：有斐閣，1991），頁 104。

❸ 同上书，頁 110–112。

员银行票据贴现和纸币兑换方面发挥了重要作用。❶民间银行之间的这些密集网络，为建立代表政府监管国内金融市场的中央银行奠定了基础。

1877年以后，严重通货膨胀导致的政治反对运动浪潮，逼迫明治政府建立国会制度。而在政府内部，财政官员在纸币问题上各持己见。日本到底应该用银币来兑换所有流通纸币，从而放弃发行政府纸币，还是应该通过增加政府银币的储备同时减少纸币数量，来恢复纸币的价值呢？政府内部的权力斗争以及国家与社会之间的对抗，使日本迈向现代财政国家的下一步，即建立中央政府财政和金融市场之间的制度联系，变得错综复杂。

松方紧缩的政治经济学

通货膨胀对城市和农村有不同的分配效应。物价上涨极大地困扰着城市居民，尤其是那些依靠固定收入生活的士族，因此更多士族投入了自由民权运动。由于大米价格上涨，土地税的实际负担下降，农民从中获益匪浅。尽管如此，农村地区的豪农和地方商人希望能够参与地方管理，特别是在地方税收、治水、道路建设和地方基础设施维护等方面。在国家政治层面，他们则呼吁建立民选议院。从1878年起，豪农和农村商人的政治活动极大地推进了自由民权运动。建立国会制度的请愿书和提案数，从1879年的7份增加到1880年的85份。❷1880年3月，有87000名成员

---

❶ Norio Tamaki, *Japanese Banking: A History, 1859–1959* (Cambridge and New York: Cambridge University Press, 1995), p. 45.

❷ 江村栄一：『自由民権革命の研究』（東京：法政大学出版局，1984），頁92。

的爱国社选出 114 名代表，聚集在大阪向明治政府提交建立议会制度的请愿书。❶ 在这份颇具影响力的提案中，代表对"巨额国债、纸币增发、物价腾贵"表示关切，他们要求建立国会来解决这些严重问题。❷

在这种情况下，纸币价值的稳定对于明治政府来说，不仅在经济上而且在政治上也是至关重要的。1878 年 5 月 14 日大久保利通被士族暗杀后，大隈重信不得不首当其冲面对政府内部对通货膨胀的批评。1879 年 4 月和 5 月，他下令从政府储备金中抛出 240 万日元的银币，试图稳定市场上纸币和银币之间的汇率，却毫无成效。❸1880 年 4 月，他再次下令抛出 300 万日元的现金。然而，这一措施不仅没有稳定纸币的价值，反而使政府现金储备与纸币总量的比率从 1872 年的 21.5% 陡降到 1880 年的 4.5%。❹ 这些市场反应表明，明治政府必须做出可信的承诺以保证未来不再依靠发行更多的纸币来弥补政府赤字。

"自由民权运动"的活动家指出，持续的通货膨胀是由政府过度发行纸币造成的。❺对此意见，大隈重信坚持认为是外贸逆差造成了日本银币短缺，从而导致纸币贬值，进而引发通货膨胀。但实际上，纸币价值的下跌迫使大隈重信考虑如何通过增加财政盈余来减少纸币的流通数量。1879 年 6 月 29 日，他提议利用财政盈余在 7 年内注销 2000 万日元的纸币。为了增强公众对政府决心减少纸币数量的信任，他计划在报纸上公布财政盈余的数额和因此

❶ 升味準之輔：『日本政治史』（東京：東京大学出版会，1988），第 1 卷，页 185。
❷ 引自原田三喜雄：『日本の近代化と經濟政策：明治工業化政策研究』（東京：東洋経済新報社，1972），页 162。
❸ 同上书，页 149。
❹ 原田三喜雄：『日本の近代化と經濟政策』，页 229。
❺ 室山義正：『松方財政研究』，页 70。

减少的纸币数量。❶

此时，大隈重信还没有放弃通过增加政府银币储备来稳定当前政府纸币数量的计划。为此，他主张政府应该积极组织直接出口，从海外市场赚取现金。❷1880 年 2 月 28 日，大藏省从政府储备金中拨出 300 万日元的银币作为资本，成立横滨正金银行。该银行的主要任务是将政府银币借给特权商人，帮助他们组织生丝和茶叶的生产，然后将这些产品直接出口到海外市场。然而，横滨正金银行的许多贷款都是通过政治关系借出的，最后都成了不良贷款。❸私营商人，尤其是主要的生丝出口商，认为直接出口不切实际。这有两个原因：首先，他们不得不与更熟悉海外市场环境的外国商人竞争；其次，运往国外的直接出口商品，在完成销售之前会占用大量资金。❹

通货膨胀和政府纸币贬值，导致了明治政府内部严重的紧张局势。1880 年 2 月，岩仓具视和伊藤博文推行改革，以加强正院对政府各部机构，特别是对大藏省所控制机构的监督。大隈重信、伊藤博文和寺岛宗则组成新的财政委员会，负责财政事务。同时，明治天皇已经长大成人，他越来越积极地参与决策。❺大藏省再也不能独断重大财政政策的制定了。

---

❶ 大隈重信：「財政四件ヲ挙行センフヲ請フノ議」（1879 年 6 月 29 日），《大隈文書》，第 3 卷，A15，頁 348。

❷ 小風秀雅：「大隈財政末期における財政論議の展開」，原朗編：『近代日本の経済と政治』（東京：山川出版社，1986），頁 14−21。

❸ 莨原達之：「明治前・中期の横浜正金銀行」，正田健一郎編：『日本における近代社会の形成』（東京：山嶺書店，1995），頁 262。

❹ 有关私营商人对直接出口计划的批评，参见『横浜市史』（横浜：有隣堂，1958−1982）第 3 卷，第 1 部，頁 635−636。

❺ 飛鳥井雅道：「近代天皇像の展開」，朝尾直弘等編：『岩波講座日本通史』（東京：岩波書店，1994），第 17 卷（近代 2），頁 236−244。

横滨正金银行令人失望的表现说明，通过促进直接出口来迅速增加银币储备是不现实的。因此，明治政府必须设法通过减少纸币流通量来恢复纸币价值。此时，政府内部主要讨论两个政策选项：其一是用银币兑换所有纸币；其二则是逐步减少纸币数量，从而稳定其价值。因为来自反对派的压力以及要求建立国会的呼声不断增强，每个选项都会带来不同的政治后果。因此，政策的选择并不仅仅取决于经济论证。

　　1880 年 5 月，大隈重信提出了大胆的计划；通过向国际市场举债，一举实现纸币的可兑换性。在题为"请改通货制度之议"（也称"正金通用方案"）的提案中，大隈重信提议以 7% 的利率在伦敦募集 1000 万英镑（相当于 5000 万日本银元）的外债，再加上大藏省提供的 1750 万元现金，政府能够以 1∶1.16 的银币汇率从市场上兑换 7800 万日元的纸币；市场上剩余的 2700 万日元纸币，将由国立银行收购；国立银行使用政府纸币来兑换政府债券，以换取发行等额银行券的特权。在此次兑换之后，明治政府便可以用银币代替政府纸币。大隈重信预计，被囤积起来的现金将重回市场。至于每年所需支付的 368 万日元的利息，大隈重信建议提高酒税，预计每年可获得 662 万日元的额外收入。❶

　　大隈重信提案的主要目标，是尽快用银币取代流通的政府纸币。这次兑换之后，政府将停止发行纸币，仅仅铸造银币。而国立银行发行的银行券只是私人票据，不具有法定货币的地位。大隈重信可能对明治政府在国际市场的举债能力过于乐观，也没有预见到将来英镑升值可能带来额外的利息压力。但是，他的提议

---

❶ 大隈重信：「通貨ノ制度ヲ改メントヲ請フノ議」（1880 年 5 月），『大隈文書』，第 3 卷，A18，頁 447-450。

并没有像批评者所指责的那样有损日本主权，因为每年的利息支付主要来自大藏省已经集中征收的国内间接税。

然而，这一计划在政府内部引起很大争议。岩仓具视等保守人士批评如此巨额的外债将"导致亡国"。伊藤博文、井上馨、佐野常民则担心巨额外债会带来沉重的利息负担，并招致自由民权运动分子的强烈批评。而陆军卿和海军卿都支持大隈重信的计划，因为它没有削减军事开支。❶松方正义承认该计划"就议理而考之，固货币之常则也"，但他认为利用外债来兑换纸币是危险的。相反，他建议鼓励直接出口，以增加政府银币储备，并逐步减少纸币数量。❷由于官员无法达成协议，明治天皇于1880年6月做出圣断，否决了大隈重信的提案。

虽然大隈重信的提案未获批准，但该方案中有两点值得我们注意。首先，尽管大隈重信仍然认为导致通货膨胀的主要原因是国际贸易赤字，而非纸币过度发行，但他现在认为货币贬值可以解决日本对外贸易逆差的问题。对于大隈重信来说，进口替代不再是解决日本对外贸易逆差的主要手段。他认为，这种贸易逆差造成的现金外流，会在增加进口商品价格的同时降低国内物价；此后，日本的出口会增加，进口会减少；结果，现金将通过国际贸易回流到日本，尽管日本使用纸币可能会延迟这种机制的正常运作。❸其次，更重要的是，通过用银币兑换纸币，大隈重信希望

---

❶ 室山义正：『近代日本の軍事と財政：海軍拡張をめぐる政策形成過程』（東京：東京大学出版会，1984），頁28-29。

❷ 松方正义：「財政管窺概略」（1880年6月），『松方正義関係文書』，第20卷，頁529-535。

❸ 大隈重信称之为国际贸易中的"天然回复之定法"，即他认为这是经济的"不变法则"。大隈重信：「通貨ノ制度ヲ改メンコヲ請フノ議」（1880年5月），『大隈文書』，第3卷，A18，頁453。

避免因货币供应量急剧下降而导致国内通货紧缩。他明确警告说，纸币数量的迅速减少，可能有助于恢复其相对于银币的价值，但这也将产生严重的通货紧缩，极大损害国内的商业和制造业。❶

大幅削减纸币数量会引发通货紧缩，大隈重信的这一担忧，得到了商界领袖的一致认同。1880 年 11 月，五代友厚代表大阪商工会议所向大藏省请愿。他提出，政府阻止纸币贬值的简单方法就是直接"减杀流通纸币"。但五代友厚随后警告说，这种做法会引发国内通货紧缩，从而造成"金融拥塞，利子高贵，商工不能营业"，最终结果是"全国士工商将不得不大蒙祸害"。他敦促政府在试图恢复纸币价值时，要考虑到整个经济的发展。❷

大隈重信的提案被否决后，仅有的政策选项是通过增加财政盈余来逐步减少纸币数量。但是明治政府怎样才能做到这一点呢？国内越来越高的反对浪潮，打消了明治政府提高土地税的念头。例如，1880 年 9 月，明治政府否决了以米纳而不是纸币来征收 25% 土地税的提案，原因是担心这样做会引起农民暴动，并进一步刺激"自由民权运动"。❸ 政府因此转向增加对烟酒等消费品的课税，以期获得更多的收入。为此，大藏省进一步将清酒税从每 100 石 1 日元增加到 2 日元，并希望通过高税率淘汰小型酿造商，促进大型酿酒商的发展。❹ 此外，为了将每年的财政盈余增加

---

❶ 大隈重信称之为国际贸易中的"天然回复之定法"，即他认为这是经济的"不变法则"。大隈重信：「通貨ノ制度ヲ改メンフヲ請フノ議」（1880 年 5 月），『大隈文書』，第 3 卷，A18，页 454。

❷ 五代友厚：「財政救治意見書」，『五代友厚伝記資料』，第 2 卷，页 333。

❸ 猪木武德：「地租米納論と財政整理」，梅村又次、中村隆英编：『松方財政と殖産興業政策』（東京：国際連合大学，1983），页 108。

❹ 池上和夫：「明治期の酒税政策」，『社会経済史学』，第 55 卷，第 2 期（1989 年 6 月），页 74。

到 1000 万日元的水平，明治政府决定通过加速出售官营企业，减少政府采购进口货物，削减中央政府对地方基础设施、警察、监狱的补贴和支出，从而大幅节省中央政府开支。❶这体现了从早期的积极财政到紧缩财政的根本性转变。

至于如何处理拟议中的 1000 万日元年度财政盈余，各方意见不一。一种意见是将这些盈余核销，以减少纸币数量。另一种意见正如井上馨和五代友厚在 1880 年年底向政府提出的：将财政盈余作为资本，组建一家由保险公司和贸易公司支持的日本中央银行。该中央银行将向贸易公司提供贷款，以组织生丝和茶叶的直接出口，从国外赚取银币，增加政府的现金储备。保险公司将提供相应的服务。❷但是，这个计划与恢复纸币价值的努力背道而驰。此外，横滨正金银行在组织直接出口方面令人失望的表现，使得这一建议缺乏说服力。

1881 年 7 月 29 日，大隈重信和伊藤博文共同起草了通过出售政府债券筹集 5000 万日元的计划，并以此作为资本建立了中央银行。该计划想要设立"一大银行"，其主要业务是贴现日本外贸汇票、管理政府收支，以及发行可兑换纸币，"就像英格兰银行之于英国和法兰西银行之于法国"。❸为了迅速获得所需资金，大隈重信和伊藤博文决定允许外国人认购股份，其主要目标是在不降低通货水平的情况下，迅速实现纸币的可兑换性。与 1880 年大隈重信提出的 1000 万英镑外债相比，这个计划在政治上似乎没有什么

---

❶ 大隈重信：「財政更革ノ議」（1880 年 9 月），『大隈文書』，第 3 卷，A16，頁 457–458。

❷ 小風秀雅：「大隈財政末期における財政論議の展開」，頁 15–19。

❸ 大隈重信、伊藤博文：「公債ヲ新募シ及ヒ銀行ヲ設立セン﹅ヲ請フノ議」，『大隈文書』，第 3 卷，A21，頁 472–474。

争议，却遭到松方正义的强烈反对。1881 年 9 月，松方正义在给日本太政大臣三条实美的报告中警告说，大隈重信和伊藤博文的计划，"仰外人之资本，以之散布内地，固虽可得一时正金之流通，而其患害百出，不言自明。……国家之事业复不可为，全国之形势为之一变，陷入若埃及、土耳其或如印度之惨状"。❶

尽管在如何建立中央银行这个问题上尚有争论，但财政紧缩政策向市场发出了明治政府将不再通过发行纸币来弥补财政赤字的重要信号。同时，政府也停止了向政商和官营企业借贷政府银币储备金的危险做法。❷1881 年 4 月，银币兑换纸币的汇率在达到 1.795 的峰值后开始下降，几个月后稳定在 1.63 左右。同年 2 月，明治政府缩短了农民交纳土地税的期限，这迫使他们以较低的价格出售大米。1881 年 4 月以后，大米价格开始下跌。❸

作为财政紧缩的一部分，政府减少了从国外购买商品的银币支出。鉴于国际市场银价不断下跌，按银本位制结算的日本经济不会长期遭受国际贸易逆差的影响。即使没有政府组织到海外市场赚取白银的直接出口，明治政府征收到的以白银结算的关税，在 19 世纪 80 年代初期也超过了 250 万日本银元。因此，为了实现纸币的可兑换性，关税收入是增加政府银币储备的可靠来源。在这种情况下，如果政府继续执行财政紧缩政策，逐步减少纸币是有望实现的。此外，当人们对政府不再靠发行纸币来弥补其赤字的承诺充满信心时，囤积的银币将逐渐回流到市场，进一步帮助恢复纸币的价值。但是，当时的政治形势不利于这种经济上稳

---

❶ 松方正义：「財政議」（1881 年 9 月），『松方正義関係文書』，第 20 卷，页 340。
❷ 室山义正：『松方财政研究』，页 127。
❸ 室山义正：「松方デフレーションのメカニズム」，梅村又次、中村隆英编：『松方财政と殖産興業政策』（東京：国際連合大学，1983），页 149–151。

健的渐进消化纸币的方案。

自由民权运动分子欣然接受财政紧缩的政策转向，并欢迎政府停止印制纸币来弥补其赤字。针对日本政府提高税收的企图，他们认为，日本人民有权立即成立国会，以便其代表能够参与政府预算和税收政策的制定过程。❶同时，财政紧缩政策也极大地刺激了地方精英参与政治活动。随着越来越多的公路建设、地方基础设施和土木工程支出来自地方税而非国税，新的财政负担促使富农和地方商人更多地参与地方治理。❷他们反对将政府开支的大部分负担转嫁给地方，特别是主要道路的建设费用。他们希望凭借国会这样的代议机构，在财政政策的制定中拥有发言权。❸

自由民权运动中的士族、地方商人和豪农的联盟，严重威胁着专制的明治政权，政府因此采取打压措施。当局在 1879 年关闭了 3 家报社，1880 年关闭了 12 家，1881 年被关闭的报社更是高达 46 家。1880 年 4 月 5 日，明治政府禁止任何被认为"危害国家安全"的政治结社和集会，也禁止府县会议员之间的通讯联络。❹明治政府与自由民权运动分子之间的政治对抗一触即发。

1881 年 3 月，大隈重信建议明治政府于 1882 年年底举行全国的议员选举，并于 1883 年建立英国式的两院制。为了让未来的政府能够代表"国人之舆望"，大隈重信主张，国会中占多数的政

---

❶ 大石嘉一郎：『自由民権と大隈・松方財政』（東京：東京大学出版会，1989），頁 246。

❷ 升味凖之輔：『日本政治史』，第 1 卷，頁 199。有关 1880 年神奈川县地方豪农通过县议会参与县政府预算制定的研究，参见 M. William Steele, *Alternative Narratives in Modern Japanese History* (London: Routledge Curzon, 2003), pp. 142–148。

❸ 大石嘉一郎：『日本地方行財政史序説：自由民権運動と地方自治制』（改訂版）（東京：御茶の水書房，1978），頁 355–361。

❹ 横山晃一郎著：「刑罰・治安機構の整備」，福島正夫編：『日本近代法体制の形成』（2 卷）（東京：日本評論社，1981），第 1 卷，頁 328。

党应该有权组成责任内阁，"政党官"和"永久官"（即与政党中立的公务员）应该严格分开。❶ 他的这项提议得罪了许多政府成员。井上毅当时正根据普鲁士模式起草一部保守的宪法，在他看来，英国君主立宪制的实质是议会主权的共和政体，君主只是傀儡。❷1881年10月，大隈重信和其他15名被怀疑是其追随者的官员，被政治保守派赶出政府。❸ 松方正义成为大藏卿。

在这次政治清洗之前，松方正义也赞成逐步减少纸币数量。在向太政大臣三条实美提交的一份关于财政的报告中，松方正义重复了大隈重信对通货膨胀原因的诊断，即通货膨胀不是由于纸币发行过多引起，而是由于国际贸易逆差导致银货储备不足造成的。松方正义认为，稳定纸币价值的正确方法是通过鼓励国内生产和出口来增加政府现金储备。❹ 为此，他建议停止借贷政府储备现金，而是采用新的"货币运用之机制"，即由储蓄银行和投资银行共同支撑中央银行。储蓄银行通过邮政网络将小额存款汇入中央银行，而投资银行将利用这些累积的储蓄，向农业、制造业和运输业提供低利率的长期贷款，以增加出口。❺ 这是根据比利时经验提出的中央银行模式。❻ 然而，在短时间内指望政府将小额储蓄纳入国家引导的长期工业发展是不切实际的，因此，松方正义的

---

❶ 大隈重信于1881年3月提出的建议，参见：『伊藤博文関係文書・書類の部』，第502号，国立国会图书馆宪政资料室。

❷ 井上毅：「付伊藤書簡」（1881年6月），引自大久保利謙编：『明治国家の形成』（東京：吉川弘文館，1986），頁330。

❸ 大久保利謙：『明治国家の形成』，頁296。

❹ 松方正義：「財政議」（1881年9月），『松方正義関係文書』，第20卷，頁337–338。

❺ 同上书，頁332–335。

❻ 有关比利时银行模式在日本的影响，参见 Michael Schiltz, "An 'Ideal Bank of Issue': The Banque Nationale de Belgique as a Model for the Bank of Japan," *Financial History Review* 13, no. 2 (2006): 179–196。

想法暂时还是纸上谈兵。[1]

松方正义担任大藏卿后，继续通过出售官营企业进行财政紧缩，还试图让横滨正金银行为直接出口提供贷款，以增加政府银货储备。为了平息对政府的批评，他必须采取措施抑制通货膨胀，并防止纸币价格下跌。由于政府增加银货储备需要较长的时间，他决定通过削减政府的预备纸币来减少纸币的数量。这些预备纸币最初由大藏省于1872年发行，其用途是在一个财政年度内（从7月1日到次年6月30日），在所征税款尚未送抵大藏省时，支付各项政府开支。[2]1876年后，政府日益依赖印制预备纸币来填充财政赤字。

在财政紧缩时期，政府内部对削减预备纸币并没有异议。尽管松方正义早前另有说法，但他现在似乎认为，通货膨胀和纸币贬值是由于1877年后纸币发行数量过多造成的，因此，纸币总量应迅速减少到1877年的水平。[3]结果，他大幅削减了政府预备纸币的数量，从1881年的1300万日元下降至1882年的400万日元，并在1883年进一步下降至零。换句话说，松方正义在不到两年内

---

[1] 直到20世纪初，日本的邮政储蓄体系才对财政起到重要作用。参见 Katalin Ferber, "'Run the State Like a Business': The Origin of the Deposit Fund in Meiji Japan," *Japanese Studies* 22, no. 2 (2002): 131–151。

[2] 室山義正：『近代日本の軍事と財政：海軍拡張をめぐる政策形成過程』（東京：東京大学出版会，1984），頁68。

[3] 在关于1883年12月发行国家债券的提案中，松方正义认为，1876年政府纸币的投放量为1亿日元比较适合，因为这些不兑换纸币是按照当时的面值使用的。松方正义：「公債証書發行意見書」（1883年12月），『松方正義関係文書』，第20卷，頁99。1880年，一些政府官员讨论如何恢复纸币的价值时，表达了这一观点。例如，爱知县的一位官员，黑川治愿，向中央政府提出了一个有效的抑制通货膨胀的方法，即迅速将纸币投放量恢复到1877年的水平，并声称消除过量和不必要的纸币不会导致通货紧缩。参见黑川治愿：「建議」，『井上馨関係文書』，第677-4号，日本国立国会图书馆宪政资料室。

将通货总额（包括纸币）减少了 13.7%，或者说将政府纸币总额减少 17.6%。这便是引发"松方紧缩"的关键因素。❶

松方正义 1882 年 1 月采取的措施，在年度预算和政府减少纸币数量的计划中都没有提及，因此市场完全没有预料到通货水平突然下降。在 1882 年，著名的金融政策评论家田口卯吉也不清楚，明治政府宣布每年注销 300 万日元纸币是否能够迅速恢复纸币的价值。他后来承认，自己直到 1883 年年末才意识到通货紧缩和削减预备纸币之间的联系。❷ 结果，在市场繁荣的 1881 年，豪农、地主和商人积极从当地银行或金融中介机构借款，而到了 1882 年他们却遭遇到实际利率上升和物价下跌的双重打击。

1883 年年初，农民购买力下降迅速引起了整个经济的连锁反应，通货紧缩十分明显。根据 1883 年 2 月 23 日大阪商工会议所的报告，使用进口棉纱纺织粗棉布以迎合农民需求的工场，大多数在 1880 年和 1881 年间都生意兴隆，但在 1882 年春天后纷纷破产。❸ 由于大米价格下跌，农民收入大幅减少；第一国立银行发现，都市商人很难向农村地区出售商品。❹ 通货紧缩的严重程度，也极大地损害了农村自由民权运动的经济基础；农村的民权运动分子缺乏财力去组织政治社团。❺

国内投资更是直线下降。根据东京第一国立银行的报告，有

---

❶ 深谷德次郎：『明治政府财政基盤の確立 』，頁 144。室山義正：『松方デフレーションのメカニズム』，頁 146。

❷ 深谷德次郎：『明治政府财政基盤の確立 』，頁 144-145。

❸ 五代友厚：「大阪府勧業課」（1883 年 2 月 23 日），『五代友厚伝記資料』，第 2 卷，頁 381。

❹ 「第一国立銀行半季実際考課状，第 18 回」，渋沢青淵記念財団竜門社編：『渋沢栄一伝記資料』（東京：渋沢栄一伝記資料刊行会，1955-1971），第 4 卷，頁 425-426。

❺ 升味準之輔：『日本政治史』，頁 204-205。

图 4.2　1868 年至 1895 年日本的纸币数量

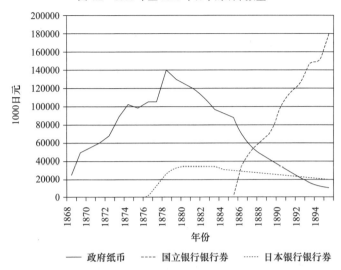

资料来源为东京银行统计局编：《日本经济百年统计》（东京：日本银行，1966 年），页 166。

些商人在 1882 年认为经济衰退是暂时的，因此仍然从银行贷款。然而，由于市场物价持续下跌，他们最终陷入了困境。1882 年以后，银行放贷变得越来越困难。商界不愿投资，导致银行闲置资本持续积累。❶1883 年 8 月底和 9 月初，由于大多数商家预计物价会进一步下跌，市场上几乎没有交易。❷

　　当松方正义大幅削减政府预备纸币时，他似乎完全没有预料到随后产生的通货紧缩效应。1882 年 7 月，日本与中国在朝鲜发生了史称"壬午兵变"的冲突，日本海军和陆军要求大规模增加军事开支，以抗衡中国新购西洋军舰组成的北洋水师。同年 9 月，

❶「第一国立银行半季实际考课状，第 19 回，第 20 回」，『渋沢栄一伝记资料』，第 4 卷，页 427，428。

❷「第一国立银行半季实际考课状，第 21 回」，『渋沢栄一伝记资料』，第 4 卷，页 430。

松方正义计划通过增加烟酒课税，每年筹集 750 万日元。他认为，尽管课税已经很高，但 1881 年酒类总产量和零售价格都有所上升，这意味着应该有再提高税率的空间。这一乐观估计表明，松方正义甚至没有考虑到通货紧缩对酒类生产和需求可能带来的影响。❶然而，经济通货紧缩引发了严重的税款拖欠。1883 年，日本清酒总产量下降了 35%，进而拖累了大米价格。❷松方正义被迫缩减军事扩张的规模，1883 年和 1884 年的实际军事开支较原计划分别减少了 13% 和 22%。❸

虽然松方正义把恢复纸币价值作为首要任务，但也不能忽视全国性通货紧缩的恶果。1883 年 12 月 10 日，他承认物价下跌致使商人持币观望，从而阻碍了当前的投资。❹不过，他坚持认为，纸币价值的完全恢复将培养日本人"勤俭节约"的美德，使他们从事"实业"而非"投机"的商业活动。❺然而，纸币与银币之间价值差距的缩小，对于减轻通货紧缩给日本经济造成的损害几乎无济于事。对物价进一步下跌的预期，阻碍了投资；而投资的减少，又进一步拉低了物价。如果没有国家的有效干预，市场本身不会自动打破这种恶性循环。在实践中，松方正义不能被动地期盼他所谓的"通缩—刺激—实业投资"理论来拯救经济。

松方正义在建立中央银行的提议中指出，这种"银行的银行"

---

❶ 松方正义：「酒類造石税増加之議」（1882 年），『松方正義関係文書』，第 20 卷，页 250。

❷ 五代友厚：「大阪府勧業課答申書」（1884 年 1 月 19 日），『五代友厚伝記資料』，第 2 卷，页 484。

❸ 高橋秀直：「松方財政期の軍備拡張問題」，『社会経済史学』，第 56 卷，第 1 期（1990 年 4 月），页 7，表 3。

❹ 松方正义：「大蔵省ニ各地方官集会ノ席上ニ於テ」（1883 年 12 月 10 日），『松方正義関係文書』，第 20 卷，页 619。

❺ 同上书，页 622。

可以采取商业票据贴现或短期贷款等措施，来缓解通货的季节性波动，从而调整经济。[1]但是，1882 年 10 月成立的日本银行并没有做好准备来履行这些中央银行的标准职能。它的原始资本只有 200 万日元，1883 年仅达到 500 万日元。然而，在 1880 年关于中央银行业务的讨论中，大多数财政官员都认为中央银行的资本规模必须至少达到 1000 万日元。相比之下，日本有 143 家国立银行和 176 家民间银行，1883 年的总资本为 6136 万日元。[2]而在日本银行开设往来账户的银行数目，1883 年仅为 1 家，1884 年也不过区区 10 家。[3]

因此，新成立的日本银行几乎没有能力调节金融市场，以缓解 1883 年和 1884 年严重的通货紧缩。更糟糕的是，明治政府首先利用日本银行作为政治武器，去攻击大隈重信的立宪改进党。由于该党的资金主要来自当时日本航运业最大的三菱公司，明治政府于 1883 年 1 月 1 日成立了共同运输会社，作为竞争对手来试图削弱三菱公司。[4]日本银行向共同运输会社提供 30 万日元无须任何担保的定期贷款，这占到了该行 1883 年上半年定期贷款总额的 46%。[5]

1882 年以后，在军费开支增加和税收减少的双重压力下，松方正义首先求助于日本银行的短期借款和大藏省的储备金，以便

---

❶ 松方正義：「日本銀行創立趣旨書」，『松方正義関係文書』，第 20 卷，頁 351。

❷ Hugh T. Patrick, "Japan, 1868–1914," in Rondo Cameron, Olga Crisp, and Hugh T. Patrick, eds., *Banking in the Early Stages of Industrialization: A Study in Comparative Economic History* (Oxford and New York: Oxford University Press, 1967), p. 248.

❸ 八木慶和：「『明治一四年政変』と日本銀行：共同運輸会社貸出をめぐって」，『社会経済史学』，第 53 卷，第 5 期（1987 年 12 月），頁 643。

❹ 同上，頁 637。

❺ 同上，頁 636。

在所收税款尚未送到中央时满足政府开支。1886年以后，大藏省发行的短期债券满足了这一支出需求。❶虽然松方正义严厉批评大隈重信的外债计划，但他本人在1884年和1885年也曾两次试图从伦敦的资本市场募集外债，以获得必要的现金，但都没有成功。❷松方正义最初要求横滨正金银行向海外市场的直接出口提供贷款，以延续增加政府现金储备的政策。然而，直接出口表现不佳，迫使他做出改变。1884年7月，他允许横滨正金银行贷款给参与日本对外贸易的外国商人。❸

由于松方正义依靠恢复纸币价值以合理化其经济政策，他不得不寻求增加通货投入以外的措施来刺激国内的经济活动。其中的一项措施是发行长期国债。严重的国内通货紧缩，为国债的发行创造了有利的环境，因为缺乏其他投资机会，国债对投资者颇具吸引力。例如，在通货膨胀期间市场价值一直在下降的秩禄公债，现在反而吸引了许多投资者，尤其是当明治政府能按时支付这些公债的利息和本金的时候。❹同样，松方正义在1884年推出低息长期债券，以筹集巨额资金用于铁路建设以及海军和陆军的现代化，这些债券也被超额认购。❺1886年，松方正义利用利率为5%的新贷款来兑换利率为6%或更高的旧国债，从而使年息支付额减少了300多万日元。❻

此外，松方正义还计划使用票据贴现来鼓励商业交易。在

---

❶ 神山恒雄：『明治経済政策史の研究』（東京：塙書房，1995），頁56-57。
❷ 同上书，頁28-29。
❸ 『横浜市史』，第3卷，第1部，頁625。
❹ 当时第一国立银行注意到了这一点。「第一国立银行半季实际考课状，第25回」，『渋沢栄一伝記資料』，第4卷，頁437。
❺ 神山恒雄：『明治経済政策史の研究』，頁24-26。
❻ 室山義正：『松方財政研究』，頁210。

1884 年 2 月，他甚至敦促日本银行贴现那些没有预先指定抵押品的商业票据。商界领袖涩泽荣一认为，这样的做法太过冒险。作为折中方案，日本银行首先尝试对以库存货物或国家债券作担保的票据进行贴现。[1] 松方正义随后将贴现率从 1885 年的 9.49% 降至 1886 年的 4.93%。此外，他还允许日本银行不仅接受债券而且接受铁路建设、海运、采矿和纺织品等行业的公司股票，作为低息贷款的抵押品。[2] 这刺激了新一轮投资热潮。日本银行的贷款从 1885 年的 1600 万日元猛增到 1889 年的 1.05 亿日元；同期，国立银行的贷款从 6.49 亿日元增加到 14.14 亿日元。[3] 1886 年至 1889 年间，工业、铁路和采矿业的公司数量多达 1743 家，总资本达 10.86 亿日元。然而，由于许多公司股票只是部分以现金认购，因此这一繁荣存在着大量的"泡沫"。[4]

在现有的历史叙述中，松方正义经常被描述为正统经济学的倡导者，拒绝政府干预市场。[5] 然而，1882 年至 1890 年间，大藏省的高风险金融政策与西欧中央银行的模式和实践背道而驰。尽管受到商界的批评，我们应该将这些非常规政策的实施放在持续

---

[1] 靎見誠良：『日本信用機構の確立』，页 157–177。

[2] 石井寬治、原朗、武田晴人等編：『日本経済史 1：幕末維新期』（東京：東京大学出版会，2001），页 27。

[3] 中村隆英著：「マクロ経済と戦後経営」，西川俊作、山本有造編：『産業化の時代（下）』（日本経済史）（東京：岩波書店，1990），第 5 卷，页 11。

[4] 長岡新吉：「明治恐慌史序説」（東京：東京大学出版会，1971），页 19–21；Steven J. Ericson, *The Sound of the Whistle: Railroads and the State in Meiji Japan* (Cambridge, MA: Council on East Asian Studies of Harvard University Press, 1996), pp. 123–126.

[5] Henry Rosovsky, "Japan's Transition to Modern Economic Growth, 1868–1885," in Henry Rosovsky, ed., *Industrialization in Two Systems: Essays in Honor of Alexander Gerschenkron by a Group of His Students* (New York: John Wiley & Sons, 1966); Richard Sylla, "Financial Systems and Economic Modernization," *Journal of Economic History* 62, no. 2 (June 2002): 277–292.

通货紧缩的背景下来考察。持续不断的通货紧缩，严重损害了明治政府的正当性；尽早结束通货紧缩，在政治上至关重要。尽管如此，由于松方正义将纸币和银币的等价交换作为其财政事务的最高目标，而不考虑经济后果，他的政策选择因此非常有限，尤其是在未能筹集到国外贷款的情况下。这样的形势，使他不得不更多地依靠商业票据或公司股票作为通货投入的替代，以期在不增加纸币数量的情况下缓解通货的短缺。

集中征收酒类生产税的制度，对明治政府偿还长期国内债券利息的能力起到了决定性作用。由于通货紧缩增加了土地税的实际负担，降低了农村居民的购买力，明治政府无法从土地税中获得更多的税收。事实上，政府必须动用武力去镇压群马、秩父和其他地区的大规模农民暴动。政府长期国内债券的弹性收入，主要来自提高清酒生产税。市场上消费者对高额清酒税的抵制，与农民对土地税的抵制简直无法相提并论。

在松方正义出任大藏卿之前，明治政府于 1880 年 9 月将清酒生产税从每石 1 日元提高到 2 日元，许可证费从 5 日元提高到 30 日元。许多地方小型清酒酿造商组织请愿活动以示抗议。然而，在兵库和大阪等地区，面向全国市场销售产品的主要清酒生产商并没有参与这些抗议活动。[1]1882 年，松方正义进一步提高了清酒税，从每石 2 日元提高到 4 日元，并加强了对无证酿酒的查处。结果，许多小型清酒酿造商被迫停业。[2]大型清酒酿造商借此机会扩大生产。1885 年后，日本清酒产量在下降到 300 万石后开始复苏，生产规模随即不断扩大。例如，在 1895 年，28% 的酒厂年产

---

❶ 小松和生：「明治前期の酒税政策と都市酒造業の動向」，頁 48。

❷ 柚木学：『酒造りの歴史』（東京：雄山閣，1987），頁 345-346。

量逾 1000 石，另外 65% 的酒厂年产量在 100 到 1000 石之间。❶ 大型生产商的增加反过来又降低了政府的征税成本。垄断利润使大型酿酒商能够承担沉重的税率，并将增税的负担转嫁给消费者。

19 世纪 80 年代末，现代财政国家在日本已经形成。1883 年 4 月，日本银行开始汇兑政府收入并支付政府开支。明治政府因此能够巩固集中化的财政运作，摆脱对民间银行汇兑官方资金的依赖。这一成就将整个政府的收入和资金置于日本银行的管理之下，同时也增强了大藏省的监管。集中化的财政制度，巩固了日本银行作为中央银行的运作。❷ 中央征收的弹性间接税，维持着明治政府长期债券的信誉。日本银行在 1886 年垄断了可兑换纸币的发行，使之成为法定货币。随着日本银行与民间银行越来越多的往来，日本银行在 20 世纪初真正担负起中央银行调节国内金融市场的重任。

明治政府在 1891 年召开帝国议会时，现代财政国家的体制已经形成。在新成立的国会中，辩论主要集中在这一制度是应该用来支持军事扩张还是用来促进国内福祉。反政府的"民党"代表要求降低税收，增加地方福利和基础设施支出，和减少军事开支。❸ 与此同时，伊藤博文、井上馨和大隈重信（他重返政府担任外务大臣）等官员，计划在司法审判制度上向西方列强做出让步，以换取海关主权的恢复。他们打算利用这种方式来提高关税税率，从而增加日本政府的收入、缓和中央与地方之间在国内税收方面

❶ 中村隆英：「酒造業の数量史——明治—昭和初期」，『社会経済史学』，第 55 卷，第 2 期（1989 年 6 月），頁 217。

❷ 深谷德次郎：『明治政府財政基盤の確立 』，頁 110—111。

❸ Banno Junji, *The Establishment of the Japanese Constitutional System*, trans. J. A. A. Stockwin (London and New York: Routledge, 1992), chapter 2.

的紧张关系，但政治保守派无法接受这些让步。

值得注意的是，1891年至1894年间的财政争议，都是在现代财政国家的制度平台上展开的。即使是明治政府的政治反对派，也没有要求取消征收酒类间接税的集中化制度，虽然他们更愿意降低税率。他们也不想废除垄断可兑换纸币发行的日本银行，反而希望日本银行能够为向农村制造业发放贷款提供便利。同样，增加地方福利支出的要求，并没有挑战中央政府的财政集中化管理制度。然而，这场辩论在很大程度上因为日本在1895年甲午战争中大胜中国而显得不再紧迫。胜利带来的巨额赔款，使得明治政府能够承担大部分地方的基础建设开支，从而使自身在一定程度上摆脱了反对派代表的问责。❶

总体而言，明治时期的制度具有很强的可塑性，政府主要领导人之间的分歧和不断变化的制度安排是最好例证。但无论谁掌权，都必须面对如何兑换巨额纸币的艰巨问题。解决这个重大信用危机的需求，促使财政官员集中征收主要消费品的间接税，并加强对政府财政的集中监管。尽管政府内外存在着严重的政治分歧，但对财政制度集中化的努力从未中断过。密集的私人金融汇款网络，极大地促进了财政体制的集中化。

财政的制度发展是高度政治化的，这在19世纪80年代日本迈向现代财政国家的最后一步尤其突出。如果1880年和1881年的政治形势有利于采取"软着陆"的方式来抑制通货膨胀，那么就可以避免1882年至1884年间严重的通货紧缩。然而，来自反对派的压力越来越大，明治政府不可能以稳健的渐进方式逐步减少纸币的数量。虽然国家决策者在1882年已经明确了集中征收

---

❶ 中村隆英：「マクロ経済と戦後経営」，頁13–16。

间接税和政府财政集中化管理的方向，制度发展的实际路径却导致了严重的通货紧缩，在农村地区造成灾难性后果。通缩的经济环境减少了投资机会，反而利于明治政府发行国内长期债券。现代财政国家制度极大提高了明治政府动员长期金融资源的能力，允许政府利用间接的财政政策而非直接经营企业，来刺激工业的发展。

第 5 章

经济动荡和中国纸币发行的失败，
1851—1864

　　清政府没有铸造计量银币，因此不能用货币贬值来缓解 19 世纪 20 年代至 40 年代因为国内白银短缺造成的严重通货紧缩。这些年间严重的经济萧条和失业问题，最终在 1851 年触发了太平天国运动，并给清政府带来增加军费的压力。从 1851 年到 1868 年，为了镇压太平天国运动、捻军起义以及广东、福建和西南地区爆发的其他小规模起义，政府开销的军费总额高达 3 亿两白银。[1] 这对在 19 世纪 50 年代年收入仅约 4000 万两的清政府来说，不啻是天文数字。

　　为了应付困境，清政府除了开始征收间接消费税外，还试图通过发行纸币，铸造贬值的铜钱甚至铁钱来弥补赤字。来自厘金的税收，很快成为政府重要的收入来源，它帮助清政府在 1864 年平定了太平天国运动，并在 70 年代中期剿灭了捻军起义。然而，纸钞的发行——实际上是 15 世纪初以来中国政府首次大规模发行钞票的尝试——却彻底失败了。[2] 清政府于 1864 年废止了纸钞，继续实行原有的分散型财政制度。

　　既有的文献认为，发行纸钞只是孤注一掷的"通胀融资"

---

[1] 彭泽益：《十九世纪后半期的中国财政与经济》（北京：人民出版社，1983），页 136。

[2] 1651 年和 1661 年间，清政府发行了数量有限的纸币以弥补赤字。1661 年，政府有了足够的收入，便废弃了这一做法。彭信威：《中国货币史》（第二版）（上海：上海人民出版社，1965），页 808。

（inflationary financing）的一个例子。❶然而，这些纸钞和大钱（即面值较大的贬值铜钱）并未能广泛流通。时人已经注意到，虽然 1857 年纸币和恶铸大钱在京城造成了严重的通货膨胀，但在北京城外几十里的郊区，物价仍然较低而且稳定。❷19 世纪 50年代以后各地编纂的地方志，大多没有提到这些纸钞。纸钞未能流通，意味着清政府没有从纸钞发行中获得经济利益。这与日本明治初年不兑换纸币的成功流通形成了鲜明对比，尽管日本政府直到 1886 年才实现了纸币的可兑换性。国家发行的纸币与民间银行发行的银行券有着根本的差异。国家在其领土内，可以利用政治权力赋予其发行的纸币以法定货币的地位。❸因此，不可兑换本身并不必然导致纸币的失败。那为什么 19 世纪 50 年代的清政府，甚至无法迫使自己的军队和督抚接受政府发行的纸币呢？

有些货币史家仍然认为，滥发纸币代表着清朝专制政府对市场和商人利益怀有敌意。❹但是，这种观点没有考虑到 18 世纪中叶以后清政府在粮食贸易、煤炭开采等领域针对市场和商人的实际政策，这些政策显示清政府官员愈来愈认识到市场运作的重要

---

❶ 彭信威：《中国货币史》（第二版）（上海：上海人民出版社，1965），页 834。杨端六：《清代货币金融史稿》（北京：三联书店，1962），页 105–108；彭泽益：《十九世纪后半期的中国财政与经济》（北京：人民出版社，1983），页 91–96；周育民：《晚清财政与社会变迁》（上海：上海人民出版社，2000），页 198；加藤繁：「咸豊朝の貨幣」，加藤繁编：『支那経済史考証』（東京：東洋文庫，1953），第 2 卷，页 438；Jerome Ch'en, "The Hsien-Feng Inflation," *Bulletin of the School of Oriental and African Studies* 21 (1958): 578–586。

❷ 御史唐壬森折，咸丰四年七月二十二日，中国人民银行参事室金融史料组编：《中国近代货币史资料》（2 卷）（北京：中华书局，1964），第 1 卷，页 265。

❸ 对国家在建立货币垄断方面的政治权威的强调，参见 Eric Helleiner, *The Making of National Money: Territorial Currencies in Historical Perspective* (Ithaca, NY: Cornell University Press, 2003)。

❹ 彭泽益：《十九世纪后半期的中国财政与经济》，页 96；魏建猷：《中国近代货币史》（合肥：黄山书社，1986），页 89–90。

性。❶事实上，1853年前的货币改革计划条理清晰，推进谨慎。❷清政府发行的纸币，分别以在经济生活中使用的白银和制钱计价。中央和省级财政官员都明白，官府发行的纸钞要获得成功，需要能够在商业交易中得以流通。为了确保纸币的价值，清政府在城市和主要市镇设立了官钱局，这是在具有一定的储备金基础上发行和流通纸钞的金融中介机构。政府动员民间金融商以当时的钱庄模式来管理这些机构，并试图利用公款支持其运作。然而，这项制度建设的尝试未能成功。

为什么中国19世纪50年代发行的不兑换纸币失败了呢？为什么中国发行纸币没有像日本明治时期那样，成为激励国家当权者寻求财政集中管理的动力呢？社会经济条件对制度发展的影响，是不可忽视的重要因素。18世纪中叶以后，清政府在处理货币问题上尊重市场的政策框架，这对其渐进流通纸币的计划至关重要。然而，这种渐进的方法，实际上并没有起到应有的作用，因为在经济核心地区的长江中下游发生的残酷战争打乱了地区间的私人金融和贸易网络，扰乱了政府正常的财政运作。在这样的状况下，银票（即以白银计价的纸钞）流通十分困难。

清政府官员在1855年之前没有找到有效的方法来流通银票，反而决定采用以制钱计价的宝钞代替银票。这是清政府第一次认真地尝试用铜本位制替换银本位制，并用钞票作辅助手段。这一

---

❶ 邱澎生：《十八世纪滇铜市场中的官商关系与利益观念》，《"中央研究院"历史语言研究所集刊》第72卷，第1期（2001），页91—104；关于粮食市场，参见岸本美绪：『清代中国の物価と経済変動』（東京：研文出版，1997），页289—325；Helen Dunstan, *State or Merchant? Political Economy and Political Process in 1740s China* (Cambridge, MA: Harvard University Asia Center, 2006), chapter 3。

❷ Frank H. H. King, *Money and Monetary Policy in China, 1845—1895* (Cambridge, MA: Harvard University Press, 1965), p. 154.

想法自 19 世纪 20 年代以来就在经世学派的官员和学者中得到深入讨论。而"改（银）票用（宝）钞"这一决定，对保证纸币可兑换的制度建设产生了深远影响。在 19 世纪 50 年代饱受战争蹂躏的国内经济状况下，清政府不能用粮食或食盐来担保纸币的价值，只能用铜钱来兑换纸币。此外，跨地区运输大量笨重而低价的铜钱极其困难，迫使中央将宝钞兑换的问题转嫁给各省政府。对以制钱为单位的纸币的依赖，使兑换工作高度分散。在这样的战时经济运作中，清政府显然难以建立集中的财政制度以保障纸币的价值。清政府失败的纸币试验表明，要使制度建设持续迈向集中化，需要相应的社会经济条件，例如繁荣的跨地区贸易和全国性的金融网络。

货币问题与国家纸币

18 世纪的清政府在管理货币、规范金融市场方面的经验，对其 19 世纪 50 年代货币政策的制定有着重要的影响。维持银两和制钱之间 1：1000 的官方兑换价，是清政府的重要政策目标。18 世纪初，清政府对"钱贵银贱"现象（即制钱相对于银两的高价值）非常关注。[1] 乾隆在位时期（1736—1795），清政府制定了一系列立足于市场经济的政策来管理货币。

这些政策有两个重要特征。首先，政府的目标是保持白银与

---

[1] 参见陈昭南：《雍正乾隆年间的银钱比价变动（1723–95）》（台北：中国学术著作奖助委员会，1966），页 42；足立启二：「清代前期における国家と钱」，『東洋史研究』，第 49 卷，第 4 期（1991 年 3 月），页 47–73；黑田明伸：「乾隆の钱贵」，『東洋史研究』，第 45 卷，第 4 期（1987 年 3 月），页 692–723。

制钱之间的供需平衡，而不是依靠严厉的行政手段进行控制。例如，面对1两白银只能兑换约700到800文制钱的市场汇率，清政府下令各省开铸制钱，希望增加新铸制钱的产量来提高银两的相对价值。出于同样的考量，中央政府还下令将地方政府存留的制钱，定期投放到市场以兑换白银。[1]当然还有一些更直接的行政干预手段，如禁止跨地区运输制钱、限制私营商铺和当铺囤积制钱等。但这些行政手段，仅被清政府视为缓解经济生活中制钱短缺的"权宜之计"，而非"经久可行"的措施。[2]

其次，清政府对商人的利润动机采取了现实的态度，认为强迫私人经营者遵守与其经济利益相抵触的政策是不切实际的。比如，在18世纪中叶，清政府的财政官员已经注意到，"铜贵钱重，则有私营销毁之弊；铜贱钱轻，即滋私铸射利之端"。这给政府带来了极大的困扰。[3]换言之，当制钱中铜的市场价值较高的时候，常有人将官铸制钱熔化取铜；而当制钱中铜的价值低于铜钱的面值时，常有人伪造官铸制钱以牟利。[4]在1736年年初，一份题为

---

[1] 有关这些在供需关系平衡基础上展开的政策讨论，参见 Hans Ulrich Vogel, "Chinese Central Monetary Policy, 1644–1800," *Late Imperial China* 8, no. 2 (December 1987): 13–14。

[2] 乾隆十年正月初九的上谕，将上述两条以及其他四项措施作为北京遏制钱贵的"有效方法"推荐给各省督抚。湖南、湖北、四川、福建、江西等省以及苏州府的回复，都认为这些措施，要么不切实际（例如，限制当铺的铜币库存），要么没有必要（例如，要求在大宗交易中使用白银）。乾隆帝也承认，这些措施"不过补偏救弊，非经久可行之事"。《宫中朱批奏折》，第60盒，第1610–1616，1622–1625，1637–1643，1657–1661，1662–1667，1746–1750号。

[3] 1684年，清政府开始铸造铜含量较低的铜币（1钱，约3.7克）时，私铸更为频繁；而在1702年，政府铸造铜含量较高的铜币（1.4钱）时，铜币的熔化现象则十分普遍。黑田明伸：「乾隆の钱贵」，页694。

[4] 黑田明伸：「乾隆の钱贵」，页694；Richard von Glahn, *Fountain of Fortune: Money and Monetary Policy in China, 1000–1700* (Berkeley: University of California Press, 1996), p. 211；户部尚书兼内务府总管海望折，乾隆元年二月初七，《宫中朱批奏折》，第60盒，第119–124号。

"奏请弛铜禁，以资鼓铸，以便民生"的奏折中，户部尚书兼内务府总管海望指出，这两种行为与铜的市场价格密切相关。海望认为，既然"铜器为民间必需之物"，"是以钱文轻重，必须随铜价之低昂而增减之，庶可杜私毁私铸，不必屑于禁铜之末"，即政府应该取消对铜的贸易、生产的限制，根据市场价格来调整制钱中的含铜量。❶针对禁止私人使用铜器或销售铜的所谓铜禁政策，户部尚书署理湖广总督史贻直进一步论证道，"铜禁适得其反，禁铜愈严，铜价愈昂，而私销制钱之获利愈高"。史贻直的奏折，得到了乾隆帝"明晰妥协，情理允当，朕嘉悦览之"的激赏。❷

由于经常调整制钱的含铜量不具备可行性，如何增加铜的供应量以降低市场上的铜价成了政策关注的焦点。为此，清政府采取了许多措施鼓励私人投资，例如向民间商人开放由国家控制的铜矿和铜贸易。这么做的目的是增加市场上铜的供应量，这不仅可以用于国家铸造制钱，而且可以满足民间社会对铜的需求。这些措施与雍正在位时期（1722—1735），政府试图对铜实施国家垄断的铜禁政策有着根本的不同。

为了更好地满足各地对制钱的不同需求，中央给予了各省一定程度的自主权以决定其铸造制钱中铜的含量和成色。❸18世纪70年代以后，由于云南铜矿产量大幅提高，铜和制钱的短缺得到

---

❶ 户部尚书兼内务府总管海望折，乾隆元年二月初七，《宫中朱批奏折》，第60盒，第119-124号。这份著名的奏折，后来被收入19世纪经世学派的经典《皇朝经世文编》。

❷ 乾隆帝朱批，见户部尚书署理湖广总督史贻直折，乾隆元年三月二十七日，《宫中朱批奏折》，第60盒，第142-145号。

❸ 虽然官方规定制钱的含铜量为1.2钱（约4.44克），但中央允许江苏和湖北两省的铸币厂分别铸造含铜为每文1钱和每文0.8钱的铜钱，以满足这两个省日益增长的对小额货币的需求。黑田明伸：「乾隆の钱贵」，页698。

了缓解。白银和制钱的市场兑换率，接近官方的1∶1000。❶ 在这种情况下，清政府重申了国家对铸币的主权，改变了以往对私铸铜钱（即所谓私钱或小钱）的容忍态度，下令将其兑换成官铸制钱。❷

清政府也意识到私人信贷工具如汇票和本票使用的日益增加。19世纪上半叶，城市的钱商、当铺，甚至米铺、盐铺经常发行以制钱计价的私人本票（即钱票），用于日常交易。1836年，清廷征求各省督抚对这一现象的看法。大多数议复都确认了私人钱票和汇票对经济生活的重要，认为禁止私人票据毫无必要，甚至是有害的。各督抚建议进一步规范私人票据的发行，以确保其信用，防止蓄意欺诈。❸ 比较有代表性的做法包括，官府规定只允许信誉卓著的商人发行私人票据，并规定发行票据必须由其他商铺以"联名互保"的方式共同担保。在处理私人票据兑换遇到的法律纠纷时，清政府慎重区分了有意欺诈和流动性不足导致无法兑现这两种不同的情况。比如，如果钱庄在无法兑换其所发行的票据时宣布破产，政府通常会给它一段时间将存款退还给客户。如果它能做到，就不会受到惩罚。❹

然而，清政府在19世纪上半叶发现，其早先处理货币问题的成功经验难以用来缓解因白银不足而造成的严重通货紧缩。为了

❶ Vogel, "Chinese Central Monetary Policy, 1644–1800," 45 and 48–49.

❷ 乾隆三十四年六月二十八日上谕，《宫中朱批奏折》，第61盒，第2482—2484号。乾隆五十六年四月二十五日的上谕，明确表明"小民私用小钱已干法禁。"《宫中朱批奏折》，第63盒，第75—77号。

❸ 王业键：《中国近代货币与银行的演进（1644—1937）》（台北："中央研究院"经济研究所，1981），页16—18。

❹ 如系小民、兵丁存入钱铺钱文，期限为两个月；如系客商交易买卖借贷银钱，期限则可以放宽为两年。步军统领莫和等折，道光五年三月初五日，《军机处录副奏折》，第678盒，第147—150号。

解决这个棘手的问题，许多经世官员和学者想到了用官铸制钱来取代白银。由于制钱不适于跨地区长途贸易和批发贸易，为此，他们提出了一些解决措施：一是发行"钱钞"，即以制钱计价的纸币；一是铸"大钱"，即铸造大面值的铜钱，如当十文、当五十文、当百文、当五百文，甚至当千文的大钱。❶

不过，清政府对发行纸钞极不情愿，因为纸币在中国历史上的记录可谓毁誉参半。拥护者常常会引述南宋（1127—1279）时期纸币的积极作用，反对者则会提到14世纪末和15世纪初纸币过度发行造成的恶性通货膨胀。❷针对铸造大面额铜钱的建议，户部官员认为，这些铜钱的面值与实际含铜量之间的巨大差异，将会诱发令政府防不胜防的私铸铜钱现象。❸

直到1851年太平天国运动爆发，政策讨论尚未形成任何具体意见。当年11月，清政府户部的白银库存只剩下187万两。政府收入几乎无法支付1851年至1853年间战争和河工总计超过3000万两白银的特别开支。❹由于捐纳制度已经不足以解决财政困难，清政府被迫寻找新的出路。

通过铸造计量银币来增加收入的措施被再次提起。1854年2月，国子监司业宗室保极建议铸造名为"银宝"的计量银币，政府能凭借铸币所用银的面值和实际价值之间的差异，从中获利。❺

---

❶ 叶世昌：《鸦片战争前后我国的货币学说》（上海：上海人民出版社，1963），页39。

❷ Lin Man-houng, "Two Social Theories Revealed: Statecraft Controversies over China's Monetary Crisis, 1808–1854," *Late Imperial China* 12, no. 2 (December 1991): 1–35."

❸ 引自户部折（1843年1月10日），中国人民银行总行参事室金融史料组编：《中国近代货币史资料》，2卷（北京：中华书局，1964），第1卷，页150。

❹ 引自户部折（1850年12月20日），中国人民银行总行参事室金融史料组编：《中国近代货币史资料》（2卷）（北京：中华书局，1964），第1卷，页171。

❺ 国子监司业保极折，咸丰四年正月二十八日，《军机处录副奏折》，第678盒，第2557–2560号。

1855 年，福建巡抚吕佺孙也提出了类似的建议。他向朝廷呈上两枚他让福建工匠制作的银币样品。尽管如此，户部担心政府不能强制民众使用新银币，因此拒绝了这一提议。❶

弥补财政赤字的另一种方法，是向商人借款。清政府在 1850 年使用过债券。票据由京师内务府设立并管理的官号发行，户部指定将价值为 50 万两白银的银票用于江苏丰县的河工。河道总督把这些银票卖给商人，商人随后又拿银票去京城用于捐纳。虽然这些债券没有利息，却让政府和商人摆脱了在北京和江苏之间运送白银的负担。❷然而到了 1853 年，与太平军的战争导致各省上缴京城的京饷数额急剧下降。由于无法预料各省的税收能否按时运抵京城，户部官员对通过发行类似 1850 年银票这样的"期票"（即短期信贷票据）来增加政府收入的想法几乎没有兴趣。❸19 世纪 50 年代，清政府也不愿利用高利率吸引商人的借贷。❹

在 1851 年至 1853 年间，户部官员主要关心如何通过发行纸币来满足政府支出的需求。纸币的倡导者经常用私人钱票和汇票的使用来说明政府纸币的可行性。例如，福建巡抚王懿德认为，如果私人钱铺发行的钱票在市场上可以被接受，那么可以合理地

---

❶ 参见吕佺孙折及户部议复，中国人民银行总行参事室金融史料组编：《中国近代货币史资料》（2 卷）（北京：中华书局，1964），第 1 卷，页 191–194。

❷ 贾世行折，咸丰三年十二月初四日，中国人民银行总行参事室金融史料组编：《中国近代货币史资料》（2 卷）（北京：中华书局，1964），第 1 卷，页 379。

❸ 户部请推行钞法折，咸丰三年七月二十一日，中国人民银行总行参事室金融史料组编：《中国近代货币史资料》（2 卷）（北京：中华书局，1964），第 1 卷，页 361。

❹ 清政府似乎认为，镇压国内叛乱也符合商人的利益，因此，商人不应该对政府借款收取利息。这种态度可见瑞华会同户部折，其中谈及银票并无利息时辩称："际此贼焰毒遍东南，敷天共愤，即毁家纾难亦属分所当然，况暂时贷银给票，计年持票偿银，自无不鼓舞乐从，争先恐后。"瑞华会同户部折，咸丰十年六月十八日，《军机处录副奏折》，第 679 盒，第 2920–2923 号。

假设，国家发行的纸币也能被市场接受。[1] 在他看来，国家发行纸币有两个特殊优势是民间金融商无法拥有的。首先，私人钱庄可能破产倒闭，而国家银行则不会；其次，每年的税收和政府支出构成了稳定的现金循环，可以支持大量官钞的流通。[2] 此外，江苏巡抚杨文定也就纸币发行问题咨询过苏州商界。他认为，政府也可以利用纸币来缓解白银短缺导致的长达数十年的通货紧缩，而经济的复苏，又会给国家带来更多的税收。[3]

1853 年年初，失控的财政赤字迫使清政府铸造大钱和印制纸钞。1853 年 6 月，户部决定在北京限量发行面值 10 文的铜钱（即当十大钱）。[4] 新发行的大钱得到市场接受。受此鼓舞，户部要求各省采取类似措施。[5]

在纸币发行方面，陕西道监察御史王茂荫因其 1850 年关于发钞的奏折而广为人知，户部因此于 1853 年 2 月请求将其调任户部右侍郎兼管钱法堂事务以参与相关政策的制定。[6] 户部最初计划首先让江苏进行纸币试验，然后再将政策推广到全国各地。[7] 但是，闽浙总督王懿德认为这么做不切实际，因为一个省发行的纸币可能无法在其他省流通。他建议在中央的协调下，所有省份统一进

---

[1] 参见户部议驳福建巡抚王懿德"建议发行钞票"折，中国人民银行总行参事室金融史料组编：《中国近代货币史资料》（2 卷）（北京：中华书局，1964），第 1 卷，页 322。

[2] 参见江苏巡抚杨文定奏折及户部议复，咸丰二年十一月十三日，中国人民银行总行参事室金融史料组编：《中国近代货币史资料》（2 卷）（北京：中华书局，1964），第 1 卷，页 324–327。

[3] 同上书，第 1 卷，页 327。

[4] 户部折，中国人民银行总行参事室金融史料组编：《中国近代货币史资料》（2 卷）（北京：中华书局，1964），第 1 卷，页 203–205。

[5] 同上书，第 1 卷，页 206–207。

[6] 户部折，咸丰三年正月 19 日，《军机处录副奏折》，第 310 盒，第 4463 卷，第 24 号。

[7] 户部折，咸丰二年十一月十三日，中国人民银行总行参事室金融史料组编：《中国近代货币史资料》（2 卷）（北京：中华书局，1964），第 1 卷，页 327。

行试验。❶

1853 年 4 月 5 日，清政府首次在北京印制银票（官票），总额 12 万两。面额分别为一两、三两、五两、十两和五十两。这些面额是为了方便市场交易而设计的。❷1853 年 8 月 7 日，清政府下令各省发行银票，总计 175 万两。❸1853 年 12 月 17 日，户部进一步发行铜钞（宝钞），其面额分别为五百文、一千文、一千五百文和二千文。两种钞票之间的官方兑换率定为 1∶2000，即 1 两银票等于二千文铜钞。❹1854 年 8 月 12 日，户部决定用纸钞代替面值较大的铜钱，如当五百文、当千文和当二千文的大钱，因为这些大钱未曾得到市场的认可。❺由此可见，对清政府来说，发行钞票比铸大钱更为重要。

根据户部的设想，银票可以在远距离长途贸易中取代白银，而铜钞则可用于当地的小额交易。❻户部还设立了官票局和宝钞局来管理这两种钞票。虽然伪造政府钞票被定为死罪，但政府并没有禁止使用私人票据。❼尽管发行钞票最初是为了满足政府开支而

---

❶ 王懿德折，咸丰三年三月初七日，中国人民银行总行参事室金融史料组编：《中国近代货币史资料》（2 卷）（北京：中华书局，1964），第 1 卷，页 338。

❷ 针对银票问题的户部折，咸丰三年二月十七日，中国人民银行总行参事室金融史料组编：《中国近代货币史资料》（2 卷）（北京：中华书局，1964），第 1 卷，页 349–351。

❸ 户部折，咸丰三年七月初三日，中国人民银行总行参事室金融史料组编：《中国近代货币史资料》（2 卷）（北京：中华书局，1964），第 1 卷，页 352–355。

❹ 户部折，咸丰三年十一月十七日，中国人民银行总行参事室金融史料组编：《中国近代货币史资料》（2 卷）（北京：中华书局，1964），第 1 卷，页 372–377。

❺ "当千、当五百、两成大钱，折当过多，颇为重滞，而交官之项，又不如宝钞之多，拟以宝钞将其易回。"户部片，《军机处录副奏折》，第 679 盒，第 2985–2986 号。

❻ 户部针对纸币的规章，参见中国人民银行总行参事室金融史料组编：《中国近代货币史资料》（2 卷）（北京：中华书局，1964），第 1 卷，页 359。

❼ 批准发行官票的上谕，参见中国人民银行总行参事室金融史料组编：《中国近代货币史资料》（2 卷）（北京：中华书局，1964），第 1 卷，页 352。

采取的紧急财政措施，清政府希望在战争结束后纸钞能继续流通，从而缓解 19 世纪 20 年代以来白银短缺给中国经济带来的困扰。❶ 户部官员明白，最重要的事情是让新印制的纸币能在经济中流通起来，用他们的话来说就是，"使造一法、制一币，官自发之，官自收之，而民不肯用，则不行；即官用之于民、民用之官，而民与民不便、商与商不通，则终不行"。❷

户部要求各省在其省会城市设立官钱总局，并在重要市镇和军队驻扎重地设立分局。这些金融机构的运作，类似按照一定的保证金比例发行钞票的银行，可以依靠政府资金作为部分现金储备来兑换发行的纸钞。户部还要求各省政府动员信誉卓著的商人管理这些官钱局。这项计划预备用三年时间，逐步将纸钞在政府开支和税收中所占的比例提高到 50%。❸ 渐进流通纸钞计划的基本原理是，如果必须用政府发行的纸钞来支付一定比例的税费，那么人们将不得不从官钱局购买纸钞。一旦政府纸钞的信用度建立起来，人们就会把它用于纳税以外的其他途径。在 1853 年 12 月 17 日的一份奏折中，户部官员强调了跨地区贸易对纸钞流通的重要作用。他们的结论是，"今举行钞法，将以惠民，则请先恤商"。❹

官钱局将公款用作现金储备，这就与私人钱庄区别开来。理

---

❶ 批准发行官票的上谕，参见中国人民银行总行参事室金融史料组编：《中国近代货币史资料》（2 卷）（北京：中华书局，1964），第 1 卷，页 352。

❷ 户部折咸丰三年二月二十七日，《军机处录副奏折》，第 678 盒，第 1993–2001 号。

❸ 户部折，咸丰三年七月初三日，中国人民银行总行参事室金融史料组编：《中国近代货币史资料》（2 卷）（北京：中华书局，1964），第 1 卷，页 354。

❹ "今举行钞法，将以惠民，则先请恤商。"户部折，咸丰三年十一月十七日，中国人民银行总行参事室金融史料组编：《中国近代货币史资料》（2 卷）（北京：中华书局，1964），第 1 卷，页 373。

论上说，政府和民间金融商都可从这些新制度中受益。在前现代经济中，国家的税收和支出规模是任何民间金融商都无法相比的。如果官钱局开始在省府州县存入公款、收缴税款，并作为出纳机构支付政府开支，将大大提高管理这些政府资金的民间金融商的信用度。在不同地区设立的官钱局也可以跨地区汇寄政府资金。如果这些钞票在市场上流通起来，政府自然会从中受益。

一些官员也特别指出，发行官票有利于跨地区贸易的商人。例如，广西道监察御史章嗣衡认为，中央政府和各省政府应该统一使用银票。章嗣衡的提议依据私人汇票的运作，商人可以来京城出售商品，然后将银票带回，而这些银票可以在州府当地兑换成白银。这样一来，政府就可以免除将征收到的税银运往京城的负担，而商人也可以免除从京城运回白银的麻烦。❶江南河道总督杨以增提议，户部应允许各省使用银票向京城交付税款或其他指定款项，因为发行的银票总额不到户部年度税收额的10%。在杨以增看来，如果各省商人对银票有信心，他们会为了方便继续持有这些票据，而不是立刻将其兑换为白银，这样就减轻了政府兑换这些钞票的压力。❷

户部发行的银票以库平两为单位。各省银票则以地方银两甚至外国银元为单位。事实上，当时中国的银两标准有上千种。然而，这些不同的银两单位能够很容易地转换成一个共同单位，因此，缺乏统一标准的银两单位并不构成流通政府银票不可逾越的障碍。例如，晋商在19世纪30年代建立的金融网络连接了20多

---

❶ 御史章嗣衡折，咸丰三年八月二十二日，中国人民银行总行参事室金融史料组编：《中国近代货币史资料》（2卷）（北京：中华书局，1964），第1卷，页364-365。
❷ 杨以增折，咸丰三年十一月十九日，中国人民银行总行参事室金融史料组编：《中国近代货币史资料》（2卷）（北京：中华书局，1964），第1卷，页378。

个主要城市和集镇，他们经常将各地不同的银两单位转换成"本平"这样一个通用的汇款单位。❶

就像 18 世纪铸造制钱时一样，清政府允许各省拥有一定程度的自主权去尝试发行纸钞的新方法。例如，江苏地方政府发现，从户部收到的银票，其面值往往超过 5 两白银，这对普通的市场交易来说大了一点。于是，它要求设立在重要集镇清江浦的中和官钱局按照户部银票的形式，印制从 1 两至 5 两不等的小面额银票。江苏巡抚向朝廷上奏称这一措施实属"因地制宜"，因为要获得朝廷的许可，再从户部那里收到所需印制的银票，需要长达数月的时间。朝廷立即准奏。❷浙江大美字号官钱局和福建永丰官钱局也获得中央批准，不仅发行按当地银两标准计价的银票，而且还发行了按洋银的"元"计价的银票。❸在中央与地方的互动中，如果省政府找到流通纸钞的有效方法，便会向朝廷报告，就像 1853 年征收厘金时所表现的那样。❹然而，中央和省级政府在纸钞流通方面都遇到了很大的困难。

---

❶ 黄鉴晖：《山西票号史》（再版）（太原：山西经济出版社，2002 年），页 114-121。

❷ "若再咨部，往返需时，且费局工本，自应在外变通，乃可因势利导。今清江……设立中和官局……拟即令该局制造一两暨五两官银票五种，其式即照部票，并由江宁藩司盖用印信，以昭慎重。"朱批："所拟是，应随时变通者。"两江总督怡良、江南河道总督杨以增折，咸丰四年六月十七日，《军机处录副奏折》，第 678 盒，第 2876-2877 号。

❸ "部颁银票系以库纹定平色，便于官项，未尽便于流用。浙省市肆交易多用洋钱，与福建情形相仿。因查函闽省章程，于部票之外增造银洋钱三项图票，一律推广试行。"浙江巡抚黄宗汉片，咸丰四年十二月初九日，《军机处录副奏折》，第 678 盒，第 3499-3501 号。

❹ 江苏省的地方政府官员首先报告称，征收厘金税是增加中央收入的有效途径；中央立即批准了这一办法，并要求其他省级政府采取同样的措施。参见 Susan Mann, *Local Merchants and the Chinese Bureaucracy, 1750-1950* (Stanford, CA: Stanford University Press, 1987), pp. 95-96。

改（银）票为（铜）钞

战争引起的天下大乱，严重影响了各省向京城运送征收到的税款。结果，京城和满洲的民用和军事开支迅速耗尽了中央政府的白银库存。1853 年 9 月 26 日，户部手头只有大约 10 万两白银。这些银两甚至不足以支付京城驻防八旗一个月的军饷。此外，到 1854 年 3 月，各省预期上交的京饷只能冲抵 460 万白银支出的 20%。❶

1853 年 3 月，太平军占领扬州，切断了江西、安徽、湖南和湖北各省经大运河到北京的漕粮运输。北京约 80 万的人口，不得不依靠江浙两省通过海运经天津送达的少量粮食供应。❷ 华北和华南之间的贸易联系也被切断。❸1853 年 10 月，太平天国北伐军逼近天津的消息，在北京引起了极大的恐慌。一个月内，100多家票号被迫关闭，其余的钱庄和典当行也都停止了借贷。许多晋商大号纷纷逃离北京和天津。❹通过私人汇票汇兑白银的交易停止了。❺

---

❶ 户部折，咸丰三年八月二十四日，中国人民银行总行参事室金融史料组编：《中国近代货币史资料》（2 卷）（北京：中华书局，1964），第 1 卷，页 260-261。

❷ 倪玉平：《清代漕粮海运与社会变迁》（上海：上海书店出版社，2005），页 101-102。

❸ 在和平年代，来自江苏、浙江、安徽、江西、湖北等地的棉布、茶叶、纸等产品，沿大运河向北运送，而来自山东、河南和直隶的粮食，沿大运河向南运送。参见李文治、江太新：《清代漕运》（北京：中华书局，1993），页 482-513。

❹ 黄鉴晖：《山西票号史》，页 174。

❺ 御史章嗣衡折，咸丰三年八月二十二日，中国人民银行总行参事室金融史料组编：《中国近代货币史资料》（2 卷）（北京：中华书局，1964），第 1 卷，页 364；王茂荫折，咸丰四年三月初五日，中国人民银行总行参事室金融史料组编：《中国近代货币史资料》（2 卷）（北京：中华书局，1964），第 1 卷，页 392。

由于受到京城白银短缺的压力，户部只允许人们在京师官钱局将银票兑换成铜钞或制钱，而不允许兑换成白银。❶ 这些规定显然不利于建立银票在市场上的信用，并立即遭致政府内部的批评。为了增强人们对银票的信心，户部右侍郎王茂荫极力主张政府允许商人在各地政府兑换银票。❷ 然而，户部担心保持银票的可兑换性，只会促使商人将纸钞兑换成银两，而这将很快耗尽政府已经非常有限的白银储备。❸

户部的担心正反映了清政府在银票发行初期所面临的两难困境。这些纸钞是用来弥补政府赤字的；而对于利用有限的白银储备以纸钞形式来调动更多财政资源的计划而言，市场经济参与者的信任至关重要。但是，商人对清政府财政枯竭的状况心知肚明，他们怎么可能对银票的价值抱有信心呢？❹ 在这种情况下，保持银票的完全可兑换性，就将在短时间内耗尽政府的白银库存。然而，没有可兑换性的保证，很少有人会信任这些票据。

在各省设立的官钱局也难以推动银票的流通。在战时的政府财政运行中，各省都没有足够的资金供应官钱局以维持银票的兑

---

❶ 户部折，咸丰三年七月初三日，中国人民银行总行参事室金融史料组编：《中国近代货币史资料》（2 卷）（北京：中华书局，1964），第 1 卷，页 354。

❷ 王茂荫折，咸丰四年三月初五日，中国人民银行总行参事室金融史料组编：《中国近代货币史资料》（2 卷）（北京：中华书局，1964），第 1 卷，页 392。

❸ 军机处、户部对王茂荫奏折的议复，咸丰四年三月初八日，中国人民银行总行参事室金融史料组编：《中国近代货币史资料》（2 卷）（北京：中华书局，1964），第 1 卷，页 395。

❹ 正如御史吴艾生指出的那样，"京师居民铺户无不阅看《邸抄》，年来户部具奏经费支绌各折，往往随意发抄，以致库储虚实，草明周知"。御史吴艾生奏折，咸丰四年四月二十四日，中国人民银行总行参事室金融史料组编：《中国近代货币史资料》（2 卷）（北京：中华书局，1964），第 1 卷，页 402。

换。19 世纪 50 年代，清廷将在和平年代本该运往京城的绝大部分税款直接分配给军用粮台。位于战争地区的省政府也不得不把税收转运给军队。这些税收包括从商业交易中新获得的厘金，这是省政府增加收入的一项重要来源。省政府的其他资金，也经常直接送到军队驻地，而不是像往常一样送缴省库。❶ 因此，省级官钱局大多资金不足。❷ 要保证银票的完全可兑换性，其发行量会大受限制。

此外，银票也不容易通过军费和河工费用来支出，这是这一时期政府开支最大的两个项目。河工官员需要把白银转换成铜钱，以便从附近的农民或小商贩那里购买原材料，并向民夫支付工资。❸ 同样，军费开支的很大一部分是士兵的口粮。只有大粮商或大盐商才有足够的财力，在为军队提供物资时接受银票，以等待将来的兑现。然而，连续不断的战争，以及由此造成的跨地区贸易中断，致使实力雄厚的商人遭受重创。

到了 1853 年，晋商建立的跨地区汇款网络已经被彻底摧毁。❹1853 年 3 月，太平军宣布定都南京后，展开了一系列军事

---

❶ 例如，中央划拨到江西省的广东资金，不经过江西省库，直接送到江南粮台。参见两广总督叶名琛、广东巡抚柏贵折，中国第一历史档案馆编：《清政府镇压太平天国档案史料》（北京：社会科学文献出版社，1994），第 11 卷，页 442。

❷ 王懿德的观点具有代表性。"第查藩、盐各库，现在存银，则支应军需，尚虞不给，实无余款可筹。"署闽浙总督王懿德折，咸丰三年七月二十四日，中国人民银行总行参事室金融史料组编：《中国近代货币史资料》（2 卷）（北京：中华书局，1964），第 1 卷，页 431。

❸ "（河工所领银票）工员领票，只能押购料石，其买土雇夫向用现银，显不能以官票散。"江南河道总督杨以增折，咸丰四年五月十一日，《军机处录副奏折》，第 678 盒，第 2839–2841 号。

❹ 御史章嗣衡折，咸丰三年八月二十二日，中国人民银行总行参事室金融史料组编：《中国近代货币史资料》（2 卷）（北京：中华书局，1964），第 1 卷，页 364；王茂荫折，咸丰四年三月初五日，中国人民银行总行参事室金融史料组编：《中国近代货币史资料》（2 卷）（北京：中华书局，1964），第 1 卷，页 392。

行动来控制江西、湖南、安徽等省的粮食供应。长江沿岸的重要交通线成了主要战场，严重阻碍了跨地区的粮食贸易。[1]10月22日，王茂荫上奏说，由于太平军的阻碍，安徽庐州地区的余粮无法出售给邻近的江苏。[2]同样，由于商家无法将余粮运往其他省份，山西粮价几乎下跌了一半。[3]淮南生产的盐也运不出去，江西、湖南两省却严重缺盐。[4]1853年，华北主要产盐区长芦盐场的盐生产和销售已经完全停止。[5]与南宋通过"盐引"（盐商向朝廷支付费用取得的合法售盐凭证）来协助流通政府纸钞的盐商不同，清朝的盐商在朝廷需要他们帮助流通纸钞的关键时刻却已经破产了。[6]

因此，从军队收到银票的供应商，只有将银票卖给那些想用于捐纳的人这一条途径。[7]这是一条非常有限的渠道，因为那些已经捐纳过的就不再需要银票了。河南巡抚英桂向朝廷报告说，银票不受民众欢迎，因为这些银票只有在叛乱被镇压后才能兑现，

----

❶ 崔之清等：《太平天国战争全史》（南京：南京大学出版社，2002），第2卷，页851-852，864-866，890-894。

❷ 王茂荫折，中国第一历史档案馆编：《清政府镇压太平天国档案史料》（北京：社会科学文献出版社，1994），第10卷，页234。

❸ 山西巡抚折，中国第一历史档案馆编：《清政府镇压太平天国档案史料》（北京：社会科学文献出版社，1994），第10卷，页103，232。

❹ 倪玉平：《博弈与均衡：清代两淮盐政改革》（福州：福建人民出版社，2006），页157。

❺ 长芦盐政文谦折，咸丰三年十月二十日，中国第一历史档案馆编：《清政府镇压太平天国档案史料》（北京：社会科学文献出版社，1994），第10卷，页602。

❻ 南宋时期，盐商愿意持有朝廷发行的不兑换纸币，因为他们能够获得朝廷授予的售盐垄断权。高聪明：《宋代货币与货币流通研究》（保定：河北大学出版社，2000），页290-293。

❼ 即"饷票收捐"。户部折，咸丰八年九月二十二日，《军机处录副奏折》，第679盒，第1773-1782号。

而这在当时看来前景渺茫。❶

很多奏折都报告了银票遭到拒收的情况。山东巡抚张亮基上奏称，粮台从当地市场购买物资，只能使用白银而不能使用银票。❷中央分配给徐州粮台价值 20 万两的银票不能用于当地的小额交易，户部敦促粮台向当地士绅和商人寻求帮助，以便将这些银票兑换成白银或铜钱。❸在江苏的一些地方，士兵的军饷是用钞票发放的。官员强调，必须保证这些钞票能在官钱局兑换成铜钱，以防止因无法使用而导致兵变。❹

由于军队和河工官员不得不用白银从当地商人那里购买物资，他们也不愿意接受省政府的银票。负责将税款送交军队和河工的地方政府或榷关官员把这当成他们在收税时拒收银票的最佳借口。正如江南河道总督庚长所言："现在藩关运库所收之款，多解大营，而兵勇不能用票。是以征收衙门借口大营之不用，遂寝阁不办，而官票成为废纸矣。"❺

由于各省督抚的首要任务是将征收到的大部分税款送缴军队，他们不愿承担兑现由其他省份发行或从其他省份收到银票的额外

---

❶ "粮台购办物料，均系急需之物。现值道路梗阻，百货不能流通，无物不贵，购办已形竭蹶。此项银票须俟军务事竣方能支取，恐非商民所愿，拟请毋庸搭放，以免商民裹足。"英桂折，咸丰四年五月二十四日，《军机处录副奏折》，第 678 盒，第 2852-2856 号。

❷ "军营采办物料及收买粮食等项，均系与商民平价交易，俱应按时价给发实银，应请免其搭放银票。"革职留任山东巡抚张亮基折，咸丰三年十二月初八日，《军机处录副奏折》，第 310 盒，第 4462 卷，第 56-57 号。

❸ 户部折，咸丰四年二月十二日，中国第一历史档案馆编：《清政府镇压太平天国档案史料》（北京：社会科学文献出版社，1994），第 12 卷，页 493-494。

❹ "兵丁盐粮，计口授食，必须逐日零星给发。若以无本之票搭解大营，散给兵丁，各兵无处取钱，势必借端滋事。"江南河道总督杨以增等折，咸丰四年九月初三日，《军机处录副奏折》，第 678 盒，第 3314-3315 号。

❺ 江南河道总督庚长折，咸丰六年六月二十四日，《军机处录副奏折》，第 679 盒，第 709-711 号。

负担。例如，贵州巡抚蒋霨远以贵州缺银为正当理由，干脆拒绝兑现江南粮台或他省督抚发行的银票。❶ 江苏省政府只能在当地使用本省的银票。❷ 福建巡抚王懿德上奏朝廷称，永丰官钱局发行的银票几乎没有在福建省之外的地方流通过。❸

在交战地区，对银票需求的低下与对铜钱需求的旺盛形成鲜明对比。如果士兵要在市场上购买食物，他们必须用铜钱支付，所以军队开拔到哪里，当地铜钱的价格就比银两涨得快；要是士兵用银两来支付，他们甚至买不到足够的食物来填饱肚子。❹ 为解决这一问题，江苏省政府在山阳、清江浦等集镇设立了三个官钱局来发行铜钱，以应付士兵、小农和零售商的需要。❺

在经济上悬为孤城的北京，对银两的需求也大幅下降。银两相对于铜钱的价值在1853年年初暴跌。❻ 为了应对京城因私人钱

---

❶ "黔库旧存各款，因历年挪垫饷需，扫刮迨尽……是以上年部发之票，再四筹办，一时尚未流通，今若江南大营之票接踵而来，无论接应为难。……万一他省亦将钞票搭饷解黔，更难措置。江南推行官票章程，于黔省窒碍难行。"（朱批：户部知道）贵州巡抚蒋霨远折，咸丰五年五月三十日，《军机处录副奏折》，第679盒，第281-283号。

❷ "惟外制之票，只准行之本省，不得通行他省。"两江总督怡良、江南河道总督杨以增折，咸丰四年六月十七日，《军机处录副奏折》，第678盒，第2876-2877号。

❸ "闽省原开永丰官局，制造官银钱票，提发正杂各款。……又闽省局票提发各款，均准赴局支取现银现钱，并按时价兑易时钱。今部票不准支银，窃恐易滋民惑，且与已行官票亦有妨碍。"闽浙总督王懿德奏折，咸丰四年三月初十日，《军机处录副奏折》，第678盒，第2687-2691号。

❹ 王茂荫折（1853年），王云五编：《道咸同光四朝奏议》（台北：台湾商务印书馆，1970），第3卷，页1098。

❺ "户部所发银钞，十两五两者居多。民间一户所纳之粮，一商所交之税，为数无多。拟即由藩司制造若干一千、两千之钱票，制成后由藩司发交官局，委员会同府县转给董事，作为官局钞本。"江南河道总督杨以增等的奏折，咸丰四年七月二十八日，《军机处录副奏折》，第678盒，第3054-3056号。

❻ 御史陈庆铺注意到，1853年年初，制钱相对于白银的价值几乎翻了一番，有时"甚至有银无处可换（制钱）"。御史陈庆铺折，咸丰三年二月十六日，中国人民银行总行参事室金融史料组编：《中国近代货币史资料》（2卷）（北京：中华书局，1964），第1卷，342。

庄倒闭而导致大量民众失业的问题，官员敦促政府发行以制钱为单位的官钞，并借给零售商和店主，以取代私人钱票。❶1853 年 5 月，户部在京城设立乾豫、乾恒、乾益、乾丰四个官号，以办理兑换钞票业务。他们用宝泉局和宝源局这两个铸钱局发行的制钱作为现金储备来发行铜钞。这些机构类似内务府于 1841 年设立的五家官银号。❷1854 年，户部开始使用这些铜钞来支付京城驻防旗兵的军饷。

　　由于京城和各省银票流通不畅，1855 年 3 月 28 日，户部决定将银票换成小面值的铜钞，即所谓的"改票用钞"。❸至于各粮台持有的银票，常常被兑换成小面额的粮台票，用于当地交易。❹在京城，户部特许民间商人管理的宇谦、宇丰、宇升、宇恒、宇泰的"五宇"官号来打理京城铜钞的发行和兑换。1855 年 11 月 22 日的上谕，敦促各省政府在三个月内设立官钱局，以便流通铜钞。❺除了支付政府开支外，户部还希望铜钞能补充制钱的使用，并在市场交易中取代白银，从而缓解因白银缺乏造成的市场萧条。❻

---

❶ 御史贾世行建议政府将官钞借给钱局和当铺，以恢复其正常运作。在他看来，"当此私票短绌之际，正官票畅行之机"。御史贾世行折，咸丰三年五月初二日，《军机处录副奏折》，第 678 盒，第 2095—2096 号。

❷ 这五家官银号是天元、天亨、天利、天贞、西天元。内务府拨 50 万两白银给它们作为资本。内务府大臣敬徵折，道光二十一年十二月初六日，中国人民银行总行参事室金融史料组编：《中国近代货币史资料》（2 卷）（北京：中华书局，1964），第 1 卷，页 467。

❸ 户部"会议地丁改票用钞搭交章程"，咸丰五年二月十一日，中国人民银行总行参事室金融史料组编：《中国近代货币史资料》（2 卷）（北京：中华书局，1964），第 1 卷，页 409。

❹ "饷票折钱收捐。"户部折，咸丰八年九月二十二日，《军机处录副奏折》，第 679 盒，第 1773—1782 号。

❺ 上谕——催各省设官银钱号推行宝钞，咸丰五年十月十三日，中国人民银行总行参事室金融史料组编：《中国近代货币史资料》（2 卷）（北京：中华书局，1964），第 1 卷，页 450。

❻ 户部折，咸丰五年十月十三日，中国人民银行总行参事室金融史料组编：《中国近代货币史资料》（2 卷）（北京：中华书局，1964），第 1 卷，页 448。

做出"改票用钞"决策之后，清政府仅为特殊目的发行过数量非常有限的银票。例如，1860年12月15日，山东巡抚文煜请求户部颁发官票174500两，以供江北粮台偿还所欠商人债务。❶这种银票类似于平定太平天国运动后，清政府发给官兵的欠饷券，属于无息债券，而不是市场上的通用货币。❷

但改票用钞的决策，使铜钞的可兑换性问题严重恶化。这些铜钞显然比铜钱更容易运输，但兑换是另一回事。战争摧毁了云南铜的生产和运输。❸清政府敦促各省寻找新的铜矿，甚至试图从蒙古、朝鲜获取铜。❹这些尝试都因当地缺乏铜矿而受挫。

铜的严重短缺，极大地影响了铸钱局发行铜钱的数量、成色和质量。❺只要一文钱供应不足，当五文、当十文、当二十文等面额的铜钱就难以在市场上顺利流通。然而，铜的缺乏导致铸钱局难以承担一文制钱的铸造。户部官员对这种情况感到绝望。用他们的话说："现当部库支绌，铜斤短少之时，若停铸大钱，则经费借何补苴；若专铸制钱，则局铜不敷提取。上筹国计，下念民生，顾此失彼，几无两全之策。"❻北京、山西、直隶、河南、福建等

❶ "（江北粮台）数载以来，共欠支运送采办制造雇用项下银二十万余两，请敕下户部颁发官票十七万四千六百两，解交山东巡抚衙门，以便发交江省承办委员，转给该欠户等具领。"山东巡抚文煜折，咸丰十年十一月初四日，《军机处录副奏折》，第679盒，第2964-2966号。

❷ "惟有援照江北各营成案，一律发给饷票，以清积欠。其饷票统按筹饷例及现行常例正项银数请奖，不准减成。"乔松年折，太平天国历史博物馆编：《吴煦档案选编》（南京：江苏人民出版社，1983），第6卷，页97。

❸ 杨端六：《清代货币金融史稿》（北京：三联书店，1962），页35。

❹ 惠亲王绵愉等折，咸丰七年二月初二日，《军机处录副奏折》，第679盒，第1008-1011号；承志、倭仁折，咸丰七年四月初一日，《军机处录副奏折》，第679盒，第1090-1091号。

❺ 各省铸钱中含铜量的参差不齐，参见：中国人民银行总行参事室金融史料组编：《中国近代货币史资料》（2卷）（北京：中华书局，1964），第1卷，页252-259。

❻ 户部折，咸丰四年八月初三日，《军机处录副奏折》，第678盒，第3192-3194号。

地的铸钱局甚至去铸造铁币、铅币，乃至大面额的铁币，这些都无法在市场上流通。❶

由于京城无法从其他地区获得足够的原铜或铜钱供应，户部便将兑换铜钞的负担转嫁给各省督抚。户部将发行的铜钞分成两类。一种叫京钞（市场上也叫长号钞），可以跨省使用，但只能在京城兑换；另一种叫省钞（市场上也称短号钞），省政府必须在上面加盖钤印，因而有责任确保其可兑换性。❷

但商人将各省发行的铜钞带到京城，京师官钱局却拒绝兑换。户部官员以京城铜钱储备不足为由，斥责各省督抚没有妥善管理各省发行的铜钞。❸ 江南河道总督庚长、河东河道总督李钧都上奏朝廷称，如果从户部收到的用于支付河工费用的铜钞不能兑现，那就没有商人愿意接受这些钞票了。❹ 由于户部无法向位于江苏和山东的两个河道总督衙门运送所需数量的铜钱，只好要求他们设

❶ King, *Money and Monetary Policy in China*, pp. 149–150.

❷ "长号钞专由京师取钱，短号钞应由外省备本，界限本极分明。"怡亲王载垣会同户部折，咸丰十年三月十一日，《军机处录副奏折》，第 679 盒，第 2554–2557 号。

❸ "臣部颁发外省宝钞，令其开设官号发钱，并准搭收地丁。嗣又奏准将五字发交外省，盖用司印，仍解京师。原欲使商贩在京购买，运至各该省，卖与民间，以便搭交钱粮，是暗移外省搭成钱粮于买钞时交本部中接济京师急需也。初行之时，尚有买钞出京者，曾收过银三万两。其后外省截留及奏请颁发宝钞有五字戳记者共一千二百余万吊之多。今则纷纷来京取钱，可见外省并无官号发钱，又不肯搭收钱粮，反为州县抵换实银之计。而京师经费支出，岂能当此巨款开发。"户部片，咸丰七年十一月二十六日，《军机处录副奏折》，第 679 盒，第 1448–1450 号。

❹ "南河宝钞较之官票易行者，缘掣字宝钞，商贾京外贸易可以持赴官号取钱。故颁发以来，每千售钱二三百文，工员承领犹能敷衍办理，市肆亦尚流通。前于数月间骤然壅滞，竟无收票之人，问系户部出世外省宝钞不准赴京师五字字号取钱之故。……所有南河积存掣字宝钞及续发未掣字空钞，势必回归无用。"江南河道总督庚长折，咸丰七年十二月十二日，《军机处录副奏折》，第 679 盒，第 1512–1516 号；"黄河工需搭用宝钞。自上冬五字号停止取钱，捐铜局停止收捐，各钞蜂拥外行，以致每千仅易钱二百余文……势将成为废纸。"河东河道总督李钧折，咸丰八年三月十二日，《军机处录副奏折》，第 679 盒，第 1643–1645 号。

立自己的官钱局，以兑现所收铜钞。❶而邻近各省由于没有足够的铜钱储备兑现为河工发行的钞票，因此在收税时拒收纸钞。结果，这些钞票在市面上变得一文不值。❷

在京城，户部甚至没有足够的铜钱来担保自己发行的铜钞。因此，它命令五个官号将这些纸钞作为资本，并要求它们发行本票，以支付驻防旗兵的军饷。官号本身没有足够的铜钱来保证兑换，只能用官方的铜钞来兑换本票。❸到了1859年1月，户部不得不动员京城50家钱庄来周转这些政府铜钞。京师自太平天国运动以来，在财政和跨地区贸易上均处孤悬状态，这意味着这些民间金融商无法将他们收到的铜钞转变成资本，用于与其他地区商人进行的长距离贸易。此外，1860年与英法两国的冲突在京城引起了巨大的金融恐慌。人们争先恐后地用钞票兑换铜钱，总计高达1000多万吊（1吊合制钱1000文）。❹到了1861年9月，再没有人愿意在京城的市场交易中接受铜钞。❺

这些大幅贬值的钞票，为地方官员提供了在税收中谋利的机

---

❶ "查旧钞向无钞本。嗣因京城兵粮维艰，乃奏请鼓铸铁钱，增设五字官号，准兵民持钞易票，此专为京饷起见，非令行钞省分批向五字取钱也。……应请敕下东河总督及河南巡抚……筹款开设官钱铺。"户部议覆李钧折，咸丰八年三月二十八日，《军机处录副奏折》，第679盒，第1646—1649号。

❷ "现在东省司库征解钱粮停止搭收（宝钞），以致（河工）宝钞不能行使，已成废纸。"河东河道总督李钧折，咸丰八年二月十九日，《军机处录副奏折》，第679盒，第1623—1625号；"臣部所发全系省钞，江南藩关运库虽经奏奉谕旨，仍未能照章搭收，南河宝钞愈积愈多，有放无收，竟同废纸。"兼署漕运总督、江南河道总督庚长折，咸丰九年五月二十二日，《军机处录副奏折》，第679盒，第1953—1955号。

❸ 惠王绵愉等折，咸丰十年二月初九日，中国人民银行总行参事室金融史料组编：《中国近代货币史资料》（2卷）（北京：中华书局，1964），第1卷，页412。

❹ "九官号历年代发兵饷，长开钞票一千余万吊，散布城市，并无票本。现在纷纷向官号取钱，情形金见吃紧。"户部折，咸丰十年九月十四日，《军机处录副奏折》，第679盒，第2949—2950号。

❺ 彭泽益：《十九世纪后半期的中国财政与经济》，页95—96。

会。他们强迫人们用铜钱或白银交税，然后以折扣价从市场上购买钞票，以凑足税收中政府要求的钞票比例，交给上级。[1] 只要纸币和金属货币的价值存在显著差异，中央政府就很难阻止官员的这些牟利行为。解决这一困境的方法之一，就是像日本明治政府在 1868 年至 1870 年所做的那样，把纸币作为唯一合法货币，以消除地方官员利用市场兑换差价套利的机会。事实上，这种方法对清朝官员并不陌生。在银票的使用问题上，闽浙巡抚王懿德于 1854 年 4 月 23 日提议，中央和地方各级的所有公共支出和税收都应该只用纸钞。这样做便是向全国表明，官方发行的钞票就是法定货币，从而为钞票创造需求。[2] 然而，当时清政府正与太平军打得难分胜负，哪里敢采取如此激进的纸币政策。

并非所有的官钱局都历经了挫折。至少有两个案例表明铜钞在当地可以成功流通，但两次的铜钞发行量都不大。江苏徐州粮台设立通源官钱局，通过从商业交易中以铜钱收取的厘金，确保其发行铜钞的可兑换性。这些钞票用来支付徐州驻军的兵饷，并可以在邻近地区流通，这一状况持续到 1862 年。受此经验的鼓舞，漕运总督吴棠计划筹集更多资金在淮安设立通源总局，并在邵伯、清桃等处添设分局，以便发行更多的铜钞来支付驻军的军饷。[3] 同

---

[1] 河南学政张之万折，咸丰五年正月初十日，中国人民银行总行参事室金融史料组编：《中国近代货币史资料》（2 卷）（北京：中华书局，1964），第 1 卷，页 441。

[2] 闽浙总督王懿德折，咸丰四年三月二十七日，中国人民银行参事室金融史料组编：《中国近代货币史资料》（2 卷）（北京：中华书局，1964），第 1 卷，页 399；闽浙总督兼署福建巡抚王懿德片，咸丰四年六月二十八日，《军机处录副奏折》，第 678 盒，第 3059-3061 号。

[3] "徐州粮台设有通源官钱局……仿照市肆行使钱票，近数年来如宿州、徐属一带俱能通行。上年饷需久缺，借此隔资周转，迄今尚有三万余吊钱未经到局取钱，此流通之明证也。臣现在筹划资本，于淮城开设通源总局，并于邵伯、清桃等处添设分局，一律付钱，以示简便……以接济清淮兵勇口粮。"吴棠片，同治元年三月十四日，《军机处录副奏折》，第 679 盒，第 3199 号。

样，西安官钱局发行的铜钞也被当地人所接受，流通铜钞的总额约 30 万吊。[1]

但我们很难确切地知道，为什么这些地方的成功经验没有鼓励清政府去找到更好的方法来维持铜钞在全国的信用。由于发行铜钞失败的例子太多，特别是在京城，户部可能对此过于沮丧，因而认为上述成功纯属偶然。此外，地方的成功经验并没有涉及如何协调大量铜钱跨地区转移的关键问题。而这种转移能力，对于确保全国铜钞的可兑换性至关重要，尤其是在那些铜钱供应不足以兑换铜钞的地方。

在 19 世纪 50 年代后期，中国大部分地区的白银价格开始下跌，重新回到使用政府更为熟悉的白银成为可行的替代方案。[2] 银价下跌意味着财政可以回到使用白银而无须继续进行纸钞试验。在福建，永丰官钱局发行面值总计为 391600000 串（1 串合制钱1000 文）的铜钞，在市场上几乎一文不值。结果，福建省政府决定停止发行纸币，并使用白银来兑换这些铜钞。[3] 在山东，由于白银贬值，省政府得以在税收和政府支出上用白银代替铜钱。[4]同样，当白银价格跌破官方水平时，直隶的百姓更愿意用白银纳

---

[1] "官铺钱票行用已久，兵民相信，流通在外者约有三十余万串。"陕西巡抚英启折，同治元年三月十九日，《军机处录副奏折》，第 679 盒，第 3224-3225 号。

[2] 彭信威：《中国货币史》，页 832；王宏斌：《论光绪时期银价下落与币制改革》，《史学月刊》，第 5 期（1988），页 47-53。

[3] 闽浙总督王懿德等折，咸丰九年二月初二日，《军机处录副奏折》，第 679 盒，第 1873-1877 号。

[4] "今年银价大减，每两仅值制钱一千三四百文，至多不过一千五六百文。而官票每两合制钱二千文。请自八年上忙为始，凡征收新旧钱粮临清关税及地丁项下统征各解之河银漕食，概用实银解兑，其官员兵丁养廉俸饷亦以实银支发。"山东巡抚崇恩折，咸丰七年十二月初七日，《军机处录副奏折》，第 679 盒，第 1498-1500 号。

税。❶ 在这种情况下，清政府正式废除了纸钞的发行。

19 世纪 50 年代，清政府未能利用发行纸币来克服财政危机。这说明了在国家建立必要的制度安排以支持新的信用工具方面，社会经济环境的作用相当重要。在英国和日本，中央政府试行短期信用债券或纸钞的初期，都在市场上遭遇了缺乏信任和大幅贬值的情况。但是，从这两个国家向现代财政国家转型的过程中，我们都可以观察到一个相互促进的互动过程。一方面，国家对没有担保的信用工具的依赖，迫使国家集中征收、管理其税收，而财政的集中又增加了国家可动用的收入，以保障市场上那些信用工具的信用。另一方面，随之而来的市场信任又促使国家进一步加强财政集中，以确保国家信用工具在金融市场上的信用。

然而，中国在 19 世纪 50 年代叛乱和内战的分裂状态，既损害了国内经济，又使政府不得不进一步下放财政权以维持军事行动。因此，这样的社会经济环境对于展开相互促进的制度建设极为不利。尽管一些官员提议，利用国家强制手段使政府发行的纸钞成为法定货币，但在与太平军作战失利的情况下，清政府似乎不敢实施这样的政策。这与 1868 年至 1871 年间日本明治政府发行不兑换纸币的政策比较，是非常有意义的。明治政府当时虽然根基尚未稳固，但在国内不需要面对另一个敌对政权的挑战。因此，强制不兑换纸币成为法定货币更具可行性。这样一来，明治政府可以确保征税官员不会到市场上购买打折的纸币，再以其面值向政府上交所收税款。此外，日本明治初期，国内经济和出口的扩大导致强劲的货币需求，这有利于中央政府发行的不兑换纸币被市场接受。

---

❶ "现时天津、大名、正定各府，银价悉在四串以下，民愿完银而不愿完钱，殊难相强。"御前大臣、军机大臣会同谭廷襄折，咸丰七年五月初十日，《军机处录副奏折》，第 679 盒，第 1161–1170 号。

明治政府发行纸币的努力，也得到了民间金融商建立的金融网络的支持。与政府合作的金融商，可以利用存储稳定的政府税收以提高其在金融市场的信誉。而政府既得益于税收从地方到中央的快速汇兑，又得益于金融商将经济落后地区以大米交纳的税收兑换为货币。然而，在19世纪50年代的中国，京城与全国各地的税收和长途贸易的运输渠道都被战争切断。战争摧毁了既有的跨地区金融网络和交通设施，导致银票流通不足。1855年改银票为铜钞，则进一步分散了财政运作。铜钱运输带来的难题，使得朝廷无法有效地协调各省兑换铜钞。朝廷也不能用谷物或食盐等商品，来担保已发行铜钞的价值。

19世纪50年代中国的社会经济状况，与18世纪初的英国也形成鲜明对比。英国国内和对外贸易的中心是伦敦，大约有70%至80%的关税都来自伦敦。与此同时，在向现代财政国家转型的过程中，英国参加的主要战争要么在海上，要么在欧洲大陆。中央政府很自然地将各地征收到的税款集中到伦敦，以便向陆军和海军提供物资，而国内金融和运输网络并未受到多大伤害。

有趣的是，当清政府在1862年决定废除纸钞的时候，随着清军重新控制长江中游地区，长江三角洲地区开始出现一种民间金融商与政府合作的新形式。1860年，浙江巡抚王有龄不仅将粮食和弹药的供给委托给徽商胡光墉（胡雪岩），而且还将公款存入胡光墉成立不久的银号。与英国和日本的同行一样，胡光墉充分利用与政府的关系，迅速在金融市场上建立起自己的信誉。到了19世纪70年代初，他的阜康银号已跻身中国最大的本土银行之列。❶

---

❶ C. John Stanley, *Late Ch'ing Finance: Hu Kuang-yung as an Innovator* (Cambridge, MA: East Asian Research Center of Harvard University, 1961), pp. 9–12.

随着金融汇兑网络的逐步恢复，地方政府开始通过民间金融商，特别是晋商，将部分京饷汇往北京。例如，1859 年，福州海关要求一位民间商人在一年内将两笔款项汇往北京，每笔价值 5 万两白银。[1]1862 年和 1863 年，广东、福建、上海各地海关，以及广东、四川、浙江、湖北、湖南、江西各省政府，都开始借助晋商向北京汇款。虽然每笔汇款金额不超过 5 万两，但汇款路线表明，晋商已经恢复并扩展了自己的金融网络。这一网络不仅将北京与上海、广州、福州、宁波等沿海城市联系在一起，而且还将它们与成都、汉口、南昌、长沙等内陆城市连接起来。[2]有证据表明个别督抚甚至在此之前就与晋商合作汇寄各项公款。[3]这标志着民间银行家已经开始广泛参与政府资金的汇兑。

有了这些发展，为什么清代中国不能在 19 世纪末建立现代财政国家呢？考察 19 世纪 70 年代至 90 年代中国政府与经济的互动，我们将会看到，一个充满活力、拥有广泛金融网络和征收富有弹性间接税收潜力的国内经济，在支持建立现代财政国家制度的互动进程中，只是必要而非充分的条件。

---

[1] "查上年二次解京银两，曾因江南匪气不靖，系交付赴京便商汇兑，颇为妥速。此次惟有查照上年，设法汇兑。现已将此项京饷银五万两，招得赴京殷实商人发交承领，饬令汇兑。"闽浙总督庆端，福建巡抚瑞瑸折，咸丰十年二月十六日，《军机处录副奏折》，第 679 盒，第 2734-2737 号。

[2] 黄鉴晖等编：《山西票号史料》（再版）（太原：山西经济出版社，2002 年），页 75-80。

[3] 江西巡抚沈葆桢委托新泰厚票庄将 5 万两白银汇往北京时，本来还有些担心，而"督同司道访诸舆论，金谓该票行在江开设多年，为官商往来汇兑，从无贻误"。参见沈葆桢折，同治二年二月二十五日，转引黄鉴晖等编：《山西票号史料》，页 80。

第6章

中国分散型财政的延续，1864—1911

太平天国运动平定之后，中国的财政制度既有深刻的变化，又表现出较强的惰性，简单地用清政府的政治保守主义显然难以解释这一双重现象。[1] 正如我们看到的，白银价格在19世纪20年代至50年代居高不下，对中国经济和政府财政造成了极大困扰，但在1858年后开始回落。19世纪70年代中期，主要西方列强实行金本位制，国际银价下跌，大量白银涌入东亚。[2] 白银的流入刺激了中国经济，白银相对于黄金的廉价，有利于中国商品出口世界市场。在这样的形势下，清政府得以继续将白银作为称量货币来使用。

清政府每年的税收总额，从19世纪40年代的约4000万两白银上升到80年代的约8000万两白银。虽然清政府继续利用捐纳以增加收入，但政府官员认为这种办法对政府财政帮助不大，因为其实际收益远远低于预期。[3] 当税收不足以支付军事行动和国内

---

[1] 对"同治中兴"的经典描述，参见 Mary C. Wright, *The Last Stand of Chinese Conservatism: The T'ung-Chih Restoration, 1862–1874* (Stanford, CA: Stanford University Press, 1957)。

[2] 1871年至1913年间，流入中国的白银估计约有2.41亿两。数据计算自 Charles F. Remer, *The Foreign Trade of China* (Shanghai: Commercial Press, 1926), p. 215, table IV。

[3] 许大龄：《清代捐纳制度》（北京：燕京大学哈佛燕京学社，1950），重印：《明清史论集》（北京：北京大学出版社，2000），页158。有关19世纪60、70年代通过捐纳来增加政府收入的讨论，参见 Elisabeth Kaske, "Fund-Raising Wars: Office Selling and Interprovincial Finance in Nineteenth-Century China," *Harvard Journal of Asiatic Studies* 71, no. 1 (June 2010): 69–141。

建设开支时，清政府能确实倚靠的金融政策，就是从在华的外资银行获取短期贷款。各省督抚也开始与私人钱庄和票号合作，将税收款项汇往京城，或进行省际转账。民间金融商广泛参与财政的运作，在清朝历史上可谓史无前例。

此外，19世纪初开始出现的独立于户部奏销制度的非正式省级财政，在60年代以后正式制度化。❶ 这种被称为"外销款项"的新制度，给予督抚更大的财政自主权，去满足地方建设基础设施、维护社会秩序、提供社会福利等方面的支出需求。❷ 这一时期，各省的布政使不再承担代表中央监督各省督抚的政治任务，这也增强了督抚在财政问题上的自主权。❸

但是，独立的省级财政出现，并不代表以督抚为主导的地方政治势力兴起，也不代表中央财政大权旁落。各省督抚与布政使之间的关系本质上是制度性的，因为中央拥有绝对的权力定期调动他们的职位。这有效防止了督抚与布政使相互勾结，形成独立于中央的权力基础。❹ 但中央无法为各省制定符合实际支出的定额，以适应地方不断变化的开支需求，这倒是个实实在在的问题，

---

❶ 关于19世纪初的非正式省级财政，参见岩井茂樹：「清代国家財政における中央と地方」，『東洋史研究』，第42卷，第2期（1983年9月），页338–340。

❷ 周育民：《晚清财政与社会变迁》（上海：上海人民出版社，2000），页242；何汉威：《清季中央与各省财政关系的反思》，《"中央研究院"历史言语所集刊》，第72卷，第3期（2001年9月），页608。

❸ 何汉威：《清季中央与各省财政关系的反思》，页633；Marianne Bastid, "The Structure of Financial Institutions of the State in the Late Qing," in S. R. Schram, ed., *The Scope of State Power in China* (New York: St. Martin's Press, 1985), pp. 66–67.

❹ 例如，1881年7月2日，四川总督丁宝桢在给中央的奏折中，对负责川黔之间川盐运销的唐炯的业绩大加赞扬。尽管丁宝桢强烈希望唐炯继续留任，但几个月后，中央任命唐炯为云南省布政使。参见朱寿朋编：《光绪朝东华录》（北京：中华书局，1958），第1卷，页1108，第2卷，页1298。

并导致了在定额基础上展开的财政运作功能失调。● 然而，这并不意味着中央在财政问题上完全失去了对督抚的控制。首先，中央对督抚的任命和任期有无可置疑的政治控制权，并牢牢掌控着军事开支的分配。● 其次，中央有权向各省督抚下达指拨命令，要求他们将存留在各省司库中的资金用于国家的各项支出，没有哪位督抚敢对这些指令置之不理。● 最后，未经中央批准，各省督抚不得擅自寻求外国贷款。●

19 世纪 60 年代以后，中国税收结构发生的最大变化是，清政府更加倚重关税和对国内消费征收的厘金来增加收入。从 60 年代末开始，清政府开始雇用西方人担任政府官员集中管理海关，以保证可靠地收缴关税。● 厘金的征收始于 1853 年，当时只是作为紧急的战时财政措施，但户部早在 1861 年便着手加强对这些税款征收和支出的监督。为了把厘金纳入年度中央审计系统（即所谓"奏销"），户部要求督抚定期上报征收的厘金数目、厘金局的数量和地点，以及收税官员的名册。到了 1874 年，大多数省份都按要

● 魏光奇：《清代后期中央集权财政体制的瓦解》，《近代史研究》，第 31 卷，第 1 期（1986），页 207-230；陈锋：《清代中央财政与地方财政的调整》，《历史研究》，第 5 期（1997），页 111-114；何烈：《厘金制度新探》（台北：台湾商务印书馆，1972），页 157-160。

● 刘广京：《晚清督抚权力问题商榷》，重印：《经世思想与新兴企业》（台湾：联经出版事业公司，1990），页 243-297。有关晚清强调中央对督抚的控制和支配，参见刘伟：《甲午前四十年间督抚权力的演变》，《近代史研究》，第 2 期（1998），页 59-81。至于1885 年建立的现代海军，细见和弘认为，户部可以通过控制海军开支的分配来维护中央权威。参见细见和弘：「李鸿章と戸部」，『東洋史研究』，第 56 卷，第 4 期（1998年 3 月），页 811-838。

● 何汉威：《清季中央与各省财政关系的反思》，页 611。

● 马陵合：晚清外债史研究（上海：复旦大学出版社，2005），页 43、53。

● Stanley F. Wright, *Hart and the Chinese Customs* (Belfast: W. Mullan, 1950), chapters 10 and 11.

求将所需账目上报户部。处于经济核心地区的省份每年上报两次，而偏远地区的省份则每年上报一次。只有户部才有权分拨使用所征收的厘金。❶由于厘金和地丁税、关税一样，被列入户部年度奏销系统，由朝廷支配，所以应将其视为中央税而不是省级地方税。尽管督抚可以将所征厘金的10%到20%用于省内的支出而无须经过户部审计，他们也完全承认这笔税款属于中央税入而非省级的地方收入。❷

尽管税收的规模和构成均发生了重大变化，但清政府的财政运作仍然是分散的。户部没有从汇总的税收统一进行分配，而是依靠指拨这一行政命令将绝大部分税款从征收地直接分拨到各地用于支付当地的开销。即使海关征收关税成效卓著，户部也只将其中的40%直接收入国库，而将其余税款直接从征收地送交到各个不同的支出地。

17世纪80年代的英国政府、19世纪70年代的日本政府都曾使用民间金融网络来实行财政集中运作，为什么清政府没有这么做呢？既然清政府偿还短期外债的信誉良好，为什么没有进一步去探索长期信贷呢？19世纪50年代纸币发行失败，对清政府财政制度的发展有深远的影响。这次惨痛的教训使清政府对在财政运作中引入信用工具的任何提议都疑虑重重，甚至充满敌意。考虑到在中国跨地区运输银两所需的时间，清政府将其年收入的一大部分存放在各省的司库，再根据距离远近和

---

❶ 罗玉东：《中国厘金史》（上海：商务印书馆，1936），第一卷，页224。

❷ 正如山西巡抚张之洞在奏折中提到的那样，"各省厘金，皆有奏定，外提一成以备本省公用，其出款虽云外销，其入款实为内案，不得与他项漫无稽考之外销者并论"。也就是说，由于各省需要向户部报告厘金税的总收入，因此省内留存的10%厘金税，与其他不受户部监管的外销收入在性质上有所不同。张之洞"厘金外销"折，光绪九年十二月，《光绪朝东华录》，第2卷，总页1643。

运输条件，将这些资金分配到各个支出地，这显然是相当明智的做法。

但这样的分散型财政制度，实际运作起来十分困难。将各地不同的税收款项与不同地区的各项支出需求相匹配，所需的信息量浩繁异常。然而，只要分散型财政制度还能够满足政府的紧急支出，清政府就没有动力将看似风险较高的信用工具纳入中央财政运作。相比之下，各省督抚在收到中央有关战争、河工及偿还外债等方面的紧急指拨命令时，压力巨大，因为他们必须将所需款项及时送抵中央指定的目的地。由于厘金是各省督抚在太平天国运动之后最为重要的收入来源，这一巨大压力迫使他们想方设法监督厘金的直接征收。他们的监管手段，类似18世纪英国的国内消费税和明治时期日本清酒税的征收方法。清政府分散型财政体制下特有的信息和风险分布状况，是导致厘金由各省而非由中央直接征收的主要原因。

传统财政国家在19世纪晚期中国持续存在，这表明在没有信用危机直接威胁中央政府的情况下，即使有社会经济条件的支持，国家决策者也不太可能去寻求财政集中运作的方式。这意味着，如果中国遭遇类似在英国和日本发生的信用危机，就有可能转型为现代财政国家。为了说明这一"反事实"论证的合理性，我做了一个"自然试验"，把1895年日本索取的2.3亿两白银的甲午战争赔款，作为清政府承受信用危机的一个模拟。结果表明，在这压力之下，清政府确实试图采用督抚在各省实施过的直接征收方式来集中征收厘金。此外，清政府为了支付日本赔款不得不大借外债，而它按时支付这些外债利息的表现，说明其具备通过长期借贷建立现代财政国家的行政能力。

分散型财政运作的延续

19 世纪 70 年代以来，随着国内外贸易的扩展，民间金融市场迅速复苏。到了 80 年代，晋商的私人金融网络已经连接了 54 个城市和重要市镇。同时，由浙江和上海商人创办的阜康银号、源丰润票号等大银行也创建了自己的跨地区汇兑网络。❶除了接收存款、向商家提供信贷外，各大票号和银号也越来越多地参与财政。上海、宁波、汉口、福州等城市的海关和厘金局，通常选择特定的民间银行存放收到的税款，并在收到政府指令后将其汇往支出地。❷各省汇往京城的税收总额，从 1862 年至 1874 年间的 1900 万两增加到 1875 年至 1893 年间的 6300 万两。❸

民间金融商和政府资金之间的合作，具有很大的发展潜力。例如，从 19 世纪 60 到 80 年代，各省汇往京城每年的税款，从 800 万两增加到 1300 万两，而中央分拨给各省的开销与各省汇到北京的税收，流动的方向正好相反。如果中央也通过民间金融网络向各省汇款，将大大减少政府跨地区运输实银的需要，而政府资金的运转将更为快捷且更具有可预见性。中央政府和民间银行家之间的这种合作，也是互惠互利的。正如在日本和英国发生的那样，汇寄政府资金的民间银行在将汇款转交给政府之前，通常有一至三个月的时间可持有这些资金而不用支付利息，它们可以从这个间隔中获利。拥有定期的政府资金，也会提高他们在金融

---

❶ 黄鉴晖：《山西票号史》（再版）（太原：山西经济出版社，2002 年），页 203，208。
❷ 宋惠中：《票商与晚清财政》，页 424-425。
❸ 黄鉴晖：《山西票号史》，页 240。

市场的信誉。政府还可以鼓励民间银行承接安徽、陕西、山东等省的京饷，用汇兑来取代之前的鞘银运送京城，从而拓展国内的金融网络。

然而，这一切并没有发生。户部继续使用传统的鞘银运输来管理财政，不愿将快捷的信用工具纳入财政运作。在 1885 年夏天，来自中国当时最大外国洋行之一的怡和洋行的两名英国商人，建议清政府建立一家仿效英格兰银行的国家银行。该银行存储所收关税，发行可用于纳税的银行券，并代理户部管理税款的收入和经费的支出。[1] 直隶总督李鸿章支持这一建议，并敦促官员更深入了解西方国家银行如何能在金融市场紧张时帮助政府缓解货币短缺。李鸿章认为，胡光墉的阜康银号倒闭之后，"货币无可流通，商市萧索，殊非公家之利，亟应仿照西法，为穷变通久之计"。而"创设国家有限银行……于国家利益实多。（银行所出银票）但有常存三分之一之现银，足资周转"。[2] 然而，户部对此强烈反对。[3] 外国人的参与，并不是他们反对的主要原因。就连阎敬铭这样以理财能力著称的大臣，也对纸币和汇兑政府资金深有戒心。[4] 一些大臣则提到美国和俄罗斯的纸币贬值，以及 19 世纪 50

---

[1] "该洋商原禀内称，国家库存现银交存行内，毋庸收发现款，凡进出各项，皆由银行经办，以银纸成交。又交纳部库、协济邻省银款，一纸汇拨。又章程内开银行益处，各省关收发官项亦可代理。又交帑纳税皆可以银票上兑。"户部折附件，光绪十一年九月十七日，《军机处录副奏折》，第 680 盒，第 409—410 号。

[2] 直隶总督李鸿章拟设官银号节略，1885 年（月份不详），中国第一历史档案馆编：《光绪朝朱批奏折》（北京：中华书局，1995—1996），第 91 卷，页 675。

[3] 李瑚：《中国经济史丛稿》（长沙：湖南人民出版社，1986），页 242-244；汪敬虞：《略论中国通商银行成立的历史条件及其对外关系方面的特征》，《中国经济史研究》，第 3 期（1988），页 95-97。

[4] 阎敬铭因在湖北、山东两省的财务管理和税收征管工作中表现突出，被提拔为户部尚书。参见魏秀梅：《阎敬铭在山东——同治元年十月～六年二月》，《故宫学术季刊》，第 24 卷，第 1 期，页 117-153。

年代中国发行纸币的失败，以强调国家发行纸币的危险。在他们看来，用汇票汇兑政府资金风险太大。❶

1887 年，李鸿章派出盛宣怀、周馥和马建忠三名官员，与代表费城财团和美国白银集团的美国商人米建威（E.S.K.de Mitkiewicz）协商创办银行的计划。他们商讨建立的并非国家银行，而是可为清政府筹集低息贷款的银行。❷ 盛宣怀（1844—1916）出身殷实的钱庄之家，是推动包括电报、铁路和矿业在内的现代企业发展的重要人物。早在 1882 年，他就向李鸿章提议成立一家大银行，通过电报汇兑官方资金。❸ 朝廷拒绝了设立银行的计划，但也保护倡导者免遭监察御史的弹劾。

户部不仅拒绝将信用工具纳入其财政运作，甚至禁止各省督抚在京城白银价格居高不下时使用民间票号汇兑京饷。❹ 私人钱庄和票号承汇各省税款的北京分号，必须把收到的汇票兑换成银锭交给户部。这样一来，税款和政府资金的汇兑反而受到民间金融市场环境的限制。当市面银根紧张时，民间金融商就不太愿意将官方资金汇往京城，例如 1894 年和 1895 年，陕西和江西的票号

---

❶ "夫举中国公私千百万兆之实银，悉归洋商掌握，官民徒有空票。……况实银皆入银行，银纸遍布民间，凡公家一切征收款项，举无实银。设有缓急，银纸无人行用，其害终归于国。"户部折，光绪十一年九月十七日，《军机处录副奏折》，第 680 盒，第 389-394，414，420 号。

❷ "密建威复称该国富商各有银矿，因本国通用金洋钱，无可生发。彼见各口英法德各银行，每以重利盘剥中国官商，心甚不服，求准在通商口岸，与华商殷富者集股伙开银行，如国家有公事借用，可仿照欧美各大邦国债之例，每年仅取息三、四厘。"李鸿章奏折，光绪十三年八月二十二日，《军机处录副奏折》，第 680 盒，第 670-673 号。

❸ 王尔敏：《盛宣怀与中国实业利权之维护》，《"中央研究院"近代史研究所集刊》，第 27 期（1997），页 26。

❹ 黄鉴晖：《山西票号史》，页 266-272。

就拒绝汇兑京饷。❶因此，北京和各省之间政府资金汇兑的效益未能充分实现。

为了更好地理解分散型财政为什么持续存在，我们需要更仔细地研究它在 19 世纪后半叶是如何运作的。在中央与各省之间新近形成的财政分工机制中，朝廷很难染指独立于户部奏销体系之外的"外销"省级财政资金。各省督抚可以强调其对维护国家利益的贡献（如国防、维持国内秩序和地方福利），来保留这部分税收。

例如，1884 年与法国的冲突迫使清政府增加海防开支。户部命令陕西省将以前存留在该省的厘金交给中央。陕西巡抚边宝泉向户部报告陕西省在 1876 年至 1881 年间，"每年酌提厘金一、二成，为留外办公款项。计截止九年止，共留银三十八万五千六百余两。除修理城池、仓廒、文庙书院贡院等工，及添买书籍，筹备垦荒牛种，采办省仓积谷，京官津贴，差徭生息，并地方一切应办事宜，节年动用外，现余银十六万七千二百余两。现因筹拨饷项，正款不敷，随时借用，尚未拨还，实存银不过十万两有奇，此外销款项现存之实数也"。但他明确拒绝将这些税款交给中央。边宝泉奏称："陕省度支匮乏……遇有要需，全赖此等留外款项，挪垫通融，得以无误。至于地方应办诸务，事机各有缓急，情势

---

❶ 光绪二十年十月户部令陕西省速解 20 万两银以供饷需。"惟据该票商等声称，现在京城银项太紧，不敢全数领汇。当饬先行认汇一半银一十万两发交票商协同庆等五家承领汇兑，定于十月初五日起程。其余银一十万两，现已饬司派委妥员，定于十月初十日起程分别前赴户部交纳。"陕西巡抚鹿传霖折，光绪二十年十月二十日，《宫中档光绪朝奏折》，第 8 卷，页 560；江西省于光绪二十一年五月"接户部电令，速汇二十三万五千余两解部"。江西巡抚"与各号商商办，兹据覆称，因京师银根太紧，必须六十天始能汇交，而汇费又较前倍增，似不如遴员管解较为直捷迅速"。江西巡抚德馨折，光绪二十一年五月二十日，《军机处录副奏折》，第 680 盒，第 1156 号。

各有重轻，要在因地因时，熟筹妥办，既非部臣所能遥度，亦非部臣所能代谋。如事无巨细，概行咨部请示；款无多寡，一律报部核消。绳之以文法，稽之以岁时，贻误地方，谁执其咎？故外销款项，实各省所必不能无，但当论其为公为私，不当论其报部不报部。"边宝泉进一步指出，现"海防吃紧，需饷浩繁，理宜畛域不分，先其所急。第部臣维持大局，筹拨边饷，洵属要需。而奴才忝领封圻，慎固疆园，是其专责。若（户部）竟尽力搜剔，竭泽而渔，库储则罗掘一空，疆吏则束手坐困，设遇缓急，何以应之"？在边宝泉看来，陕西省需要这些存留的外销厘金款项救急通融，因为户部根本没有办法按时拨出足够的经费来支付各省的各项必要开支。边宝泉最后的结论是，国内治理同国防一样重要，即使紧急的国防事务也不能成为中央试图榨取省内治理所需存留厘金的借口。❶ 户部最终不得不做出让步。❷

尽管户部很难从"外销"这一省级财政索取更多资金，但是每年仍有大约 8000 万两可供其使用。在中央协调下的分散型财政运作制度下，每年中央税收约有 18% 至 28% 被送至北京。❸1880年到 1895 年，督抚设法每年按时向北京送去了 800 万两的京饷。❹ 其余税收，一部分"留省支用"，一部分则以"协饷"的形式分拨到其他省份，还有一些则存放在各省的藩库，听候中央今后调拨命令，即所谓"存储候拨"。由于户部需要将各省实际的税收款

---

❶ 陕西巡抚边宝泉折，光绪十年十二月二十六日，《宫中朱批奏折》，第 32 盒，第 695–699 号。

❷ 户部议复见边宝泉折，光绪十一年七月初三日，《宫中朱批奏折》，第 32 盒，第 722–724 号。

❸ Marianne Bastid, "The Structure of Financial Institutions of the State in the Late Qing," p. 75.

❹ 刘增合：《光绪前期户部整顿财政中的归附旧制及其限度》，《"中央研究院"历史语言研究所集刊》，第 79 卷，第 2 期（2008 年 6 月），页 273–274。

220　　通向现代财政国家的路径：英国、日本和中国

项，指派用以满足中国广袤地域上各种各样的具体开支需要，这样的分散型财政运作极为繁杂。❶

为了保证这一分散型财政制度有效运作，户部需要掌握有关具体税收来源和地方支出项目的准确信息，以便通过指拨进行相应的分配。各省督抚定期送交户部监督审计的"奏销"年度支出和收入账目报告，为此类信息提供了依据。户部为各省制定了税收和支出的定额制度，在一定程度上简化了户部向督抚下达指拨方案的工作。为了让户部牢牢掌握分散在全国各地国库中每项收入名目下的实际钱款数额，清政府禁止督抚在未经中央批准的情况下擅自动用存留的资金。

然而，当中央制定的支出定额不能满足各省正常的支出需要时，督抚常常采取"非正式财政"的方法，即在未向中央上报的情况下，动用存留在藩库的资金来弥补赤字。❷这样的资金动用并非中饱私囊，因为这些资金是用于公共支出。但是，如果督抚没有及时将挪用的资金返还到原先的账户下，随着时间的推移，各省挪用资金的金额不断积累，便会导致各省藩库中各个款项账目下实际存有的白银数量与户部掌握的账面数字严重不符。这就破坏了户部在制订切实可行的财政指拨方案时不可或缺的真实信息基础，进一步加大了分散型财政制度运行的复杂程度。

这当然并不是晚清才出现的新现象。例如，在1822年9

❶ 从不同的盐税款项下指拨各项开支需求的例子，参见 S. A. M. Adshead, *The Modernization of the Chinese Salt Administration, 1900-1920* (Cambridge, MA: Harvard University Press, 1970), pp. 26–27。

❷ 另外两种督抚经常求助的"非正式财政"方式，一是从中央拨款中截留资金，一是向当地居民摊派附加费。参见 Madeleine Zelin, *The Magistrate's Tael: Rationalizing Fiscal Reform in Eighteenth-Century Ch'ing China* (Berkeley: University of California Press, 1992), p. 47。

图 6.1　清政府的分散型财政运作

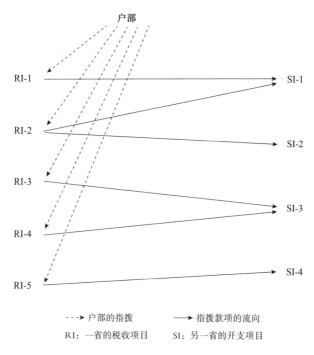

- - - ▶ 户部的指拨　　　　——▶ 指拨款项的流向
RI：一省的税收项目　　　SI：另一省的开支项目

月，户部准备从原来存放在直隶省"自乾隆三十五年起至嘉庆
十九年止实存各年赈济存剩、部饷协饷、并拨给经费等项共银
五十一万五千七百两"中，拨出 50 万两用于该省赈灾。然而，直
隶总督颜检向户部奏称，由于前几任督抚和布政使挪用以弥补地
方开支的不足，这笔款项有 40 万两的亏空，而这些情况从未报户
部备案。❶中央官员在 19 世纪 40 年代初也注意到，"每年春秋二
季奏效，往往州县已征未解，因公挪移，日久迟延，盈千累万，
以致库款虚悬，实数不及十分之五。至有要需动拨，无款可筹，

---

❶《道光二年八月十六日上谕》，中国第一历史档案馆编：《嘉庆道光两朝上谕档》（共 55
　卷）（桂林：广西师范大学出版社，2000），第 27 卷，页 448-449。

该司始将实在情形呈请奏办。纵然查封备抵，而国帑已亏，要需无可指拨，计将安施？"❶

太平天国运动平定之后，中央与各省之间的信息不对称严重恶化，因为户部不能准确预见地方税收和支出需求方面出现的各种变动情况。户部指拨给各省的经费，要么不敷支用，要么延宕不至。为了应对这一局面，督抚频繁从中央未指拨的存留款项中挪用资金，以弥补地方治理经费的不足。例如，户部指派督抚留存专款用于广东省的海防。而当户部试图从这一专项账目中划拨资金时，两江总督曾国荃奏称，"前项拨归海防备支各款，或已先后罄用无存，或未能如数解足，其间并有移缓就急，借以凑解京协各饷，未能实归海防支用者"。❷同样，1883年，户部要求各省"每月就厘金内提银一千两，专作备荒经费"。而1890年，"因畿辅被水，支拨赈款需用繁重"，户部要求督抚将此专款下的资金汇到顺天、直隶的受灾地区。广西巡抚马丕瑶只得承认，"广西应解备荒之款，连年因边饷支绌，竟不能提存解部，以致遇此重灾，无可拨支"。既然该省这笔款项早已挪作他用，广西省只得从其他款项下挪移经费，凑足四万两解部交差了事。❸这种情况甚至发生在海关征收的、由户部直接控制的40%关税中。当海关官员没有款项应付户部紧急指拨命令时，他们也经常挪用这笔资金。以粤海关为例，光绪七年十一月十五日上谕要求粤海关从欠解南洋经费银约十五六万两的款项内，迅速拨银十三万两，供福建省仿造快船的经费，粤海关监督崇光不得不承认，"南北洋海防经费，虽

❶ 御史张灏折，道光十九年九月十六日，《军机处录副奏折》，第678盒，第974-978号。

❷ 曾国荃折，光绪九年六月乙未，《光绪朝东华录》，第2卷，页1557。

❸ 广西巡抚马丕瑶折，光绪十六年十一月二十七日，《宫中档光绪朝奏折》（台北：台北故宫博物院，1973），第5辑，页802。

专由四成洋税内拨解，无如六成洋税项下协拨繁多，内如解部京饷等款，均有定限，不容迟逾。当左支右绌之时，不得不为挹彼注兹之计。始则尚冀税收稍旺即可如数提换；久则积累愈重，虽并四成六成洋税悉数拨解，仍属不敷。只得向西商银号借垫，以资周转。近来旧欠未偿，新欠又继，即西商亦筋疲力尽，呼应不灵"。❶

由于户部根据各省各项收入账目上的数字来指拨经费的支出，如果这些账目下没有相应的实银，那户部的指拨也就逐渐失去了现实意义。例如，1884 年 8 月，两江总督曾国荃奏请海军衙门指拨确实"的款"，用作南洋防费。海军衙门则"拟将苏浙两省厘金银各四十万两，按原定八成解交南洋兑收，暂供本年用款"。浙江巡抚刘秉璋告知曾国荃，浙江省"本年厘金项下应解南北洋防费十八万两，本应尽解海军衙门。而现在委员业经启程，押送鞘银进京"。而现又要"奉文改解南洋，而款已起解，无法可施"。刘秉璋的解决方案，是建议曾国荃从户部指拨的其他款项内扣留相应的 18 万两。曾国荃不敢擅自做主，遂咨问海军衙门会同户部协商，江苏省应该从哪项应解京城而尚未启运的款项下截留这 18 万两，以充抵浙江应解江苏的南洋防费。户部回复，"查历年京饷拨有两淮盐课盐厘各款，积欠甚巨，拟将光绪二年欠解之九万两，三年欠解之十万两内，提银十八万两，由南洋就近截留"。曾国荃认为这简直是画饼充饥，因为户部指拨的盐务课厘京饷的实际的账目情况是，"实缘拨款太多，遂致频年积欠，计时阅十年，积数至六十余万。其间，官非一任，事非一时。不特以后之四十六万无计取盈，即目下之十八万先难猝办。凋瘵如此其甚，追呼之力

❶ 粤海关监督崇光折，《宫中档光绪朝奏折》，第 2 辑，页 348–350。

已穷，严札频催，终成画饼"。无奈之下，两江总督曾国荃请求户部，允许他从"宁苏司局及两淮运库本年应行解部项下，无论何款，照数截留十八万两，暂解燃眉之急"。在他看来，"浙省此项解交海军衙门厘金，已由户部抵作应发神机营饷项，是南洋现在截留之款，乃系户部已经收用之款。如此一转移间，于部款毫无出入，庶南洋得以支撑一隅之局"。❶比较而言，在中央集中管理的财政制度下，分配同属国库的不同款项，要比分散型财政下的指拨派送容易得多。

然而，尽管财政运行乱作一团，清政府仍然设法为巨额军事开支提供了资金，包括 1875 年至 1884 年为收复新疆而进行的耗资巨大的西征（约 8000 万两），以及 1883 年 12 月至 1885 年 6 月的中法战争（约 3000 万两）。此外，清政府按时偿还了 19 世纪 60 至 80 年代间所借的约 4400 万两外债。❷中央在协调各省之间税收转移支付方面，有着凌驾各省督抚的政治权威，这对取得上述业绩至关重要。为了满足这些紧急指拨，当指拨款项下的资金不敷支用时，督抚别无选择，只能"移缓就急"，即从其他未指定的款项挪用资金，拆东墙补西墙。❸这一做法，后来甚至反映在户部自己下发的指拨命令中，即有时候户部不再指定具体的拨款款项，而是要求督抚从"无论何种款项"中为紧急事务调配一定数额的

---

❶ 曾国荃折，光绪十二年七月癸卯，《光绪朝东华录》，第 2 卷，页 2133-2144。

❷ 这些数字来自：周育民：《晚清财政与社会变迁》（上海：上海人民出版社，2000），页 267、271、282-283。

❸ 例如，为了向汇丰银行支付光绪十三年自正月至六月共四期应还本息，连同不敷磅价，共 68 万 9 千余两白银，"因洋款届期，万不得已，将司局各库要款先行腾挪垫付，本省应支兵饷勇粮及拟解京协饷，旗营加饷，东北防务，暨新例捐输项下认解海军衙门银十万两，皆已移缓就急"。两广总督张之洞、广东巡抚吴大澂折，光绪十三年七月初七日，《宫中朱批奏折》，第 32 盒，第 879-882 号。

经费。河工或饥荒赈济等紧急的国内需要，也以这种方式解决。❶
广东、福建的督抚和海关官员，有时不得不向国内银行短期借贷，
以完成户部的紧急指拨。❷这种"非正式财政"也用来满足慈禧太
后声名狼藉的奢侈生活，督抚从普通款项甚至海军日常维护费用
中挪出钱款，送缴内务府。

　　然而，督抚在为紧急支出提供资金方面的成功，与面对中央
常规指拨时经常出现的延宕、解不足额和干脆拖欠，形成了鲜明
对比。这些常规款项的指拨，包括用于西南和东北边境省份防务
的各省协饷以及海军的日常训练费用。例如，户部1880年从江
苏、浙江、江西的厘金和上海、宁波、福州、广州的关税中，每
年划拨400万两资金给北洋海军。但北洋海军每年实际收到的现
金总额，从未超过300万两。❸

　　在19世纪晚期，户部在这类日常财政指拨上的功能失调，对
于时人和后世的历史学家来说，都是司空见惯的现象。❹为什么

---

❶ 例如，1887年，户部要求各省巡抚通过捐纳来筹集苏皖赈灾资金。山西巡抚刚毅奏称，
他命将"司库尚有余存地方善后一款"中提银4万两发交票号汇往江苏，而该款并非
户部指拨资金。山西巡抚刚毅折，光绪十三年十一月初四日，《宫中档光绪朝奏折》，
第3辑，页501。1888年，户部要求安徽省将未解本年地丁京饷银5万两，解交河南
省，用于赈救郑州漫口黄河泛滥的灾民。由于这一指定款项下无款可拨，安徽巡抚陈
彝只得在"节年漕折项下暂行动借银五万两"，解给河南省，而该款项目也非户部所
指拨。安徽巡抚陈彝折，光绪十三年十二月初二日，《宫中档光绪朝奏折》，第3辑，
页540。
❷ 黄鉴晖：《山西票号史》，页244。
❸ 周育民：《晚清财政与社会变迁》（上海：上海人民出版社，2000），页269-270。
❹ 正如御史张道渊在1875年指出的那样，"每阅各省奏报，情形本各不同，然于应拨
之款，总谓库存无多，难于筹解；又或短欠之项，本省实无可筹，不得已另请旨拨
他省。其不能兼顾，已可概见"。张道渊折，光绪元年十二月癸未，《光绪朝东华
录》，第1卷，页171。历史学家对类似现象的描述，参见何烈：《清咸同时期的财政
（1851—1874）》（台北：国立编译馆，1981），页402-404；刘增合：《光绪前期户部整
顿财政中的归附旧制及其限度》，页278-283。

清政府在正常财政运作中，不能利用其对督抚的政治权威，来规训督抚不打折扣地执行中央指拨命令呢？关键的因素是，户部无法实时追踪督抚为了应对紧急支出而挪用税收款项的来源和金额。因此，当督抚不能完成日常经费指拨时，户部官员无法区分哪些属于有意疏忽，而哪些属于确实无力执行。

紧急支出方面的成功和许多常规指拨的失败，是分散型财政运作的一体两面。如何将具体个别税收项目与特定支出目的相匹配，是分散型财政运作制度本身特有的难题，而这在很大程度上可以通过集中型财政制度得到缓解，即户部从年度总收入中划拨各项经费支出。这样的集中型财政制度，使得户部可以直接管理分置各地的国库金，从而极大地提高中央每年 8000 万两收入的使用效率。然而，从 1864 年到 1894 年，中央政府并没有遇到什么分散型财政制度无法应对的紧急情况。

厘金税以及中央与地方关系

从 19 世纪 60 年代起，厘金和关税是清政府的两大主要收入来源。尽管海关征收的效率和可靠性很高，但由于中国的关税被西方列强限定为 5%，清政府无法通过提高税率来获得更多关税收入。1860 年以后，外国商人在通商口岸缴纳 2.5% 的附加关税，即所谓的"子口税"后，便可免交国内的厘金。但在对包括进口鸦片在内的国内消费品征收厘金时，清政府仍然有充分的自主权来决定税率和征收方法。

由于中央让督抚根据各省的情况决定如何妥善征收厘金，督抚也面临如何有效监督厘金征收来提高收入的挑战。正如历史学家刘广京指出，如果晚清时期督抚尚不能有效监督各省厘金局征收委员的表现，那么中央政府就更不可能集中征收厘金了。[1] 而督抚如果无法直接监督厘金的征收，他们便应该会有强烈的动机采取包税制，以获得可靠的厘金收入。但晚清时期，起码在1894年以前的厘金征收中，包税制（即包缴或包办）并不占主导地位。[2]

中央和督抚都认同采用直接征税代替厘金包税的重要性。比如，1861年，广东省将十个行业的厘金征收转给包税人。这些包税人并不是信誉卓著的富商；他们的勒索行为激起了当地小商贩的抵制，小商贩罢市并拒交厘金，甚至向地方政府请愿。结果，有六个行业的厘金包税人无法履行与政府签订的合同。有三处厘金征收点的情况更糟，那里的厘金都是由不受政府官员监督的胥吏来征收的。[3] 1862年，为了更好地控制广东厘金的征收，以资助江苏、浙江、安徽三省的军队，监察御史朱潮和两江总督曾国藩都提议政府直接征收厘金，以取代广东的包税制。[4] 因此，广东省在省会广州设立了厘金总局，并从候补官员中挑选税务官到韶

❶ 刘广京：《经世思想与新兴企业》（台湾：联经出版事业公司，1990），页251–252。

❷ 1900年以后，中央政府将巨额庚子赔款分摊到各省，基本上失去了对厘金税征收的控制，包税制就更为常见了。详情参见 Susan Mann, *Local Merchants and the Chinese Bureaucracy, 1750–1950* (Stanford, CA: Stanford University Press, 1987), chapters 8 and 9。

❸ "广东抽厘，立有各行报销、充商包抽名目。市侩无赖，惟利是趋，且承者不尽本行之人。既充之后，任其指地设厂，官不过问，以致苛收横索，屡滋事端。而本行之商，复以外帮，图获厚利，必皆不甘。于是弱者罢市，强者抗抽。承充之商，转归咎于官之不为禁止。求利而反失利，故有认而未缴者，有办而未成者。是为期未及一年，已有不得不停之势。又查开办充商之际，除佛山、陈村、江门包抽认缴外，只有三水县之芦色，肇庆府之后沥，惠州府之白沙三厂，由总局委员抽收，乃复有书吏巡丁，认缴报效银两，准令承该三厂书吏巡丁每月收缴厘金，随他随解，委员不得过问，其害更甚于充商。"协办广东厘务都察院左副都御史晏端书折，同治元年七月初九日，《军机处录副奏折》，第361盒，第1652–1660号。

❹ 这两份奏折，参见王云五编：《道咸同光四朝奏议》（台北：台湾商务印书馆，1970），第4卷，页1437–1439。

州、南海、三水、顺德、新会等县市集镇去征收厘金。政府直接征收的厘金，占广东厘金的四分之三左右；其余针对一些小商品的税费，则由富商来包征。❶

督抚在厘金征收的问题上也不受包税人牵制。即使存在针对一些小商品的厘金包税合同，督抚在接到户部要求直接征收的命令后，也可以终止合同，改为直接征税。例如，户部在1887年决定由海关统一征收进口鸦片的附加厘金时，广东省便终止了与鸦片包税商所签订的合同。❷ 同样，为了协助湖广总督张之洞在福建恢复售卖广东生产的食盐，闽浙总督杨昌浚于1887年不再与福建食盐厘金包税商续签合同，而福建省的该项收入则由广东省提供。❸

---

❶ "（广东厘金整顿之后）先于省城设立总局，派令大员总司其事外，设各厂亦均派一总办之员，即令分办各员，听其差遣，庶专责成而便稽察。现皆于两江督臣曾国藩奏派随办及咨询各员中，慎加遴选，择酌量派，办尚无浮滥。"协办广东厘务都察院左副都御史晏端书折，同治元年七月初九日晏端书折，同治元年七月初九日，《军机处录副奏折》，第361盒，第1652–1660号。

❷ "（广东洋药厘捐八十万两原为商包）嗣因奉行新章，洋药厘税并征，统归税务司办理，即据此将原办包厘商人于本年正月禀准退办。"两广总督张、广东巡抚吴大澂折，光绪十三年七月初七日，《宫中朱批奏折》，第32盒，第879–882号。

❸ "潮桥盐务，为粤省盐课大枝，自咸丰以来，疲累日甚……查该埠疲困之故，累在闽省汀州八埠。汀州府所属八州县，皆潮盐运销引地，自经匪扰，招商不前，由官自行拆办。现在各埠运盐，系由潮州广济桥配制，溯流而上，（运途遥远，成本较重）以致宁化、白化、清流三埠，全被闽私侵占，潮盐颗粒难销。闽省销盐，潮埠贴饷，亏累无穷。此时补救之法，惟有力纾商困，或可稍挽颓网。查福建西路邵武等属所行闽盐，自光绪八年，已减厘金二成，续又量减二成。惟潮盐引地未减。而所抽厘金，闽系招商包收，诸多留难。潮埠深受其累。拟请闽省将汀属各埠盐厘，援照邵武各埠，一律核减，以示持平，而轻潮本。即由潮埠按照闽省每年所包厘金之数，再减二成，代抽解缴，如有短绌，粤省照赔，于闽厘无损，而于潮网有益。闽省盐厘，向系由商包缴，本非官办。若改由潮埠代抽，不过略为转移，而彼此均有裨益。……当经电商闽浙督臣杨昌浚，迭准函电覆称，减厘节费，均可照办，包商办到年底，亦届期满，即以正月为限，交替接办等因。"湖广总督张之洞折，光绪十三年十月癸卯，《光绪朝东华录》，第2卷，页2371–2372。

各省督抚直接征收厘金的动机不难理解。督抚都面临巨大的压力，尤其是那些富裕省份的督抚，他们不仅要为地方重建和防务提供资金，还要满足中央的紧急指拨。由于厘金是增加收入的主要来源，督抚有强烈的动机去制定监督税收的方法。各省厘金的征收，通常由领薪金的厘金委员组成的科层官僚来管理。他们独立于地方州县，而布政使则协助督抚来监督厘金的征收。❶这些征收委员主要是一些候补官员，即已具有为官资格，却还在等候职位空缺的人员。

历史学家罗玉东认为，地方绅商负责湖南省的厘金征收，效率较高而贪腐较少，因为这些士绅出身于富裕家庭，非常在乎自己在当地的名声。❷然而，在湖南管理厘金征收的高级厘金委员，都是由巡抚任命的官员；而参与征收的地方士绅，都是从湖南厘金总局准备好的候选人中挑选出来的。❸这些士绅也领薪金，而湖南巡抚卞宝第认为，"所有卡局需用之费，在事官绅薪水之需，稍令宽余，俾得洁己奉公，无虞拮据。亦以养其廉耻，杜绝侵

---

❶ 有关厘金税收的分层组织结构图，参见罗玉东：《中国厘金史》（上海：商务印书馆，1936），第一卷，页69—70。

❷ 同上书，第1卷，页87。

❸ "（恩承等查厘金局所有刊定章程并历年收支清册及奏销库簿）统计总分局一百零一处，每局遴派委员总办之外，复有绅士一人襄办其余分司各事。惟收支稽查，员绅并用；文案核算填票等事，概派绅士与委员互相钤制。抽厘之法，总局刊有三联印票颁发各局卡，一给行商收执，曰照票；一赍总局核对，曰缴验；一留外卡备案，曰存查。收获银钱并开支数目，分晰造册，每于月终由总局汇详到院，名曰月报。同治十二年复遵照部章，半年造报一次，立法极为详密。并据该局提调朱士杰等禀称，但湘良接管局务，俱系照章办理，毫无更改。其各局司事缺出，俱系存记各绅内按名酌拟，会同藩司核派，但湘良从未授意指派一人。所以薪水悉依旧额发给，委无捏串戚族、更名冒支等弊。（该道但湘良监督局务，五年来收数有盈无绌，比前五年共多收四十六万两）。"恩承、薛允升"奏陈湖南抚臣暨镇道各员被参各款由"，《宫中档光绪朝奏折》，第3卷，页306。

欺"。❶ 而由商人来征收厘金，因其与当地的利益有所关联，也可能导致偷税漏税。例如，1880 年直隶总督李鸿章任命官员代替天津的士绅来征厘金后，年税收从 2 万两猛增至 6 万两。❷

在征收厘金时，督抚主要盯着从事跨区域贸易的大批发商或行会，而不以小生产商或零售商为目标。❸ 例如，甘肃省在 1858 年 6 月下令烟草商在兰州和靖远这两个当地主要种植区成立三个烟草行会，以便烟草厘金的征收。❹ 清政府的官员也很清楚，间接消费税既可以从生产地征收，也可以在交通要道向大批发商征收。但清代中国并没有大规模集中生产的消费品。

以盐税征收为例，虽然清政府试图从生产地征收赋税，即所谓的"就场征课"，但晒盐法的普及极大降低了生产成本，并促使小生产者将食盐出售给无证商人。❺ 由于无法对大量私运私贩的食盐征税，清政府早在 1831 年便考虑在主要运输要道统一征收盐税，不管这些盐商是否有政府的销售许可。❻ 虽然这一征收盐税的构想最终并没有被采用，但后来在征收厘金时，这一方法得以全面实施。

清政府设立厘金征收卡或厘金局，会考虑以下三种情况：一，

---

❶ "所有卡局需用之费，在事官绅薪水之需，稍令宽余，俾得洁己奉公，无虞拮据。亦以养其廉耻，杜绝侵欺。"湖南巡抚卞宝第折，光绪十三年五月二十四日，《宫中朱批奏折》，第 32 盒，第 854-856 号。

❷ 李鸿章折，光绪六年四月十三日，《军机处录副奏折》，第 488 盒，第 954-956 号。

❸ 罗玉东：《中国厘金史》(上海：商务印书馆，1936)，第一卷，页 38。

❹ "甘省出售水烟，向无专行……若任其散漫，殊难稽查。必须先立烟行，方有专责。该员等谕令议立行首，请领牙帖，输纳税银，责令按货捆厘。"陕甘总督乐斌折，咸丰八年四月二十八日，《宫中朱批奏折》，第 31 盒，第 2800-2803 号。

❺ 张小也：《清代私盐问题研究》(北京：社会科学文献出版社，2001)，页 39。

❻ 卓秉恬折，道光十一年十月二十日，《军机处录副奏折——常关—道光朝》，第 6 盒，第 2866-2869 号。

某一大宗商品包装准备进入运输渠道的地点；二，货物通过运输网络中的某些枢纽节点，特别是主要水路运输的通衢要道；三，货物到达新市场，准备分销给小零售商之前所存放的货栈。对于大批发商而言，很难将大宗商品隐藏起来以逃避政府的检查，而避开关键运输路线的高昂成本，更是会令其裹足不前。由于可以通过提高零售价格把厘金负担转嫁给消费者，他们抵制厘金的动机并不强烈。这种情况，类似英国国内消费税和日本明治时期清酒税的征收。

由于间接厘金税的收入受市场波动影响，户部无法以设定征收定额的方式来管理，但户部也的确在想方设法来监督厘金的征收。在各省直接征收厘金的科层制组织中，厘卡或厘局的征收委员每月必须将当月账簿连同所收的厘金一起送到监管"专局"。汇总这些账目后，监管"专局"于次月将账簿送往厘金总局核查。❶厘金委员的任期一般不能超过3年，他们的账目还要接受下任税务官的审计。❷定期调动和离任审计（即所谓"交代"）等管理制度，与英国的国内消费税管理和日本的清酒税管理也十分类似。

定期调动和离任审计并非厘金征收所特有，这也是地方州县征收地丁钱粮的常规。尽管如此，地方官不仅有地丁钱粮以外的收入来源，如地契买卖税，而且还掌握若干公共支出的经费。当上级划拨的资金不足以应付日常行政或特别开支时，地方官常常未经上级批准，便挪用所征收的地丁钱粮来弥补这些缺口。之后，他可以"民欠"为由，向督抚隐瞒其挪用地丁税的不足。这类做法在18和19世纪已经相当普遍。例如，山东巡抚惠龄在1800年

---

❶ 罗玉东：《中国厘金史》（上海：商务印书馆，1936），第一卷，页117-118。

❷ 同上书，第一卷，页119-121。

向户部承认，1799 年山东欠收的 100 多万两税款中，其实有很大一部分是在征收后被挪用以弥补当地河工和基础设施建设上的亏空。❶

地方州县的账簿本身就很复杂，再加上"非正规财政"的频繁使用，使得地方官离任审计实际上非常耗时费力。例如，武昌县知县吕仕祺于 1812 年 2 月 9 日离任后，其继任者王余菖在交代审计中发现了问题。王余菖随即要求上级派专员前来进行第三方审计。上级部门不得不召集已迁调各地的三任前任知县，一起核对审查簿记。将近一年之后，才确认了所征收的地丁中确有 16124 两的拖欠。不过，到底吕仕祺是将这笔资金用于弥补公共支出上的亏空，还是中饱私囊，仍然没有调查清楚。❷ 考虑到这类"非正规财政"对州县运作的重要性，很少有督抚会仅仅为了惩戒地方官而严格执行交代审计。

相比之下，厘金委员没有其他的行政责任。因此，他们没有其他税收来源或政府经费来填补其征收的拖欠。厘金征收的离任交代审计有一定的成效。江西省政府于 1863 年以这种方法，发现经理江西厘金的广东补用直隶州知州万永熙故意低报了收入，私扣罚金，还操纵白银和铜钱的比价以谋取私利。万永熙被革职，并被勒限赔缴其非法所得。❸ 同样地，陕西龙驹寨厘卡新上任的厘金委员发现，其前任毓麒漏报出境货厘的银两。经过进一步调查，

---

❶ "查嘉庆四年分共未完正耗银一百十二万六千三百八两，名为民欠，其实各州县因城工、挑河赔累，积年亏挪之项，即在其内。"山东巡抚惠龄折，嘉庆五年六月二十七日，《宫中朱批奏折》，第 2 盒，第 2262 号。

❷ 湖广总督马慧裕、湖北巡抚张映汉折，嘉庆十八年二月二十七日，《宫中朱批奏折》，第 3 盒，第 44/24 号。

❸ 一位不知名官员（很可能是江西巡抚）的奏折，同治三年（月份不详），《宫中朱批奏折》，第 32 盒，第 206—207 号。

发现毓麒有 2530 两左右的厘金收入没有上交，被勒限赔缴。[1] 在某些情况下，即使由于下属和商人勾结而造成数额不足，厘金委员也要承担责任。例如，离任交代审计显示，广东省后沥厘厂隐漏验照银 2000 余两。厘卡委员广东试用知县丁塘因此被参处，并被勒令如数赔缴，尽管该漏税是由司巡串通商人造成的。[2]

除了以有效的离任审计来监督厘金委员，上级官员还可以利用市场交易的情况来评估征厘的绩效。例如，在产茶和销路"均甚畅旺"的 1883 年，云贵总督对思茅和普洱这两个主要产茶区的茶厘收入下降表示怀疑。委派司局察访该厘局委员在光裕丰商号汇兑省城总局的账簿记录，发现其"汇兑银两数目与解交总局的厘金银数大相悬殊"，其中饱私囊的现象立刻曝光。[3] 如果同一批商品通过两个厘局或厘卡站，那么，一个站点有意漏税会被另一个站点发现。[4] 为了激励厘金委员提高征税效率，督抚经常向户部推荐那些表现良好、值得升迁或留任正式岗位的人员。比如，武昌厘厂委员税务官李有棻自接任后，因管理得当，每年所收厘金从过去三十余年的年均 2 万两左右，增加到 45700 余两，翻了一番，被湖广总督裕禄和湖北巡抚奎斌联名举荐"交部议叙，以示奖励"。[5]

因此，我们不应想当然地认定督抚无力规训和激励厘金委员。但是，1870 年到 1895 年间，每年厘金总收入稳定在 1400 万

---

[1] 陕西巡抚叶伯英折，光绪十四年九月初八日，《军机处录副奏折》，第 489 盒，第 391-392 号。

[2] 两广总督张之洞折，光绪十三年六月十四日，《宫中朱批奏折》，第 32 盒，第 868 号。

[3] 云贵总督岑毓英折，光绪九年五月二十二日，《军机处录副奏折》，第 488 盒，第 1849-1850 号。

[4] 罗玉东：《中国厘金史》（上海：商务印书馆，1936），第一卷，页 97-99。

[5] 裕禄、奎斌折，光绪十五年十月初三日，《军机处录副奏折》，第 489 盒，第 733-736 号。

到 1500 万两的水平，而到了 1903 年才达到 1600 万两，我们该如何解释这一现象呢？❶除了贪污和管理不善之外，还有许多因素影响了厘金的收入。当时的政府官员意识到，厘金税过高只会适得其反，导致人们想方设法逃税。❷中国商人还可以挂靠外商，以支付"子口税"这样附加关税的方式来规避厘金。因此，督抚经常把厘金税率放低，以吸引国内商人支付厘金。❸此外，商人可以选择不同的贸易路线，因此，邻近省份的厘金税竞争，也阻止了各省提高厘金税率的企图。❹此外，由于在国际市场面临日本茶和印度茶的竞争，茶叶出产大省的督巡抚也被迫减少茶叶的厘金税。❺清政府的"父爱主义"意识形态也影响了厘金的收入，因为户部经常在

---

❶ 罗玉东：《中国厘金史》（上海：商务印书馆，1936），第一卷，页 188。

❷ "厘税愈重，偷漏将必愈繁。"陕西巡抚叶伯英折，光绪十三年二月二十九日，《宫中朱批奏折》，第 32 盒，第 814-816 号。"若厘税再加，偷漏将防不胜防。"湖广总督裕禄、湖北巡抚奎斌折，光绪十三年三月十九日，《宫中朱批奏折》，第 32 盒，第 814-816 号。

❸ 戴一峰：《近代中国海关与中国财政》（厦门：厦门大学出版社，1993），页 136-139。

❹ 湖南巡抚张煦在征收鸦片厘金税时，向户部奏报说，"若（湖南土药税厘）过重，商人避重就轻，纷纷绕越。且贵州、广西皆系邻省，（湖南税重）则必尽绕黔粤而之江西。"湖南巡抚张煦折，光绪十七年九月二十八日，《宫中朱批奏折》，第 32 盒，第 1544-1547 号。

❺ 有关湖北、安徽和江西的此类例子，参见："裕课首在恤商，必使商有赢余，斯市面方能起色，税厘可望旺收。……近年日本、印度等处产茶渐广，……如今加重课银，华商无利可牟。请将茶商免予加课，以广招徕，而济饷需大局。"署理湖广总督卞宝第折，光绪十一年二月二十八日，《宫中朱批奏折》，第 32 盒，第 700-704 号；"近年印度、日本产茶日旺，售价较轻，西商皆争购洋茶。皖南茶叶销路大绌，茶商亏本。据皖南茶厘总局具详，光绪十一、十二两年亏本自三四成至五六成不等，十三年亏折尤甚，统计亏银将及百万两，不独商贩受累，即皖南山户园户亦因之受困。迭据皖商赴局环叩禀请转详，酌减税捐。"两江总督曾国荃折，光绪十四年五月初二日，《军机处录副奏折》，第 489 盒，第 245-246 号；"江西征收茶叶落地税，（光绪十八年后所收逐年下降）印度、日本产茶日旺，售价亦轻，华商成本太重。（请援光绪十四年间皖南牙厘局奏请每引减捐银二钱之例）江西茶商事同一律，拟请每百斤暂减税银一钱五分，以轻成本而恤商艰。"护理江西巡抚布政使方汝翼折，光绪十九年三月二十七日，《军机处录副奏折》，第 489 盒，第 2276-2278 号。

粮食歉收和饥荒年份，减少甚至暂时取消针对米谷的厘金。❶

为了更好地理解19世纪末中国厘金收入缺乏弹性的原因，我们有必要进一步分析中央和地方政府为改善针对茶叶、鸦片、食盐等主要消费品的厘金征收所采取的措施。从英国啤酒消费税和日本清酒税的征收可以看到，政府增加间接税的有效途径，是鼓励和培育主要消费品大规模集中的生产商或批发商。政府可以减少税收的监督成本，而这些大生产商或大批发商也由于受益于市场的垄断利润而能够承受重税。晚清中央和地方政府相当了解这一经济逻辑。

1877年，四川总督丁宝桢在征收食盐厘金税时，设立了官运局来负责四川和贵州的川盐运输。官方对盐运的控制，使得政府更容易向承购包销的持证盐商征收盐税，并得以废除四川和贵州境内的盐厘局卡。为了弥补贵州省因取消征收川盐厘金而造成的损失，四川省将其征收盐厘收入的一部分直接划拨给贵州省。❷这样，持证盐商销售食盐的成本也有所降低。该项制度简化了政府对川盐厘金征收的管理。❸

户部官员也认识到从产地或大型批发商征收厘金的重要性，

---

❶ 1877年，山西、陕西、河南遭受饥荒，户部"以一年为限，概免抽收（过境米粮）厘金"。引自安徽巡抚裕禄折，光绪四年三月十一日，《军机处录副奏折》，第488盒，第475-476号。1885年，湖北"秋收欠薄，入冬以后米价渐形踊贵，全赖外来商贾踊跃贩运，接济民食。臣等拟请即将此项米谷厘金暂行停收"。参见湖北巡抚谭钧培折，光绪十一年（月份不详），《宫中朱批奏折》，第32盒，第732号。1888年，两江总督曾国荃也因"江皖各属被旱甚广，收成薄歉，市面愈形减色"，而奏请将商运灾区米谷免厘。参见两江总督曾国荃折，光绪十四年（月份不详），《军机处录副奏折》，第32盒，第1078-1079号。

❷ 这一官运商销体系的详细资料，参见 Madeleine Zelin, *The Merchants of Zigong: Industrial Entrepreneurship in Early Modern China* (New York: Columbia University Press, 2005), chapter 6。

❸ 1911年后，丁恩爵士（Sir Richard Dane）在中国建立了盐税集中征收制度，他认为四川的盐政"或许是中国最好的"。引自 Adshead, *The Modernization of the Chinese Salt Administration*, p. 123。

以减少过境厘金局卡的数量，简化对厘金征收的管理和监督。例如，户部在 1885 年年初建议产茶省份仿效甘肃省，从种植地直接征收茶叶厘金，并取消所有国内沿途的茶叶过境厘金。其背后的依据是，在货物发运前征收厘金，以便减少征收中的监督成本。❶尽管主要产茶省份的督抚认为，这种做法在茶叶种植极为分散的中国不切实际，但同样的方法被用于征收国产和进口鸦片的厘金。

对于每 100 斤进口鸦片，除了征收 30 两白银的正常关税外，还要征收 80 两的消费税，即所谓"洋药厘金"，一些广东商人因此请求户部准许他们在香港成立一家公司，以垄断印度鸦片的进口。直隶总督李鸿章支持这项计划，并向户部上奏称，这将极大提高征收进口鸦片厘金的效率。❷但因外国鸦片商人反对，清政府被迫放弃这一计划。尽管如此，户部和督抚都明白，对进口鸦片征收厘金，在其整箱成批通过海关时征收，远比在其入境后分装运往各地时征收更为有效。❸因此，当户部不满各省督抚征收各自境内进口鸦片厘金的低下效率后，1887 年 2 月决定由海关而非各

---

❶《户部奏折（1885 年 1 月 23 日）》，《光绪朝东华录》，第 2 卷，页 1873。

❷ "(该公司抽收洋药厘税后，) 而各省口岸，内地局卡及各路之巡船，均可裁撤，节省糜费，尤属不少。"直隶总督李鸿章片，光绪七年六月十八日，《军机处录副奏折》，第 488 盒，第 1327–1329 号。

❸ "(进口鸦片入内地，海关实总汇之区)，比照运盐就场征课办法，臣等悉心筹虑，欲税厘之生色，总非杜绝走私不可；欲缉私之严密，非各关监督与税司合力稽征不可。概洋药之为物，可整可零，其质既轻，藏匿最易。即偷漏最易，况洋人以配药为名，任意提行，漫无限制。今惟明定新章，克期开办。饬各口同时举行，每箱并征之数，照约一百一十两为度。于进口时则应按照新章，封存海归准设具有保结之栈房冦船等处。必俟每箱向海关完纳正税三十两并纳厘金八十两后，始准搬出。"总理各国事务衙门多罗庆郡王奕劻等折，光绪十二年十二月初十日，《军机处录副奏折》，第 488 盒，第 2843–2847 号；各省督抚对此表示赞同，例如闽浙总督杨昌浚指出，"洋药关税收之于轮船进口之时，其数整；华税厘金收之于洋行分售之后，其数散。故偷漏关税较难，偷漏厘税则易"。参见闽浙总督杨昌浚折，光绪十三年三月初四日，《军机处录副奏折》，第 488 盒，第 3005–3007 号。

省督抚来统一征收进口鸦片的厘金。❶

　　至于所谓"土药"的国产鸦片，户部于1890年要求各省督抚分别寄送每一季度征收厘金的账簿。那些土药厘金税额较大的省份，如广东、浙江和湖北等省，都服从了户部的命令，尽管上报的厘金征收数额将被中央用于制订财政指拨计划。❷同年6月，户部还就如何提高各省土药厘金的收入与各省督抚协商对策。没有鸦片种植省份的督抚，对此并不热情。在他们看来，对土药征收沉重的厘金税是不切实际的，因为由此引发的鸦片走私贩运将防不胜防。而云南、四川等鸦片种植大省的督抚也指出，向分散经营的小农征收高额鸦片税几乎是不可能的。❸

　　尽管如此，一些督抚还是提出了增加土药厘金收入的办法。例如，湖北省在宜昌府设立了专门的厘金局，负责管理对过境四川的鸦片征收厘金，因为四川出产的大部分鸦片需要通过宜昌运入湖北。❹四川总督刘秉璋还向户部建议，取消各地设立的征收国产鸦片厘金的厘局和厘卡，而代之以对主要鸦片生产省份的主要批发商统一征税。商人在缴纳了这种单一税以后，无须再在任何其他省份支付过境厘金。正如刘秉璋向中央明确提议的那样，这

---

❶ 戴一峰：《晚清中央与地方财政关系》，《中国经济史研究》，第4期（2000），页53-54。

❷ 罗玉东认为，督抚没有将其所收鸦片厘金，分年分款造册专款报销的原因，是为了阻止户部获得这些信息，但是这一看法并没有事实根据。参见罗玉东：《中国厘金史》（上海：商务印书馆，1936），第一卷，页156。关于各省向户部另册专款造报土药厘金的材料，参见两广总督李瀚章折，光绪十六年八月二十二日，《宫中朱批奏折》，第32盒，第1327-1331号；湖广总督张之洞、湖北巡抚谭继洵折，光绪十六年八月二十四日，《宫中朱批奏折》，第32盒，第1335-1341号。

❸ 林满红：《晚清的鸦片税》，《思与言》，第16卷，第5期（1979），页11-59。

❹ "川土入鄂南路，以宜昌、施南一带为水陆要隘。拟于宜昌府设立土药专局，檄委湖北候补道吴廷华总办局务。"湖广总督张之洞、湖北巡抚谭继洵折，光绪十六年八月二十四日，《宫中朱批奏折》，第32盒，第1335-1341号。

种方法将有利于集中管理土药厘金的征收，并获得更多的收入。❶

户部很快下令江苏省试验"土药统捐"这种新的征收办法。1891年，江苏省在鸦片的主要产区徐州成立了土药统捐局，向商人发放许可证，并对他们征收统一的鸦片税。在徐州支付过这笔费用后，这些商人便不用再支付任何过境税费给其他厘金征收点，包括南京、苏州和上海的主要厘金局。户部甚至要求驻扎在徐州的军队保护持证商人的鸦片运输。❷江苏巡抚刚毅起初对此并不情愿，认为徐州"地无扼要之处，走私偷漏容易"，但户部显然在这个问题上有足够的权威来迫使刚毅进行这项"徐州土药统捐"税收试验。❸

一个反事实的推理

清政府在1895年以前在交通要道或商品产地征收单一厘金的种种尝试，会不会导向集中征收间接税的制度发展呢？如果清政府遭遇的信用危机足够严重，现代财政国家是不是就可能在19世纪末的中国出现呢？为了回答这些反事实的问题，我把1895年日本向清政府索取2.3亿两战争赔款，迫使清朝中央政府承受全部风险，视作信用危机的一个模拟。这一巨额赔款是随后制度变迁

---

❶ "（土药税厘）如部议必欲加抽，亦须统筹全局……议定划一章程，免致各省任意自为，既有碍民生转无裨于国计。抑或仿照洋土办法，径由出产省份全数抽收一次，黏贴印花。此后所过省份不再抽收。"四川总督刘秉璋折，光绪十六年十月初四日，《宫中朱批奏折》，第32盒，第1407—1408号。

❷ 总理衙门会同户部折，光绪十七年三月二十三日，《宫中朱批奏折》，第32盒，第1454—1460号。

❸ 有关江苏巡抚刚毅勉强的态度，参见：江苏巡抚刚毅折，光绪十六年七月十三日，《军机处录副奏折》，第489盒，第1018—1026号。

的外生因素，因为 1894 年前的清政府完全没有预料会到与日本发生这场重大冲突，而这场耗时有限的局部战争也没有搞垮中国经济。而赔款数额之大足以迫使清政府启动财政改革，却并不至于使其完全破产。❶因此，甲午战争的赔款可以作为一种"自然试验"，来探讨 19 世纪末清政府在遭受信用危机的反事实状况下可能发生的制度变革。❷

甲午战争爆发后，军费开支激增，清政府的白银储备很快耗尽。除了向京城商人借来 100 万两外，总理各国事务衙门会同户部在 1894 年 9 月向汇丰银行商借银款，准其在伦敦发行股票，用关税作担保，为"中国国家"募集两笔共 1000 万两的借款。❸这是清朝中央政府第一次直接从国外举债；之前的外债，都是由中央授权督抚来募集。甲午战败后，现有财政制度无法应对巨额赔偿和增加的军事开支。户部被迫寻找替代性方案。1895 年 6 月，户部向清廷陈情新形势下改革"祖宗成法"的迫切性。❹1895 年 7 月 19 日，清廷发布上谕，明确改革目标，"以筹饷练兵为急务，以恤商惠工为本源"。❺

---

❶ 但五年后即 1900 年，因义和团事件而造成总额达 4.5 亿两的庚子赔款却让清政府彻底破产。

❷ 关于"自然试验"（natural experiment）作为历史研究的一种方法，参见 Jared Diamond and James Robinson, eds., *Natural Experiments of History* (Cambridge, MA.: The Belknap Press of Harvard University Press, 2010)。

❸ "总理各国事务衙门会同户部，代中国国家向汇丰银行商借银款。准汇丰银行权为中国国家经手人，代中国国家借上海规平银一千九十万两，合库平足色纹银一千万两。"总理衙门折，光绪二十一年正月十二日，《军机处录副奏折》，第 680 盒，第 1067—1088 号。

❹ "祖宗成法万世所当遵守者也。然时势异，宜则斟酌损益，法亦因之而变。"户部折，光绪二十一年六月十七日，《军机处录副奏折》，第 680 盒，第 1170—1177 号。

❺ 《上谕——令各省筹拟变法自强办法，推行改革、自强的圣旨》（1895 年 7 月 19 日），中国人民银行参事室金融史料组编：《中国近代货币史资料》（2 卷）（北京：中华书局，1964），第 2 卷，页 636。

财政问题严峻，官员需提出切实可行的解决办法。康有为、梁启超、谭嗣同等后来在 1898 年"百日维新"扬名的激进青年官员，既没有财务方面的实际经验，对西方国家或日本的财政制度也缺乏了解，因此无法提出任何有用的建议。而严重的财政困难，给诸如盛宣怀这样有能力的财经官员提供了机会。1896 年 9 月，当时最有权势的两位总督张之洞和王文韶联名向朝廷举荐盛宣怀。慈禧太后在 1898 年发动宫廷政变，扼杀了"百日维新"，但为获取更多税收和调动更多金融资源而开展的财政制度探索，并没有因此而中断。❶

金融政策方面的一些新试验，进一步暴露了分散型财政制度的弱点。例如，户部在 1898 年 1 月决定发行 1 亿两名为"昭信股票"的国家债券。每股价值 100 两，年利率为 5%，期限是 20 年。然而，户部并没有委托民间银行或刚成立的中国通商银行来包销这些债券。户部也没有集中管理昭信股票的认购和利息支付，反而将这些债券分发给各省，由各省督抚负责推销债券和承担利息支付。可是，像山东、湖南等欠发达地区的督抚很难找到认购者。虽然通过自愿和强制认购的方式，筹集了 1000 万两白银，但其中大部分都分别存放在各省的藩库，听候户部今后的指拨。在这样分散型的财政运作中，户部将支付债券利息的负担推给了督抚，却没有任何手段来约束督抚按时向认购者支付利息。利息支付的延宕，甚至拖欠，严重损害了昭信股票的信誉。❷

征收厘金和盐税等间接税制度，也发生了重大变化。1894 年前曾在徐州、湖北等地实施的统一征收土药厘金的试验，后来由户部推广到八个省。通过统一征收厘金，户部可以从此前各省表

---

❶ 中村哲夫：「近代中国の通貨体制の改革：中国通商銀行の創業」，『社会経済史学』，第 62 卷，第 3 期（1996 年 8—9 月），页 318。

❷ 千家驹编：《中国公债史资料：1894—1949 年》（北京：中华书局，1984），页 1-31。

现出卓越能力的官员中选拔人才。例如，湖广总督张之洞向户部推荐了程仪洛，他在江苏省的江宁和徐州都展现出征收厘金的出众能力。❶ 兵部左侍郎铁良上奏提议将集中征收土药厘金的范围扩大到八个省，其奏折中特别推荐了孙廷林，因为他对湖北宜昌鸦片厘金征收的管理极为有效。❷ 负责土药厘金统征的大臣柯逢时，在广西的厘金征收监管工作中有出色的表现。

清政府开始对土药统一征收新的厘金。具体方式是，对通过关键运输枢纽的鸦片总量征收统一税赋。分局每月向省内督办送缴账簿，然后每三个月向朝廷提交一次财务报告。对国产鸦片抽收的税收总额，从 1894 年的 220 万两白银增加到 1907 年的 930 万两，朝廷保留了 370 万两，其余分配给各省。❸ 1900 年，清政府也开始集中征收盐税，即对盐场或官运商销的食盐征收单一税。❹

尽管各省管理直接征收厘金税采用的方法与 18 世纪英国和 19 世纪晚期日本的消费税征收相类似，但中国缺乏大规模集中生产的消费品，这使得厘金的收益相对缺乏弹性。而从国产鸦片和食盐获取更多税收的尝试，也经常受到走私活动的破坏。1895 年以后，清政府又十分艰难地尝试对白酒、烟草和糖征税，但却受制于中国这类产品较小的生产规模。以白酒厘金为例，在 20 世纪

❶ 湖广总督张之洞折，光绪二十一年十二月十九日，《军机处录副奏折》，第 489 盒，第 2970–2973 号。

❷ 兵部左侍郎铁良折，光绪三十年十月二十八日，《军机处录副奏折》，第 490 盒，第 2285–2288 号。

❸ 对于 1897 年后的集中化进程，参见何汉威：《清季国产鸦片的统捐与统税》，全汉升教授九秩荣庆祝寿论文集编辑委员会编：《薪火集：传统与近代变迁中的中国经济：全汉升教授九秩荣庆祝寿论文集》（板桥：稻乡出版社，2001），页 560–570。关于各省巡抚和中央之间在如何分配收益方面的争论，参见刘增合：《鸦片税收与清末新政》（北京：生活·读书·新知三联书店，2005），页 43–85。

❹ Adshead, *The Modernization of the Chinese Salt Administration, 1900–1920*, pp. 52–59.

的第一个十年，从直隶、四川、吉林、奉天等白酒生产省份征收的厘金税，每省都不超过 100 万两白银。❶

在金融改革方面，户部此时认识到建立国家银行对于中国工商业发展的重要性，便计划先在北京和上海设立银行，然后在省会城市和重要市镇设立分行。为此，户部官员还希望收集更多有关欧美和日本银行系统的知识，甚至借鉴山西票号的经营办法。❷1897 年 5 月 27 日，盛宣怀在上海成立了中国通商银行。这是一家股份制银行，名义资本为 500 万两，实际投入资本为 250 万两。十二位董事中有八位是实力雄厚的银行家和商人，包括严信厚、朱葆三和叶成忠。到 1898 年 5 月，该行已在北京、天津、汉口、广州、汕头、烟台、镇江等地开设了分行。❸

尽管如此，清政府仍然不愿通过发行纸币来解决当前的财政困难。康有为等一批改革派官员极力主张政府学习日本在财政改革方面的成功经验。对他们来说，黄遵宪的《日本国志》是研究明治日本改革全面且权威的指南。1877 年至 1882 年间，黄遵宪曾担任驻日外交官；1887 年夏天，他在中国完成了这本书的写作。然而黄遵宪在书中警告说，滥发纸币曾导致日本严重的通货膨胀。

---

❶ 1906 年，四川酒税年收入为 63 万两；1902 年，直隶酒税年收入为 80 万两；1906 年，奉天酒税年收入为 50 万两。参见何汉威：《清末赋税基准的扩大及其局限》，《"中央研究院"近代史研究所集刊》，第 17 卷，第 2 期（1988 年 12 月），页 69-98。

❷ "一切工商之业，类皆抵敌洋商，自保利权之道，诚不可不认真讲求而不能漫无条理。俟银行根基稳定，次第推广。……如蒙特简大臣承办，则当于承办之先，博考西俗银行之例，详稽中国票号之法，近察日本折阅复兴之故，远征欧美颠扑不破之章，参互考证，融会贯通，拟定中国银行办法。"督办军务王大臣会同户部折，光绪二十二年正月十一日，《军机处录副奏折》，第 680 盒，第 1285-1294 号。

❸ 有关中国通商银行的早期历史，参见 Albert Feuerwerker, *China's Early Industrialization: Sheng Hsuan-Huai (1844-1916) and Mandarin Enterprise* (Cambridge, MA: Harvard University Press, 1958), pp. 225-241。

他还谈到，纸币迅速贬值的现象，不仅曾经发生在中国的元明时期，也发生在美国和法国。值得注意的是，黄遵宪没有提到19世纪80年代松方正义是如何获得纸币的可兑换性的。❶户部官员也认同黄遵宪的担忧，还特别指出滥发纸币导致纸币大幅贬值，就是1877年日本爆发规模最大的士族叛乱的原因。❷当然，负面的例子并不局限于外国，盛宣怀本人也承认，政府不应该忘记在19世纪50年代发行纸币的惨痛教训。❸

到1899年1月，即便是支持盛宣怀建立中国通商银行的户部官员仍然认为，政府发行钞票不切实际，难以在市面上流通，就如咸丰时期的纸币试验所证明的那样。❹尽管汇丰银行发行的银行券已经在北京和天津等许多城市流通，但户部仍然认为这属于纯粹的私人信用工具，国家不应参与其中。❺户部在这方面的谨小慎微，极大地限制了中国通商银行的业绩。作为国家银行而非商业

---

❶ 黄遵宪：《日本国志》（上海：图书集成印书局，1898；重印，台北：文化出版社，1968），页524。

❷ "即如该将军声称，日本、俄罗斯皆藉行钞以致富强。然日本西乡之乱，纸银一圆不敌铜钱二百。俄国岁计亦载银罗般一，易纸罗般十，可为成本不足，不能流通之明证，此行钞票之难也。"户部议复依克唐阿请行钞法折，光绪二十四年三月初二日，《军机处录副奏折》，第680盒，第1735-1739号。

❸ "部钞殷鉴未远。"盛宣怀：《请设银行片》（1896年10月31日），引自夏东元编：《盛宣怀年谱长编》（上海：上海交通大学出版社，2004），下册，页541。

❹ "惟（银票）以商家之规行之则利多而弊少，以官场之法行之则利少而弊多。兹复拟由户部造票，使各省通行，并准其完粮赋、完税厘，是直以票为银，非仅以票取银，正与钞票无异。无论民间不肯相信，即勉强行用，而受之公家仍还之公家，库帑所储多系空纸，情形亦极可虑。……而目前正患银贱钱贵，再加以盈千累万之银票，银愈贱而钱愈贵，市价又何由而平？"户部议复翰林院代奏修撰叶大道请整顿钱法折，《军机处录副奏折》，第680盒，第2012-2020号。

❺ 19世纪末20世纪初，汇丰银行纸币在中国城市流通的情况，参见 Niv Horesh, *Shanghai's Bund and Beyond: British Banks, Banknote Issuance, and Monetary Policy in China, 1842–1937* (New Haven and London: Yale University Press, 2009)。

银行，中国通商银行不可以投资工业企业和不动产。但是，户部并没有授权中国通商银行垄断政府资金的汇兑，也没有授予其银行券以法定货币的地位。因此，中国通商银行只能发行数量有限的银行券，而这些银行券在国内市场还不得不与中国境内外资银行及本地银行发行的其他银行券竞争。[1] 相比之下，发行纸币则是日本银行早期阶段最赚钱的业务。

与对"空头"纸币的不信任相反，清政府更愿意接受机器铸造的银币。早在 1888 年，清政府就授意广东和湖北省政府试验铸造这种银币。由于铸造的银币在市场流通顺利，户部在 1894 年 7 月建议所有沿海省份都采用这些银币。1896 年 3 月 28 日，清政府宣布伪造银币为死罪，结束了对计量银币长期的放任态度。[2] 1900 年 2 月，湖广总督张之洞派湖北造币厂官员到北京协助建立京局造币厂。至于铜币，户部也是让省级政府先做试验。当铜币铸造的利润导致各省过度铸币时，户部便试图加以控制。[3]

清政府在这个时期对发行国债以筹集国内借款非常感兴趣。中国通商银行成立后不久，总理衙门便询问银行，是否可以向政府提供低息贷款，就像英格兰银行为英国政府所做的那样。[4] 虽然昭信股票发行失败了，但清政府在向日本支付赔款的过程中，表现出它有行政能力确保各省税款按时到达指定城市上海，而这正

---

❶ 浜下武志：「清末中国における「銀行論」と中国通商銀行の設立」,『一橋論叢』，第 85 卷，第 6 期（1981 年 6 月），頁 747–766。

❷《户部奏折（1896 年 3 月 28 日）》，中国人民银行参事室金融史料组编：《中国近代货币史资料》（2 卷）（北京：中华书局，1964），第 2 卷，页 684–685。

❸ 何汉威：《从银贱钱荒到铜元泛滥：清末新货币的发行及其影响》，《"中央研究院"历史语言研究所集刊》，第 62 卷，第 3 期（1993），页 432–447。

❹ 盛宣怀：《咨复总理各国事务衙门王大臣》，夏东元编：《盛宣怀年谱长编》，第 2 卷，页 572。

是发行长期国债的必要条件。

为了在三年内向日本支付巨额战争赔款，清政府不得不向英国、法国、德国和俄罗斯的银行借贷。每年支付的利息高达1200万两白银，1898年后更由于英镑升值上升至1700万两。法国和俄罗斯借款的利息偿还，必须在每年的3月和9月底送达位于上海的江海关；英国和德国借款的利息偿还，则必须在每年2月、5月、8月和11月底送抵江海关。尽管这些外国借款以中国的关税收入作担保，但实际利息支出的一半以上来自国内的税收而非关税。其中，41.2%来自15个海关征收的关税收入，41.5%来自15个省的厘金和地丁税，其余17.3%来自中央直接指拨各省和海关的其他资金。❶这一时期，清朝官员管理的主要厘金和盐税收入，通过中国的民间银行汇兑到上海，或在官方监督下直接运到上海。

户部要求，这些指定的资金抵达上海后，江海关要立即通过电报向户部报告。如果指拨的分期款项有所拖欠，户部即向相关省份发电报施压。❷督抚认真地执行了中央的命令。根据江海关的报告，1896年到1899年间，95%以上的钱款准时到达。❸如果清政府对各省督抚没有足够的权威，根本就难以按时支付四国借款的还款利息。因此，这些证据表明，19世纪末的清政府完全有行政能力确保

---

❶ 数据引自：罗玉东著：《光绪朝补救财政之方案》，周康燮编：《中国近代社会经济史论集》（2卷）（香港：崇文书店，1971），第2卷，页205。

❷ "此项摊款与寻常拨款不同，既经酌量等差奏明确数，即不得丝毫短欠。嗣后各省关解到之款，务令该关（江海关）遵照案款存储，专备认还俄法英德之需，不得挪移通融，致滋弊混。如各省关有延欠未清，即由本部电催赶解。"户部《各省关筹还俄法英德借款由江海关按年造册报部》折，光绪二十二年八月二十八日，《军机处录副奏折》，第507盒，第2428-2430号。

❸ 两江总督刘坤一《江海关经理四国还款光绪二十四年收支各数》折，光绪二十五年五月初一日，《军机处录副奏折》，第507盒，第2796-2798号；两江总督刘坤一奏折（1900年9月21日），《军机处录副奏折》，第507盒，第3087-3089号。

按时支付大量的年利息，而这正是获得市场长期信贷的必要条件。

19 世纪末，中国的金融市场也能够为清政府筹集长期信贷提供帮助。首先，1862 年至 1872 年间，上海出现了股票市场；为了便于股票交易，上海股票平准公司于 1882 年 10 月成立。❶ 从 1872 年到 1883 年，现代运输业和采矿业通过在上海出售股票，筹集了总计 664 万两的资金。❷ 其次，上海和沿海地区有大量闲散资金在寻找投资机会。到了 1894 年，一万多名买办持有的可用作投资的财富总额，据估算高达 2 亿两。❸ 然而，国内银行和外资银行的存款利率都很低；例如，上海外资银行一年期定期存款的利率约为 5%。

与此同时，督抚在 1894 年以后，也开始尝试从市场筹集金融资源的新方式。与户部使用行政命令来筹集借款不同，直隶、江西、福建等省政府委托行会或富商而非政府机构，来负责向债权人借款和支付利息。❹ 督抚理解在国内借贷初始阶段保持信誉的重要性，因为他们知道，许多拥有闲置资金的商人正在观察政府能否按时付息。湖北巡抚谭继洵认为，如果政府能够证明有调动税

---

❶ 田永秀：《1862–1883 年中国的股票市场》，《中国经济史研究》，第 2 期（1995），页 58–59。

❷ 同上，页 64。

❸ 许涤新、吴承明编：《中国资本主义发展史》（北京：人民出版社，1990），第 2 卷，页 175。

❹ "（福建息借商民）第尚有稍为变通者，省城当设一总局，请二、三正绅为商民所信服者，经理其事，集款交官，领息付民，必有汇总之地，府州亦然。"闽浙总督谭锺麟折，光绪二十年九月十三日，《军机处录副奏折》，第 680 盒，第 10291030 号；在天津，"交银还银概由通纲公所各总商经手，不准吏胥留难滋弊"。直隶总督李鸿章折，光绪二十年十二月二十三日，《军机处录副奏折》，第 680 盒，第 1050–1054 号；在江西，"选择殷实商号经理银钱收放等事，概既不经由藩库，亦不假手胥吏"。江西巡抚德馨折，光绪二十一年二月二十一日，《军机处录副奏折》，第 680 盒，第 1124–1127 号。

收以按时还本付息的能力，富商将来就会踊跃借钱给政府。❶

　　因此，中国实际上具备了通过长期借贷而建成现代财政国家的关键制度因素。一方面，许多高级官员理解委托民间金融中介机构管理国债的认购和利息支付的重要性。另一方面，清政府有行政能力确保指定税收准时从各省送达上海。

　　尽管这些制度要素在现实中没有连接为整体，但类似英格兰银行的金融机构仍有可能出现在 19 世纪末的中国，这一设想并不牵强。这个机构的总部最有可能设在上海，可以管理低息长期国债的认购和利息支付。就像 18 世纪的英国那样，这样的银行通过吸引王公贵族和主要官员投资国债，来赢得首都的政治支持，还可以像 18 世纪的英格兰银行对英国财政部那样，每年向户部官员进贡"礼品"，以巩固政府官员的好感。

　　清政府成功向日本支付了赔款，表明其完全有能力按时支付利息来维持 2.3 亿两白银的长期信贷。有鉴于此，利用集中征收的间接税来确保长期借贷信用的现代财政国家，应该是晚清中国财政制度发展的一种可能，即便间接税在中国的增长受制于当时的经济条件，现代财政国家的制度发展也能大大提升清政府的国家能力。然而，清政府并没有遭遇重大历史事件而被迫面对信用危机，因此没有想方设法把这些既有的制度要素结合为新的财政制度，使政府按时支付利息与投资者对国债信心日益增强此二者之间，产生相互增强的效应。

---

❶ "惟是官商银钱往来，全在示人以信。此项息借银两，必须像筹有着的款，届期本利全还，毫无挂欠，俾名商闻而兴起。"兼护湖广总督湖北巡抚谭继洵折，光绪二十一年二月二十七日，《军机处录副奏折》，第 680 盒，第 1133–1135 号。

结　论

历史不仅仅是供社会科学家检验假说和建立理论模型的"数据生成器";相反,历史研究应该是因果叙事的有机组成部分,这样才能解释制度发展和政治变革中多种可能的结果。本书是关于英国(1642—1752)、日本(1868—1895)和中国(1851—1911)三个制度发展案例的历史比较分析,其因果构建不是简单地将具体历史情境当作背景,而是通过对历史情境的细致分析来完成的。这一因果叙述,试图解释一项特定的"大变革"(great transformation):现代财政国家的兴起。这种方法对于理解社会政治变革随时间过程而展开的复杂的历史因果性,也具有一定的普遍意义。特别是它试图证明,对历史因果性的事件分析可以将个人的能动性、社会经济结构以及事件的偶然性,整合到一个自恰连贯的因果故事中,从而解释具体的新制度是如何在充满不确定性和互动性的历史过程中被创建出来。当制度发展的轨迹既不是由社会经济结构所决定,也不是由理性有限的决策主体所主导时,对事件细致而深入的分析,可以帮助社会科学家发现一种因果机制:它既不诉诸对历史过程的粗暴简化,也不是倒退回那种"讲故事式的历史解释"的幼稚思维。

近年来,历史制度主义学者致力对特定历史时期的制度发展或政治变革进行详细分析。他们强调不确定性和偶然性,以及个人能动性在制度改革和创建中的重要作用。本书对现代财政国家出现在英国和日本而不是在中国的历史比较研究表明，对具体时段内的案例分析和对社会经济结构的长时段变化的研究，是历史因果性中两个截然不同但又密切相关的组成部分。

在本书每一案例展开之前，英国、日本和中国在国家形成和市场经济发展方面的类似特征，构成了比较研究的重要前提条件。每个案例中，既有的财政制度都不再与其社会经济环境相适应，这表现在：英国斯图亚特王朝初期领地收入的枯竭；幕府从直接管理的有限地域获得的税收，不足以维持19世纪初它作为中央政权对日本的统治；清政府无法利用货币贬值这一货币政策来缓解19世纪20年代至40年代因国内白银匮乏而造成的严重通货紧缩。同样，每个案例中，国家当政者都极为关注如何克服财政危机。

然而，在这几个案例中，财政危机却没有导致国家的彻底崩溃。中央政府、地方官员和社会精英阶层对维护社会秩序的共同关注，支撑着这三个运行良久的早期现代国家。这一政治条件对于每个中央政府得以避免实时土崩瓦解至关重要，因为它使得中央政府能够将很多必要的国家开支转移到地方政府，甚至由地方社会去负担。既有财政制度功能失调却又韧性十足，限制了决策者设计替代方案的理性能力，诸如对商业部门征税、印制纸币等新计划，都曾被提出并讨论过，但在每个案例的危机爆发前都没有得到实施。因此，历史情境中的个人不可能确切知道实施这些计划是否能真正解决财政问题。1642年英国内战、1868年日本明治维新、1851年中国太平天国运动，都导致既有的财政制度解体；变革者不得不在极不确定且压力巨大的情况下开始探索新的财政制度。将导致既有制度崩溃的重大事件设置为新制度的起点，这是遵循保罗·皮尔逊（Paul Pierson）的建议——要"回到历史情境中展望"，而不要从事后结果出发进行回顾——而且这样做，也不会陷入"因果无限回溯"的历史无底洞。

但是，当我们真的回到充满不确定性的关键节点，透过历史行动者的眼睛向前看时，我们会发现自己处于具有多种可能结果的情境中。英国的分散型财政到了17世纪60年代似乎还在自我强化。即使关税、消费税集中征收制度已经确立，英国的当政者还是可以选择依靠短期信贷或彻底清偿过去的债务，而不是去探寻永久性的国债制度。同样，明治初期的日本，许多政治家认为分散型财政似乎是更实际的选择。即使在1871年废藩置县之后，很多政治实权人物仍倾向采取渐进而非急进的方式来建立财政集中的管理制度。虽然清代中国的分散型财政持续存在，但中央政府在1895年以前，就对如何利用各省督抚发展出来的直接征收厘金的方法来集中征收厘金表现出浓厚的兴趣。

那么，在考虑到历史进程中可能出现的多种可能结果之后，我们应该如何解释最终出现的特定结果呢？以"事后诸葛亮"的智慧，我们当然可以很轻易地指出，现代财政国家制度对国家当政者有诸多吸引力。现代财政国家制度的建立，通过集中征收间接税来调动长期财政资源，极大提高了国家的支付能力。而"集体行动问题"的困境，又使得普通消费者难以有效地组织起来反对间接税的高额征收。因此，变革国家制度的精英，无论他们拥有土地或资本，都应该欣然接受现代财政国家制度。然而，在制度发展的不确定过程中，历史进程中的行动者不可能具备现代财政国家制度在功能和分配效应方面的知识。因此，功能主义的解释既无法告诉我们为什么这样有效的财政制度没有更早出现在英国或日本，也无法说明为什么现代财政国家没有出现在晚清中国，因为其政体同样具备完成这一伟大变革的必要条件。

在历史关键节点，个人能动性有较大的发挥空间，但这并不一定能消除不确定性。通过对历史情境更为细致的考察，我们发现，具有强大影响力的政治人物，常常在思想观念上分歧严重。在英国和日本，对永久国债或不可兑换纸币发行的怀疑甚至敌意相当普遍。在晚清中国，即便传统财政运作持续存在，一些重要官员还是倡议成立国家银行来为政府提供贷款。

考虑到每个案例中，有影响力的国家变革者提出诸多不同的制度发展方案，因此，在解释制度发展这一互动进程中出现最后的特定结果时，我们很难将观念确定为"第一要因"（primary cause）。学习是试验各项制度安排过程中的重要组成部分，但因为两种原因，学习本身并不足以确定制度发展的方向。首先，已知的外国模式有不同类型，即意味着制度发展的不同方向。其次，将外国模式应用于国内环境，本身就是一个反复试错的过程，而政治权力的斗争常会剥夺制度变革发起人从自身试错过程中吸取经验教训的机会。我们不能假设，所有具有影响力的政治家都有同样的学习动机和学习能力。

那么，结构性的因素又如何起作用呢？在每个制度发展案例开始之前的长时段社会经济变化，以及那些功能失调的过时制度，是造成每个关键节点的历史行动者不得不去面对不确定性的根本原因，而对替代性制度的探索也都是在这种不确定性下开始的。多种可能的结果同样源于社会经济结构和那些对相关社会经济状况缺乏完整信息的个人之间的相互作用。即使我们给能动性的发挥留出了很大的空间，有限理性的变革者在黑暗的制度发展进程中，也不可能准确预知哪个方向会最终导向现代财政国家的诞生。社会经济结构为制度变革提供了舞台，但并不能决定先后顺序和最终结果。

在深入分析历史过程的基础上展开的"事件分析法"（eventful approach），有助于我们解决单凭主体能动性和社会经济结构都无法处理的因果不确定性。然而，我们必须清楚，发生在具体制度发展阶段中的众多历史事件，并不具备相同的因果解释效力。正如这项关于现代财政国家兴起的比较历史分析所表明的那样，事件的因果杠杆效应来自事件产生的特殊的信用危机：国家不得不依赖"空头"信用工具来满足其支出需要。例如，英国发行的大量无税收担保的短期债券，以及日本明治政府初期对不兑换纸币的依赖，这两者都不是由决策者理性设计或计算得出的结果，而是出自于历史事件的偶然意外，绝望中的决策者别无选择。确实，鉴于这些空头票据在市场上的信用程度低下，对于当时的历史人物来说，反对在财政中使用这类"空头"信用工具的人似乎更有道理。

然而，这样的信用危机一旦发生，却能对后续制度发展的方向甚至速度产生深刻而持久的影响。国家为满足支付需要而发行的"空头"信用工具，构成了一个无论谁上台掌权都必须面对和解决的问题。国家使用强制力，不足以保障不兑换纸币或无税收担保的短期债券的市场信誉。为了解决这一具体的信用危机，决策者不得不尝试新的方法和制度要素，其中一些甚至太过冒险或不得人心。由于中央政府承担了确保这些信用工具价值的全部风险，这样一场信用危机，帮助国家决策者得以逃逸出分散型财政的"锁定状态"，迫使他们不断寻找集中征税和管理财政的方法。危机的压力促使他们创新制度，以便有效监控征税代理人在集中征收间接税时的表现，从而更好地捍卫国家发行的信用工具的信誉。

这一信用危机的特殊性，不仅可以用于检验正在试行的制度要素是否有效，而且在建立全新财政制度的过程中，为有才干的财政官员提供了难得的脱颖而出的机会。随着时间推移，有效的制度因素、有能力的官员和有用的经验不断积累，不确定性从而逐渐消除。而由于无法解决信用危机，原本一些替代制度或方案则会被淘汰。随着决策者逐渐认识到集中征收间接税与发行长期信用工具的国家制度之间有相互促进的效用，制度发展的轨迹便由此不可逆转地朝向现代财政国家这一最终结果。如果没有严重的信用危机迫使政府不得不依赖空头信用工具的话，这样一个路径依赖的制度创新过程本来是不可能得以开始的。

社会经济结构为制度发展的轨迹设置了关键的边界条件，但并不决定其具体发展方向。例如，主要消费品生产的集中程度对集中征收间接税有很大影响。英国的啤酒消费税和日本的清酒税，相对于晚清中国的国产鸦片消费税来说，更容易实现集中征收，这便是例证。社会经济环境的差异，为决策者利用税收来确保国家长期债务提供了不同的可能。17世纪末18世纪初，英国国内金融网络欠发达，英国政府因此很难让英格兰银行发行的银行券在整个经济中流通。尽管如此，伦敦在英国国内和对外贸易中居主导地位、大金融商集中在伦敦，以及众多寻找安全投资机会的投资群体的出现，所有这些都极大地促进了英国政府尝试将无税收担保的短期债券，转换为由集中征收的税收担保的低利率永久年金。在这种情况下，永久国债制度显然压倒将国家债务转换成纸币的选项。

相比之下，虽然日本政府在明治初期尚未建立起全国性的征税制度，但活跃的国内经济和跨区域金融网络，有助于明治政府发行不兑换纸币。到了1871年，不兑换纸币已能够在经济中顺利流通。为了保证流通中不兑换纸币的价值，明治政府建立了集中化的财政制度，以管理财政和征收间接税。随着财政制度的集中化以及 1882 年日本银行的成立，明治政府不仅实现了纸币的可兑换性，而且能够从国内市场上募集长期国债。

作为这一比较分析中的反面案例，1851 年至 1911 年间的中国，也证明了信用危机和适当的社会经济环境相结合对现代财政国家出现的重要性。中国国内经济在 19 世纪 50 年代遭受严重破坏，这对于清政府渐进、合理地推动流通纸币的制度建设来说，是极为恶劣的环境。而咸丰朝纸币发行的惨败，使国家当政者不愿将信用工具重新引入政府财政运作。19 世纪 70 年代至 90 年代，在新的国内外经济环境下，省级政府出现了重大制度变革，特别是建立了直接征收厘金的制度；各省政府和民间金融商在汇寄税款和政府资金方面开展合作。然而，1895 年之前，没有任何事件促使中央政府推广这些方法以实现中央层面集中征收间接税。清政府沿用分散型的财政体系，依然能够满足其对外战争和及时返还短期外债方面的紧急需要。

从理论上讲，中国在 1895 年之后向日本支付甲午战争赔款是一种"自然试验"，说明了 19 世纪末的清政府本可以利用已有的制度要素，与沿海城市的金融市场进行互动，从而建立以长期借贷为基础的现代财政国家。这些已经存在的有利因素包括：确保税收按时到达以支付长期信贷利息的行政能力，政府集中征收国内间接税的制度，以及通过发行小面值国债而扩大国债购买人群的主动意愿。因此，中国未能建立现代财政国家的事实，也验证了用信用危机和适当社会经济环境的相互作用来解释现代财政国家产生的因果机制。

现代财政国家制度一经形成，其对国家能力的增强及其利益分配的效应则将进一步巩固这一制度，因为普通消费者难以通过有组织的反抗来撼动这一国家财政制度。而现代财政国家的维持，在很大程度上取决于国家税收与长期债务之间的均衡。因此，国家财政的管理者有强烈的动力去准确评估税收的潜力和主要税收来源的弹性。他们也有动力去鼓励经济规模扩大，因为这直接意味着税收的增加和国家调动资金能力的增强。集中的财政制度，在英格兰银行和日本银行成为真正的中央银行的过程中发挥了极其重要的作用。这两家银行后来不仅为整个经济提供货币，而且是国内金融市场所谓的"银行的银行"或"最后贷款者"。现代财政国家的兴起，为现代国家通过财政和金融政策调节宏观经济，奠定了基本制度基础。

现代财政国家的出现和巩固的路径依赖说明，即便制度发展的路径不可逆转地走向最终结果，也不意味着政治斗争的终结；相反，新确立的现代财政国家这一财政制度，成为辩论税收和财政政策公平性以及政府支出性质的主要论坛。例如，英国政府征收的高额消费税，因为其"劫贫济富"的收入分配性质，在18世纪末至19世纪初激起英国社会改革者的强烈不满。同样，19世纪90年代早期，日本国会议员也激烈辩论新建立的现代财政国家制度应该发挥怎样的社会功能，到底是用来增进国内福祉还是用于军事扩张和对外侵略。因此，现代财政国家为有关社会公平福祉和分配正义的政治活动提供了新的制度平台。然而，由此带来的方法和实施上的持续和渐进的变革，不会改变现代财政国家的核心制度特征，即国家以集中型财政制度支撑其在金融市场的信用度。现代财政国家的出现，标志着早期现代国家在财政意义上成为现代国家。

参考文献

历史档案资料

日文档案

伊藤博文関係文書，書類の部，No. 502, 日本国立国会图书馆宪政资料室

大隈文書，微缩胶卷

中文档案

中国第一历史档案馆——

军机处录副奏折　财政类（嘉庆朝至光绪朝），杂税类（道光朝至光绪朝），补遗
二十一专题：货币金融（道光朝至光绪朝）

宫中朱批奏折　财政类（嘉庆朝至光绪朝），杂税类（道光朝至光绪朝）

出版史料

日文

大久保達正等编：『松方正義関係文書』，20 卷本。東京：大東文化大学東洋研究
所，1979－2001。

大蔵省编纂，大内兵衞、土屋喬雄校：『明治前期財政経済史料集成』，21 卷本。
東京：明治文献資料刊行会，1962。

渋沢青淵記念財団竜門社编：『渋沢栄一伝記資料』，68 卷本。東京：渋沢栄一伝

記資料刊行会，1955－1971。

日本史籍協会编：『大久保利通文書』，10 卷本。東京：東京大学出版会，1928。

日本経営史研究所编：『五代友厚伝記資料』，4 卷本。東京：東洋経済新報社，1971。

明治財政史編纂會编：『明治財政史』，15 卷本。東京：吉川弘文館，1972。

『横浜市史』，7 卷本。横浜：有隣堂，1958－1982。

早福田大学社会科学研究所编：『大隈文書』，6 卷本。東京：早福田大学社会科学
研究所，1958－1963。

中文

黄鉴晖等编：《山西票号史料》（增订本）。太原：山西经济出版社，2002。

台北故宫博物院故宫文献编辑委员会编：《宫中档光绪朝奏折》，24 卷本。台北：
台北故宫博物院，1973－1975。

太平天国历史博物馆编：《吴煦档案选编》，7 卷本。南京：江苏人民出版社，
1983－1984。

王云五编：《道咸同光四朝奏议》，12 卷本。台北：台湾商务印书馆，1970。

夏东元编：《盛宣怀年谱长编》，2 卷本。上海：上海交通大学出版社，2004。

中国第一历史档案馆编：《清政府镇压太平天国档案史料》，26 卷本。北京：社会
科学文献出版社，1990－2001。

中国第一历史档案馆编：《光绪朝朱批奏折》，120 卷本。北京：中华书局，1995－
1996。

中国第一历史档案馆编：《乾隆朝上谕档》，18 卷本。北京：档案出版社，1998。

中国第一历史档案馆编：《嘉庆道光两朝上谕档》，55 卷本。桂林：广西师范大学
出版社，2000。

中国人民银行总行参事室金融史料组编：《中国近代货币史资料》，2 卷本。北京：
中华书局，1964。

朱寿朋编：《光绪朝东华录》，5 卷本。北京：中华书局，1958。

论文与专著

英文

Abbott, Andrew. "Sequence Analysis: New Methods for Old Ideas." *Annual Review of*

Sociology 21 (1995): 93 – 113.

——. *Time Matters: On Theory and Method.* Chicago: University of Chicago Press, 2001.

Acemoglu, Daron, and James A. Robinson. "Economic Backwardness in Political Perspective." *American Political Science Review* 100, no. 1 (2006): 115 – 131.

Acemoglu, Daron, Simon Johnson, and James Robinson. "Institutions as the Fundamental Cause of Long-run Growth." NBER Working Paper, Series 10481, 2004.

——. "The Rise of Europe: Atlantic Trade, Institutional Change, and Economic Growth." *American Economic Review* 95, no. 3 (June 2005): 546 – 579.

Adshead, S. A. M. *The Modernization of the Chinese Salt Administration, 1900 – 1920.* Cambridge, MA: Harvard University Press, 1970.

Alexander, Gerard. "Institutions, Path Dependence, and Democratic Consolidation." *Journal of Theoretical Politics* 13, no. 3 (2001): 249 – 270.

Allen, G. C. *A Short Economic History of Modern Japan.* 4th ed. London: Macmillan, 1981.

Andréadès, A. *History of the Bank of England, 1640 – 1903.* 4th ed. London: Frank Cass, 1966.

Ardant, Gabriel. "Financial Policy and Economic Infrastructure of Modern States and Nations." In *The Formation of National States in Western Europe,* edited by Charles Tilly. Princeton: Princeton University Press, 1975.

Arthur, W. Brian. *Increasing Returns and Path Dependence in the Economy.* Ann Arbor: University of Michigan Press, 1994.

Ashley, M. P. *Financial and Commercial Policy under the Cromwellian Protectorate.* London: Oxford University Press, H. Milford, 1934.

Ashton, Robert. *The Crown and the Money Market, 1603 – 1640.* Oxford: Clarendon Press, 1960.

——. "Revenue Farming under the Early Stuarts." *Economic History Review,* n. s., 8, no. 3 (1956): 310 – 322.

Ashton, T. S. *Economic Fluctuations in England, 1700 – 1800.* Oxford: Clarendon Press, 1959.

Ashworth, William J. *Customs and Excise: Trade, Production, and Consumption in England, 1640 – 1845.* Oxford and New York: Oxford University Press, 2003.

Bailey, Jackson H. "The Meiji Leadership: Matsukata Masayoshi." In *Japan Examined: Perspectives on Modern Japanese History,* edited by Harry Wray and Hilary Conroy.

Honolulu: University of Hawaii Press, 1983.

Banno Junji（坂野潤治）, *The Establishment of the Japanese Constitutional System*. Translated by J. A. A. Stockwin. London and New York: Routledge, 1992.

Bartlett, Beatrice S. *Monarchs and Ministers: The Grand Council in Mid-Ch'ing China, 1723 - 1820*. Berkeley: University of California Press, 1991.

Bastid, Marianne. "The structure of financial institutions of the state in the late Qing." In *The Scope of State Power in China*, edited by S. R. Schram. New York: St. Martin's Press, 1985.

Bates, Robert H., and Da-Hsiang Donald Lien. "A Note on Taxation, Development, and Representative Government." *Politics and Society* 14, no. 1 (1985): 53 - 70.

Baugh, Daniel A. *British Naval Administration in the Age of Walpole*. Princeton: Princeton University Press, 1965.

Baxter, Stephen B. *The Development of the Treasury, 1660 - 1702*. Cambridge, MA: Harvard University Press, 1957.

Beasley, W. G. *The Meiji Restoration*. Stanford: Stanford University Press, 1972.

Beckett, J. V. "Land Tax or Excise: The Levying of Taxation in Seventeenth- and Eighteenth-century England." *English Historical Review* 100, no. 395 (April 1985): 285 - 308.

Berger, Suzanne, and Ronald Philip Dore, eds. *National Diversity and Global Capitalism*. Ithaca: Cornell University Press, 1996.

Berry, Mary Elizabeth. "Public Peace and Private Attachment: The Goals and Conduct of Power in Early Modern Japan." *Journal of Japanese Studies* 12, no. 2 (Summer 1986): 237 - 271.

Binney, J. E. D. *British Public Finance and Administration, 1774 - 92*. Oxford: Clarendon Press, 1958.

Blyth, Mark. *Great Transformations: Economic Ideas and Institutional Change in the Twentieth Century*. Cambridge and New York: Cambridge University Press, 2002.

Bonney, Richard. "Revenues." In *Economic Systems and State Finance*, edited by Richard Bonney (London: Oxford University Press, 1995).

———, ed. *The Rise of the Fiscal State in Europe, c. 1200 - 1815*. Oxford and New York: Oxford University Press, 1999.

Braddick, Michael J. "The Early Modern English State and the Question of Differentiation, from 1550 to 1700." *Comparative Studies in Society and History* 38, no. 1 (1996): 92 - 111.

———. *The Nerves of State: Taxation and the Financing of the English State, 1558 ‒ 1714*. Manchester: Manchester University Press, 1996.

———. *Parliamentary Taxation in Seventeenth‒century England: Local Administration and Response*. Woodbridge, Suffolk and Rochester, NY: Royal Historical Society/Boydell Press, 1994.

———. "Popular Politics and Public Policy: The Excise Riot at Smithfield in February 1647 and Its Aftermath." *Historical Journal* 34, no. 3 (1991): 597 ‒ 626.

———. "State Formation and Social Change in Early Modern England." *Social History* 16 (1991): 1 ‒ 17.

——— *State Formation in Early Modern England, c. 1550 ‒ 1700*. Cambridge and New York: Cambridge University Press, 2000.

Braddick, Michael J., and John Walter, eds. *Negotiating Power in Early Modern Society: Order, Hierarchy, and Subordination in Britain and Ireland*. Cambridge and New York: Cambridge University Press, 2001.

Brewer, John. "The English State and Fiscal Appropriation, 1688 ‒ 1789." *Politics and Society* 16, no. 2 ‒ 3 (September 1988): 335 ‒ 385.

———. *The Sinews of Power: War, Money and the English State, 1688 ‒ 1783*. New York: Alfred A. Knopf, 1989.

Brooks, Colin. "Public Finance and Political Stability: The Administration of the Land Tax, 1688 ‒ 1720." *Historical Journal* 17, no. 2 (1974): 281 ‒ 300.

Broz, J. Lawrence, and Richard S. Grossman. "Paying for Privilege: The Political Economy of Bank of England Charters, 1694 ‒ 1844." *Explorations in Economic History* 41, no. 1 (2004): 48 ‒ 72.

Bubini, Dennis. "Politics and the Battle for the Banks, 1688 ‒ 1697." *English Historical Review* 85, no. 337 (October 1970): 693 ‒ 714.

Buchinsky, Moshe, and Ben Polak. "The Emergence of a National Capital Market in England, 1710 ‒ 1880." *Journal of Economic History* 53, no. 1 (March 1993): 1 ‒ 24.

Burgess, Glenn. *The Politics of the Ancient Constitution: An Introduction to English Political Thought, 1603 ‒ 1642*. Basingstoke: Macmillan, 1992.

Büthe, Tim. "Taking Temporality Seriously: Modeling History and the Use of Narrative and Counterfactuals in Historical Institutionalism," *American Political Science Review* 96, no. 3 (2002): 481 ‒ 493.

Campbell, John L. "An Institutional Analysis of Fiscal Reform in Postcommunist Europe." *Theory and Society* 25, no. 1 (1996): 45 ‒ 84.

Capie, Forrest. "Money and Economic Development in Eighteenth-century England." In *Exceptionalism and Industrialization: Britain and Its European Rivals*, edited by Leandro Prados de la Escosura. Cambridge and New York: Cambridge University Press, 2004.

Capoccia, Giovanni, and R. Daniel Kelemen. "The Study of Critical Junctures: Theory, Narrative, and Counterfactuals in Historical Institutionalism." *World Politics* 59 (April 2007): 341 – 369.

Capoccia, Giovanni, and Daniel Ziblatt. "The Historical Turn in Democratization Studies: A New Research Agenda for Europe and Beyond." *Comparative Political Studies* 43, no. 8/9 (2010): 931 – 968.

Capp, Bernard S. *Cromwell's Navy: The Fleet and the English Revolution, 1648 – 1660.* Oxford: Clarendon Press, 1989.

Carruthers, Bruce G. *City of Capital: Politics and Markets in the English Financial Revolution.* Princeton: Princeton University Press, 1996.

Chandaman, C. D. *The English Public Revenue, 1660 – 1688.* Oxford: Clarendon Press, 1975.

———. "The Financial Settlement in the Parliament of 1685." In *British Government and Administration: Studies presented to S. B. Chrimes*, edited by H. Hearder and H.R. Loyn. Cardiff: University of Wales Press, 1974.

Chaudhry, Kiren Aziz. "The Myths of the Market and the Common History of Late Developers." *Politics and Society* 21, no. 3 (1993): 245 – 274.

Ch'en, Jerome. "The Hs'ien-feng Inflation." *Bulletin of the School of Oriental and African Studies* 21 (1958): 578 – 586.

Childs, John. *The Army, James II, and the Glorious Revolution.* Manchester: Manchester University Press, 1980.

———. *The British Army of William III, 1689 – 1702.* Manchester: Manchester University Press, 1987.

Christianson, Paul. "Two Proposals for Raising Money by Extraordinary Means, c. 1627." *English Historical Review* CXVII, no. 471 (April 2002): 355 – 373.

Chubb, Basil. *The Control of Public Expenditures: Financial Committees of the House of Commons.* Oxford: Clarendon Press, 1952.

Clapham, J. H. *The Bank of England: A History.* 2 vols. Cambridge: Cambridge University Press; New York: The Macmillan Company, 1945.

Clark, Peter. *The English Alehouse: A Social History, 1200 – 1830.* London: Longman,

1983.

Clay, C. G. A. *Economic Expansion and Social Change: England 1500 - 1700. Vol. I. People, Land, and Towns.* Cambridge and New York: Cambridge University Press, 1984.

———. *Public Finance and Private Wealth: The Career of Sir Stephen Fox, 1627 - 1716.* Oxford: Clarendon Press, 1978.

Cogswell, Thomas, Richard Cust, and Peter Lake. "Revisionism and Its Legacies: The Work of Conrad Russell." In *Politics, Religion, and Popularity in Early Stuart Britain:Essays in Honour of Conrad Russell*, edited by Thomas Cogswell, Richard Cust and Peter Lake. Cambridge and New York: Cambridge University Press, 2002.

Coleby, Andrew M. *Central Government and the Localities: Hampshire, 1649 - 1689.* Cambridge and New York: Cambridge University Press, 1987.

Collier, David, and James Mahoney. "Insights and Pitfalls: Selection Bias in Qualitative Research." *World Politics* 49, no. 1 (1996): 56 - 91.

Collier, Ruth Berins, and David Collier. *Shaping the Political Arena: Critical Junctures, the Labor Movement, and Regime Dynamics in Latin America.* Princeton: Princeton University Press, 1991.

Cowan, R., and P. Gunby. "Sprayed to Death: Path Dependence, Lock–in and Pest Control Strategies." *Economic Journal* 106, no. 436 (1996): 521 - 542.

Cramsie, John. "Commercial Projects and the Fiscal Policy of James VI and I." *Historical Journal* 43, no. 2 (2000): 345 - 364.

———. *Kingship and Crown Finance under James VI and I, 1603 - 1625.* Woodbridge, Suffolk and Rochester, NY: Royal Historical Society/Boydell Press, 2002.

Cunich, Peter. "Revolution and Crisis in English State Finance, 1534 - 47." In *Crises, Revolutions and Self - sustained Growth: Essays in European Fiscal History, 1130 - 1830*, edited by W. M. Ormrod, Margaret Bonney and Richard Bonney. Stamford: Shaun Tyas, 1999.

Curtin, Philip D. *The World and the West: The European Challenge and the Overseas Response in the Age of Empire.* Cambridge and New York: Cambridge University Press, 2000.

Cust, Richard. *The Forced Loan and English Politics, 1626 - 1628.* Oxford: Clarendon Press, 1987.

Dai, Yingcong. "The Qing State, Merchants, and the Military Labor Force in the

Jinchuan Campaigns." *Late Imperial China* 22, no. 2 (December 2001): 35 – 90.

David, Paul A. "Clio and the Economics of QWERTY." *American Economic Review* 75, no. 2 (May 1985): 332 – 337.

——. "Path Dependence, Its Critics and the Quest for 'Historical Economics' ." In *Evolution and Path Dependence in Economic Ideas: Past and Present*, edited by Pierre Garrouste and Stavros Ioannides. Northampton, MA: Edward Elgar, 2001.

——. "Why Are Institutions the 'Carriers of History' ?: Path Dependence and the Evolution of Conventions, Organizations, and Institutions." *Structural Change and Economic Dynamics* 5, no. 2 (1994): 205 – 220.

Diamond, Jared and James Robinson, eds., *Natural Experiments of History*. Cambridge, MA.: The Belknap Press of Harvard University Press, 2010.

Dickson, P. G. M. *The Financial Revolution in England: A Study in the Development of Public Credit, 1688 – 1756*. London: Macmillan, 1967.

DiMaggio, Paul J., and Walter W. Powell. "Introduction." In *The New Institutionalism in Organizational Analysis*, edited by Paul J. DiMaggio and Walter W. Powell. Chicago: University of Chicago Press, 1991.

Downing, Brian M. *The Military Revolution and Political Change: Origins of Democracy and Autocracy in Early Modern Europe*. Princeton: Princeton University Press, 1992.

Duara, Prasenjit. *Culture, Power, and the State: Rural North China, 1900 – 1942*. Stanford: Stanford University Press, 1988.

Dunstan, Helen. *State or Merchant?: Political Economy and Political Process in 1740s China*. Cambridge, MA: Harvard University Asia Center, 2006.

Duus, Peter. *Modern Japan*. 2nd ed. Boston: Houghton Mifflin, 1998.

Eichengreen, Barry J. *Golden Fetters: The Gold Standard and the Great Depression, 1919 – 1939*. Oxford and New York: Oxford University Press, 1992.

——. *Globalizing Capital: A History of the International Monetary System*. Princeton: Princeton University Press, 1996.

Elton, G. R. *England under the Tudors*. 3rd ed. London: Routledge, 1991.

Epstein, Stephan R. "The Rise of the West." In *An Anatomy of Power: The Social Theory of Michael Mann*, edited by John A. Hall and Ralph Schroeder. Cambridge and New York: Cambridge University Press, 2006.

Ericson, Steven J. "'Poor Peasant, Poor Country!' : The Matsukata Deflation and Rural Distress in Mid–Meiji Japan." In *New Directions in the Study of Meiji Japan*, edited by Helen Hardacre and Adam L. Kern. Leiden and New York: Brill, 1997.

——. *The Sound of the Whistle: Railroads and the State in Meiji Japan*. Cambridge, MA.: The Council on East Asian Studies of Harvard University Press, 1996.

Ertman, Thomas. *Birth of the Leviathan: Building States and Regimes in Medieval and Early Modern Europe*. Cambridge and New York: Cambridge University Press, 1997.

Fearon, James. "Causes and Counterfactuals in Social Science: Exploring an Analogy between Cellular Automata and Historical Processes." In *Counterfactual Thought Experiments in World Politics: Logical, Methodological, and Psychological Perspectives*, edited by Philip E. Tetlock and Aaron Belkin. Princeton: Princeton University Press, 1996.

Ferber, Katalin. "'Run the State Like a Business': The Origin of the Deposit Fund in Meiji Japan." *Journal of Japanese Studies* 22, no. 2 (2002): 131–151.

Ferguson, Niall. *The Cash Nexus: Money and Power in the Modern World, 1700–2000* (New York: Basic Books, 2001).

Feuerwerker, Albert. *China's Early Industrialization: Sheng Hsuan-huai (1844–1916) and Mandarin Enterprise*. Cambridge, MA: Harvard University Press, 1958.

Fisher, Douglas. "The Price Revolution: A Monetary Interpretation." *Journal of Economic History* 49, no. 4 (1989): 883–902.

Frank, Andre Gunder. *ReOrient: Global Economy in the Asian Age*. Berkeley: University of California Press, 1998.

Furushima, Toshio. "The Village and Agriculture During the Edo Period." In *The Cambridge History of Japan, Vol. 4: Early Modern Japan*, edited by John Whitney Hall. Cambridge and New York: Cambridge University Press, 1991.

Gaddis, John L. *The Landscape of History: How Historians Map the Past*. Oxford and New York: Oxford University Press, 2002.

Gentles, Ian. *The New Model Army in England, Ireland, and Scotland, 1645–1653*. Oxford, UK and Cambridge, MA: B. Blackwell, 1992.

Gerschenkron, Alexander. *Economic Backwardness in Historical Perspective*. Cambridge, MA.: Belknap Press of Harvard University Press, 1962.

Goldstone, Jack A. "Efflorescences and Economic Growth in World History: Rethinking the 'Rise of the West' and the British Industrial Revolution." *Journal of World History* 13 (2002): 323–389.

——. "Initial Conditions, General Laws, Path Dependence, and Explanation in Historical Sociology." *American Journal of Sociology* 104, no. 3 (November 1998): 829–845.

——. *Revolution and Rebellion in the Early Modern World*. Berkeley: University of California

Press, 1991.

——. "Urbanization and Inflation: Lessons from the English Price Revolution of the Sixteenth and Seventeenth Centuries." *American Journal of Sociology* 89, no. 5 (1984): 1122‒1160.

Greif, Avner. *Institutions and the Path to the Modern Economy: Lessons from Medieval Trade.* Cambridge and New York: Cambridge University Press, 2006.

Greif, Avner, and David D. Laitin. "A Theory of Endogenous Institutional Change." *American Political Science Review* 98, no. 4 (November 2004): 633‒652.

Hall, John Whitney. *Tanuma Okitsugu, 1719‒1788: Forerunner of Modern Japan.* Cambridge, MA: Harvard University Press, 1955.

Hall, Peter A. "Aligning Ontology and Methodology in Comparative Research." In *Comparative Historical Analysis in the Social Sciences,* edited by James Mahoney and Dietrich Rueschemeyer. Cambridge and New York: Cambridge University Press, 2003.

Hall, Peter A., ed. *The Political Power of Economic Ideas: Keynesianism across Nations.* Princeton: Princeton University Press, 1989.

Hall, Peter A., and David W. Soskice. *Varieties of Capitalism: The Institutional Foundations of Comparative Advantage.* Oxford and New York: Oxford University Press, 2001.

Harling, Philip. *The Waning of "Old Corruption": The Politics of Economical Reform in Britain, 1779‒1846.* Oxford: Clarendon Press, 1996.

Harling, Philip, and Peter Mandler. "From 'Fiscal‒military' State to Laissez‒faire State, 1760‒1850." *Journal of British Studies* 32, no. 1 (January 1993): 44‒70.

Harriss, G.L. "Medieval Doctrines in the Debates of Supply, 1610‒1629." In *Faction and Parliament: Essays on Early Stuart History,* edited by Kevin Sharpe. Oxford: Clarendon Press, 1978.

——. "Political Society and the Growth of Government in Late Medieval England." *Past and Present* 138 (February 1993): 28‒57.

Hart, Marjolein 't. "'The Devil or the Dutch': Holland's Impact on the Financial Revolution in England, 1643‒1694." *Parliament, Estates and Representation* 11, no. 1 (June 1991): 39‒52.

Haydon, Peter. *The English Pub: A History.* London: Robert Hale, 1994.

Haydu, Jeffrey. "Making Use of the Past: Time Periods as Cases to Compare and as Sequences of Problem Solving." *American Journal of Sociology* 104, no. 2 (September

1998): 339‒371.

Helleiner, Eric. *The Making of National Money: Territorial Currencies in Historical Perspective*. Ithaca: Cornell University Press, 2003.

Hicks, John. *A Theory of Economic History*. Oxford: Oxford University Press, 1969.

Hill, B. W. "The Change of Government and the 'Loss of the City,' 1710‒1711." *Economic History Review*, n. s. 21, no. 3 (August 1971): 395‒413.

Hindle, Steve. *The State and Social Change in Early Modern England, c. 1550‒1640*. New York: Palgrave Macmillan, 2000.

Holmes, Geoffrey S. *The Making of a Great Power: Late Stuart and Early Georgian Britain, 1660‒1722*. London and New York: Longman, 1993.

Holmes, Geoffrey S., and Daniel Szechi. *The Age of Oligarchy: Pre-industrial Britain, 1722‒1783*. London: Longman, 1993.

Hoppit, Julian. "Attitudes to Credit in Britain." *Historical Journal* 33, no. 2 (1990): 308‒311.

——. "Financial Crises in Eighteenth-Century England." *Economic History Review*, n.s., 39, no. 1 (February 1986): 39‒58.

——. "The Myths of the South Sea Bubble." Transactions of the Royal Historical Society, 6th s., 12 (2002): 141‒165.

Horesh, Niv. *Shanghai's Bund and Beyond: British Banks, Banknote Issuance, and Monetary Policy in China, 1842‒1937*. New Haven and London: Yale University Press, 2009.

Horsefield, J. Keith. *British Monetary Experiments, 1650‒1710*. Cambridge, MA: Harvard University Press, 1960.

——. "The 'Stop of the Exchequer' Revisited." *Economic History Review*, n. s., 35, no.4 (November 1982): 511‒528.

Horwitz, Henry. *Parliament, Policy, and Politics in the reign of William III*. Newark: University of Delaware Press, 1977.

Hoskins, W. G. *The Age of Plunder: King Henry's England, 1500‒1547*. London: Longman, 1976.

Howell, David L. *Capitalism from Within: Economy, Society, and the State in a Japanese Fishery*. Berkeley: University of California Press, 1995.

Hoyle, Richard W. "Crown, Parliament, and Taxation in Sixteenth-century England." *English Historical Review* 109, no. 434 (November 1994): 1174‒1196.

——. "Disafforestation and Drainage: The Crown as Entrepreneur?" In *The Estates of* the *English Crown, 1558 – 1640*, edited by Richard W. Hoyle. Cambridge and New York: Cambridge University Press, 1992.

Huang, Ray. *Taxation and Governmental Finance in Sixteenth–century Ming China.* London and New York: Cambridge University Press, 1974.

Hughes, Ann. *The Causes of the English Civil War.* 2nd ed. Basingstoke: Macmillan, 1991.

Hughes, Edward. *Studies in Administration and Finance, 1558 – 1825, with Special Reference to the History of Salt Taxation in England.* Manchester: Manchester University Press, 1934.

Ikegami, Eiko. *The Taming of the Samurai: Honorific Individualism and the Making of Modern Japan.* Cambridge, MA: Harvard University Press, 1995.

Ishii Kanji (石井寛治), "Japan." In *International Banking, 1870 – 1914,* edited by Rondo Cameron, V. I. Bovykin, and B. V. Anan'ich. New York: Oxford University Press, 1991.

Israel, Jonathan I. "The Dutch Role in the Glorious Revolution." In *The Anglo–Dutch Moment: Essays on the Glorious Revolution and its World Impact,* edited by Jonathan I. Israel. Cambridge and New York: Cambridge University Press, 1991.

Jansen, Marius B. "The Meiji Restoration." In *The Cambridge History of Japan, Vol. 5: The Nineteenth Century,* edited by Marius B. Jansen. Cambridge and New York: Cambridge University Press, 1989.

Jones, D. W. *War and Economy in the Age of William III and Marlborough.* Oxford: Basil Blackwell, 1988.

Jones, J. R. *The Anglo–Dutch Wars of the Seventeenth Century.* London: Longman, 1996.

———. *Country and Court: England, 1658 – 1714.* Cambridge, MA: Harvard University Press, 1978.

Jones, Susan M. "Finance in Ning–po: The Ch'ien–chuang." In *Economic Organization in Chinese Society,* edited by W. E. Willmott. Stanford: Stanford University Press, 1972.

Joslin, D. M. "London Private Bankers, 1720 – 1785." *Economic History Review*, n. s., 7, no. 2 (1954): 167 – 186.

Karl, Terry Lynn. *The Paradox of Plenty: Oil Booms and Petro–States.* Berkeley: University of California Press, 1997.

Kaske, Elisabeth. "Fund–Raising Wars: Office Selling and Interprovincial Finance in Nineteenth–Century China," *Harvard Journal of Asiatic Studies* 71, no. 1 (June

2010): 69 - 141.

Katznelson, Ira. "Periodization and Preferences: Reflections on Purposive Action in Comparative Historical Social Science." In *Comparative Historical Analysis in the Social Sciences*, edited by James Mahoney and Dietrich Rueschemeyer. Cambridge and New York: Cambridge University Press, 2003.

———. "Structure and Configuration in Comparative Politics." In *Comparative Politics: Rationality, Culture, and Structure*, edited by Mark Irving Lichbach and Alan S. Zuckerman. Cambridge and New York: Cambridge University Press, 1997.

Kerridge, Eric. *Trade and Banking in Early Modern England*. Manchester: Manchester University Press, 1988.

King, Frank H. H. *Money and Monetary Policy in China, 1845 - 1895*. Cambridge, MA: Harvard University Press, 1965.

King, Gary, Robert O. Keohane, and Sidney Verba. *Designing Social Inquiry: Scientific Inference in Qualitative Research*. Princeton: Princeton University Press, 1994.

Kiser, Edgar. "Markets and Hierarchies in Early Modern Tax Systems: A Principal-Agent Analysis." *Politics and Society* 22, no. 3 (September 1994): 284 - 315.

Kiser, Edgar, and Michael Hechter. "The Role of General Theory in Comparative-Historical Sociology." *American Journal of Sociology* 97, no. 1 (July 1991): 1 - 30.

Kiser, Edgar, and Joshua Kane. "Revolution and State Structure: The Bureaucratization of Tax Administration in Early Modern England and France." *American Journal of Sociology* 107, no. 1 (July 2001): 183 - 223.

Knight, Jack. *Institutions and Social Conflict*. Cambridge and New York: Cambridge University Press, 1992.

Krasner, Stephen D. "Approaches to the State: Alternative Conceptions and Historical Dynamics." *Comparative Politics* 16, no. 2 (January 1984): 223 - 246.

Kuhn, Philip A. *Origins of the Modern Chinese State*. Stanford: Stanford University Press, 2002.

Langford, Paul. *The Excise Crisis: Society and Politics in the Age of Walpole*. Oxford: Clarendon Press, 1975.

Lee, James Z., and Wang Feng. *One Quarter of Humanity: Malthusian Mythology and Chinese Realities, 1700 - 2000*. Cambridge, MA: Harvard University Press, 1999.

Levi, Margaret. *Of Rule and Revenue*. Berkeley: University of California Press, 1988.

Lieberman, Evan S. "Caudal Inference in Historical Institutional Analysis: A Specification of Periodization," *Comparative Political Studies* 34, no. 9 (2001):

1011 – 1035.

Liebowitz, S. J. and S. E. Margolis. "The Fable of the Keys," *Journal of Law and Economics* 32, no. 1 (1990): 1 – 26.

Lin Man-houng (林满红), *China Upside Down: Currency, Society, and Ideologies, 1808 – 1856*. Cambridge, MA: Harvard University Asia Center, 2006.

——. "Two Social Theories Revealed: Statecraft Controversies over China's Monetary Crisis, 1808 – 1854." *Late Imperial China* 12, no. 2 (December 1991): 1 – 35.

Lindquist, Eric N. "The Failure of the Great Contract." *Journal of Modern History* 57, no. 4 (1985): 617 – 651.

——. "The King, the People and the House of Commons: The Problem of Early Jacobean Purveyance." *Historical Journal* 31, no. 3 (1988): 549 – 570.

Luebbert, Gregory M. *Liberalism, Fascism, or Social Democracy: Social Classes and the Political Origins of Regimes in Interwar Europe*. Oxford and New York: Oxford University Press, 1991.

Lustick, Ian S. "History, Historiography, and Political Science: Multiple Historical Records and the Problem of Selection Bias." *American Political Science Review* 90, no. 3 (1996): 605 – 618.

Mahoney, James. *The Legacies of Liberalism: Path Dependence and Political Regimes in Central America*. Baltimore: Johns Hopkins University Press, 2001.

——. "Path Dependence in Historical Sociology." *Theory and Society* 29, no. 4 (2000): 507 – 548.

Mahoney, James, and Gary Goertz. "The Possibility Principle: Choosing Negative Cases in Comparative Research." *American Political Science Review* 98, no. 4 (November 2004): 653 – 669.

Mann, Michael. *The Sources of Social Power*. 2 vols. Cambridge and New York: Cambridge University Press, 1986 – 1993.

Mann, Susan. *Local Merchants and the Chinese Bureaucracy, 1750 – 1950*. Stanford: Stanford University Press, 1987.

Mathias, Peter. *The Brewing Industry in England, 1700 – 1830*. Cambridge: Cambridge University Press, 1959.

——. *The Transformation of England: Essays in the Economic and Social History of England in the Eighteenth Century*. London: Methuen, 1979.

Mathias, Peter, and Patrick K. O'Brien. "Taxation in Britain and France, 1715 – 1810: A Comparison of the Social and Economic Incidence of Taxes Collected for the

Central Governments." *Journal of European Economic History* 5, no. 3 (1976). 601 – 650.

McCallion, S. "Trial and Error: The Model Filature at Tomioka." In *Managing Industrial Enterprise: Cases from Japan's Prewar Experience*, edited by William D. Wray. Cambridge, MA: Council on East Asian Studies, Harvard University, 1989.

Migdal, Joel S. *Strong Societies and Weak States: State–society Relations and State Capabilities in the Third World*. Princeton: Princeton University Press, 1988.

Mitchell, B. R. *Abstract of British Historical Statistics*. Cambridge: Cambridge University Press, 1962.

Murphy, Anne L. *The Origins of English Financial Markets, Investment and Speculation before the South Sea Bubble*. Cambridge and New York: Cambridge University Press, 2009.

Neal, Larry. "The Finance of Business during the Industrial Revolution." In vol. I of *The Economic History of Britain since 1700*, edited by Roderick Floud and Deirdre N. McCloskey. 3 vols. 2nd ed. Cambridge and New York: Cambridge University Press, 1994.

———. "The Monetary, Financial, and Political Architecture of Europe, 1648 – 1815." In *Exceptionalism and Industrialization: Britain and its European Rivals, 1688 – 1815*, edited by Leandro Prados de la Escosura and Patrick K. O'Brien. Cambridge and New York: Cambridge University Press, 2004.

———. *The Rise of Financial Capitalism: International Capital Markets in the Age of Reason*. Cambridge and New York: Cambridge University Press, 1990.

Neal, Larry, and Stephen Quinn. "Networks of Information, Markets, and Institutions in the Rise of London as a Financial Centre, 1660 – 1720." *Financial History Review* 8, no. 1 (April 2001): 7 – 26.

Nelson, Richard R. "Recent Evolutionary Theorizing about Economic Change." *Journal of Economic Literature* 33, no. 1 (March 1995): 48 – 90.

Nichols, Glenn O. "English Government Borrowing, 1660 – 1688." *Journal of British Studies* 10, no. 2 (May 1971): 83 – 104.

North, Douglass C. "Five Propositions about Institutional Change." In *Explaining Social Institutions*, edited by Jack Knight and Itai Sened. Ann Arbor: University of Michigan Press, 1995.

———. *Institutions, Institutional Change and Economic Performance*. Cambridge and New York: Cambridge University Press, 1990.

——. *Structure and Change in Economic History*. New York: W. W. Norton, 1981.

North, Douglass C., and Barry R. Weingast. "Constitutions and Commitment: The Evolution of Institutions Governing Public Choice in Seventeenth-Century England." *Journal of Economic History* 49, no. 4 (1989): 803 - 832.

O'Brien, Patrick K. "Fiscal Exceptionalism: Great Britain and its European rivals from Civil War to Triumph at Trafalgar and Waterloo." In *The Political Economy of British Historical Experience, 1688 - 1914*, edited by Donald Winch and Patrick K. O'Brien. Oxford: Published for The British Academy by Oxford University Press, 2002.

——. "The Political Economy of British Taxation, 1660 - 1815." *Economic History Review*, n. s., 41, no. 1 (February 1988): 1 - 32.

O'Brien, Patrick K. and Philip A. Hunt. "England, 1485 - 1815." In *The Rise of the Fiscal State in Europe, 1200 - 1815*, edited by Richard Bonney. Oxford and New York: Oxford University Press, 1999.

——. "Excises and the Rise of a Fiscal State in England, 1586 - 1688." In *Crises, Revolutions, and Self-Sustained Growth: Essays in European Fiscal History, 1130 - 1830*, edited by W. M. Ormrod, Margaret Bonney, and Richard Bonney. Stamford: Shaun Tyas, 1999.

——. "The Rise of a Fiscal State in England, 1485 - 1815." *Historical Research* 66, no.160 (1993): 129 - 176.

Ogborn, Miles. "The Capacities of the State: Charles Davenant and the Management of the Excise, 1683 - 1698." *Journal of Historical Geography* 24, no. 3 (1998): 289 - 312.

——. *Spaces of Modernity: London's Geographies, 1680 - 1780*. New York: Guilford Press, 1998.

Ogg, David. *England in the Reigns of James II and William III*. Oxford: Clarendon Press; New York: Oxford University Press, 1955.

Ohkura Takehiko (大倉健彦), and Shinbo Hiroshi (新保博). "The Tokugawa Monetary Policy in the Eighteenth and Nineteenth Centuries." *Explorations in Economic History* 15 (1978): 101 - 124.

Olson, Mancur. *The Logic of Collective Action: Public Goods and the Theory of Groups*. Cambridge, MA: Harvard University Press, 1965.

Ormrod, W. M. "England in the Middle Ages." In *The Rise of the Fiscal State in Europe, 1200 - 1815*, edited by Richard Bonney. Oxford and New York: Oxford

University Press, 1999.

Outhwaite, R. B. *Inflation in Tudor and Early Stuart England*. 2nd ed. London: The Macmillan Press, 1982.

Page, Scott. "Path Dependence." *Quarterly Journal of Political Science* 1, no. 1 (2006): 87 – 115.

Patrick, Hugh T. "Japan, 1868 – 1914." In *Banking in the early stages of industrialization: a study in comparative economic history*, edited by Rondo E. Cameron, Olga Crisp, Hugh T. Patrick and Richard Tilly. Oxford and New York: Oxford University Press, 1967.

Perdue, Peter C. *China Marches West: The Qing Conquest of Central Eurasia*. Cambridge, MA: Belknap Press of Harvard University Press, 2005.

Pierson, Paul. *Politics in Time: History, Institutions, and Social Analysis*. Princeton: Princeton University Press, 2004.

——. "Increasing Returns, Path Dependence, and the Study of Politics." *American Political Science Review* 94, no. 2 (June 2000): 251 – 267.

——. "The Limits of Design: Explaining Institutional Origins and Change." *Governance* 13, no. 4 (October 2000): 475 – 499.

——. "When Effect Becomes Cause: Policy Feedback and Political Change," *World Politics* 45, no. 4 (July 1993): 595 – 628.

Pierson, Paul, and Theda Skocpol. "Historical Institutionalism." In *Political Science: The State of the Discipline*, edited by Ira Katznelson and Helen V. Milner. New York: W.W. Norton, 2002.

Plumb, J. H. *The Growth of Political Stability in England: 1675 – 1725*. London: Macmillan, 1967.

Pomeranz, Kenneth. *The Great Divergence: China, Europe, and the Making of the Modern World Economy*. Princeton: Princeton University Press, 2000.

Pratt, Edward E. *Japan's Protoindustrial Elite: The Economic Foundations of the Gōnō*. Cambridge, MA: Harvard University Asia Center, 1999.

Pressnell, L. S. "Public Monies and the Development of English Banking." *Economic History Review*, n. s., 5, no. 3 (1953): 378 – 397.

Price, Jacob M. "The Excise Affair Revisited: The Administrative and Colonial Dimensions of a Parliamentary Crisis." In *England's Rise to Greatness, 1660 – 1763*, edited by Stephen B. Baxter. Berkeley: University of California Press, 1983.

Ravina, Mark. *Land and Lordship in Early Modern Japan*. Stanford: Stanford University

Press, 1999.

Reitan, E. A. "From Revenue to Civil List, 1689 – 1702: The Revolution Settlement and the 'Mixed and Balanced' Constitution." *Historical Journal* 13, no. 4 (1970): 571 – 588.

Remer, Charles F. *The Foreign Trade of China.* Shanghai: Commercial Press, 1926.

Roberts, Clayton. "The Constitutional Significance of the Financial Settlement of 1690." *Historical Journal* 20, no. 1 (1977): 59 – 76.

Roberts, Luke S. *Mercantilism in a Japanese Domain: The Merchant Origins of Economic Nationalism in 18th-century Tosa.* Cambridge and New York: Cambridge University Press, 1998.

Rogers, Clifford J., ed. *The Military Revolution Debate: Readings on the Military Transformation of Early Modern Europe.* Boulder: Westview Press, 1995.

Rosenthal, Jean-Laurent. "The Political Economy of Absolutism Reconsidered." In *Analytic Narratives*, edited by Robert H. Bates, Avner Greif, Margaret Levi, Jean-Laurent Rosenthal, and Barry R. Weingast. Princeton: Princeton University Press, 1998.

Rosenthal, Jean-Laurent and R. Bin Wong. *Before and Beyond Divergence: The Politics of Economic Change in China and Europe.* Cambridge, MA.: Harvard University Press, 2011.

Roseveare, Henry. *The Financial Revolution, 1660 – 1760.* London: Longman, 1991.

———. *The Treasury, 1660 – 1870: The Foundations of Control.* London: Allen and Unwin, 1973.

Rosovsky, Henry. "Japan's Transition to Modern Economic Growth, 1868 – 1885." In *Industrialization in Two Systems: Essays in Honor of Alexander Gerschenkron by a Group of His Students*, edited by Henry Rosovsky. New York: John Wiley & Sons, 1966.

Rowe, William T. "Money, Economy, and Polity in the Daoguang-era Paper Currency Debates," *Late Imperial China*, Vol. 31, No. 2 (2010): 69 – 96.

Rubinstein, W. D. "The End of 'Old Corruption' in Britain, 1780 – 1860." *Past and Present* 101 (1983): 55 – 85.

Russell, Conrad. *The Addled Parliament of 1614: The Limits of Revision.* Reading: University of Reading, 1992.

———. *The Causes of the English Civil War: The Ford Lectures Delivered in the University of Oxford, 1987 – 1988.* Oxford: Clarendon Press, 1990.

——. *The Fall of the British Monarchies, 1637 - 1642*. Oxford: Clarendon Press, 1991.

——. *Parliaments and English Politics, 1621 - 1629*. Oxford: Clarendon Press, 1979.

——. *Unrevolutionary England, 1603 - 1642*. London: Hambledon Press, 1990.

Sacks, David Harris. "The Countervailing of Benefits: Monopoly, Liberty, and Benevolence in Elizabethan England." In *Tudor Political Culture*, edited by Dale Hoak. Cambridge and New York: Cambridge University Press, 1995.

Samuels, Richard J. *Machiavelli's Children: Leaders and Their Legacies in Italy and Japan*. Ithaca: Cornell University Press, 2003.

——. *"Rich Nation, Strong Army" : National Security and the Technological Transformation of Japan*. Ithaca: Cornell University Press, 1994.

Sargent, Thomas J., and François R. Velde. *The Big problem of Small Change*. Princeton: Princeton University Press, 2002.

Schiltz, Michael. "An 'Ideal Bank of Issue' : The Banque Nationale de Belgique as a Model for the Bank of Japan." *Financial History Review* 13, no. 2 (2006): 179 - 196.

Schofield, Roger. "Taxation and the Political Limits of the Tudor State." In *Law and Government under the Tudors: Essays Presented to Sir Geoffrey Elton*, edited by Claire Cross, David Loades, and J. J. Scarisbrick. Cambridge and New York: Cambridge University Press, 1988.

Schremmer, D. E. "Taxation and Public Finance: Britain, France, and Germany." In *The Cambridge Economic History of Europe*. Vol. VIII, *The Industrial Economies*, edited by Peter Mathias and Sidney Pollard. Cambridge: Cambridge University Press, 1989.

Scott, Jonathan. "'Good Night Amsterdam.' Sir George Downing and Anglo-Dutch Statebuilding." *English Historical Review* CXVIII, no. 476 (April 2003): 334 - 356.

Scott, William R. *The Constitution and Finance of English, Scottish and Irish Joint-Stock Companies to 1720*. 3 vols. 1912; Bristol: Thoemmes Press, 1993.

Seaward, Paul. *The Cavalier Parliament and the Reconstruction of the Old Regime, 1661 - 1667*. Cambridge and New York: Cambridge University Press, 1989.

——. "The House of Commons Committee of Trade and the Origins of the Second Anglo-Dutch War, 1664." *Historical Journal* 30, no. 2 (June 1987): 437 - 452.

Sewell, William H. Jr. "Three Temporalities: Toward an Eventful Sociology." In *The Historic Turn in the Human Sciences*, edited by Terrence J. McDonald. Ann Arbor: University of Michigan Press, 1996.

——. *Logics of History: Social Theory and Social Transformation*. Chicago: University of Chicago Press, 2005.

Sharpe, Kevin. *The Personal Rule of Charles I*. New Haven: Yale University Press, 1992.

——. "The personal rule of Charles I." In *Before the English Civil War: Essays on Early Stuart Politics and Government*, edited by Howard Tomlinson. London: Macmillan, 1983.

Shils, Edward. *Political Development in the New States*. Paris: Mouton, 1968.

Silberman, Bernard S. *Cages of Reason: The Rise of the Rational State in France, Japan, the United States, and Great Britain*. Chicago: University of Chicago Press, 1993.

Skinner, Quentin. "The State." In *Political Innovation and Conceptual Change*, edited by Terence Ball, James Farr, and Russell L. Hanson. Cambridge and New York: Cambridge University Press, 1989.

Skocpol, Theda. "Bringing the State Back In: Strategies of Analysis in Current Research." In *Bringing the State Back In*, edited by Peter B. Evans, Dietrich Rueschemeyer, and Theda Skocpol. Cambridge and New York: Cambridge University Press, 1985.

——. *States and Social Revolutions: A Comparative Analysis of France, Russia, and China*. Cambridge and New York: Cambridge University Press, 1979.

Slack, Paul. *From Reformation to Improvement: Public Welfare in Early Modern England*. Oxford: Clarendon Press; New York: Oxford University Press, 1998.

Slater, Dan and Erica Simmons. "Informative Regress: Critical Antecedents in Comparative Politics." *Comparative Political Studies* 43, no. 7 (2010): 886−917.

Smith, Thomas C. *The Agrarian Origins of Modern Japan*. Stanford: Stanford University Press, 1959.

——. *Native Sources of Japanese Industrialization, 1750−1920*. Berkeley, Calif.:University of California Press, 1988.

——. *Political Change and Industrial Development in Japan: Government Enterprise, 1868−1880*. Stanford: Stanford University Press, 1955.

Stanley, C. Johnson. *Late Ch'ing Finance: Hu Kuang-yung as an Innovator*. Cambridge, MA: East Asian Research Center of Harvard University, 1961.

Stasavage, David. *Public Debt and the Birth of the Democratic State: France and Great Britain, 1688−1789*. Cambridge and New York: Cambridge University Press, 2003.

Steele, M. William. *Alternative Narratives in Modern Japanese History*. London: Routledge Curzon, 2003.

Sylla, Richard. "Financial Systems and Economic Modernization." *Journal of Economic History* 62, no. 2 (June 2002): 277 – 292.

Tamaki, Norio. *Japanese Banking: A History, 1859 – 1959*. Cambridge and New York: Cambridge University Press, 1995.

Tatsuya, Tsuji. "Politics in the Eighteenth Century." In *Cambridge History of Japan. Vol. 4. Early Modern Japan*, edited by John Whitney Hall. 6 vols. Cambridge: Cambridge University Press, 1991.

Thelen, Kathleen. *How Institutions Evolve: The Political Economy of Skills in Germany, Britain, the United States, and Japan*. Cambridge and New York: Cambridge University Press, 2004.

——. "How Institutions Evolve." In *Comparative Historical Analysis in the Social Sciences*, edited by James Mahoney and Dietrich Rueschemeyer. Cambridge and New York: Cambridge University Press, 2003.

——. "Historical Institutionalism in Comparative Politics," *Annual Review of Political Science* 2, no. 1 (1999): 369 – 404.

Thelen, Kathleen, and James Mahoney, eds. *Explaining Institutional Change: Ambiguity, Agency, and Power*. Cambridge and New York: Cambridge University Press, 2010.

Thelen, Kathleen, and Sven Steinmo. "Historical Institutionalism in Comparative Politics." In *Structuring Politics: Historical Institutionalism in Comparative Politics*, edited by Sven Steinmo, Kathleen Thelen and Frank Longstreth. Cambridge and New York: Cambridge University Press, 1992.

Thirsk, Joan. "The Crown as Projector on Its Own Estates, from Elizabeth I to Charles I." In *The Estates of the English Crown, 1558 – 1650*, edited by Richard W. Hoyle. Cambridge and New York: Cambridge University Press, 1992.

Thrush, Andrew. "Naval Finance and the Origins and Development of Ship Money." In *War and Government in Britain, 1598 – 1650*, edited by Mark Charles Fissel. Manchester: Manchester University Press, 1991.

Tilly, Charles. *Coercion, Capital, and European States, AD 990 – 1992*. Cambridge, MA: Blackwell, 1992.

——. "Mechanisms in Political Processes." *Annual Review of Political Science* 4, no. 1 (2001): 21 – 41.

Tilly, Charles, ed. *The Formation of National States in Western Europe*. Princeton: Princeton University Press, 1975.

Tomlinson, Howard. "Financial and Administrative Developments in England, 1660 –

88." In *The Restored Monarchy, 1660 – 1688*, edited by J. R. Jones. Totowa, N.J.: Rowman and Littlefield, 1979.

Totman, Conrad D. *The Collapse of the Tokugawa Bakufu, 1862 – 1868*. Honolulu: University Press of Hawaii, 1980.

———. *Early Modern Japan*. Berkeley: University of California Press, 1995.

Trimberger, Ellen K. *Revolution from Above: Military Bureaucrats and Development in Japan, Turkey, Egypt, and Peru*. New Brunswick, N.J.: Transaction Books, 1978.

Umegaki, Michio. *After the Restoration: The Beginning of Japan's Modern State*. New York: New York University Press, 1988.

Underdown, David. "Settlement in the Counties, 1653 – 1658." In *The Interregnum: The Quest for Settlement, 1646 – 1660*, edited by G. E. Aylmer. London: Macmillan, 1972.

Vogel, Hans Ulrich. "Chinese Central Monetary Policy, 1644 – 1800." *Late Imperial China* 8, no. 2 (1987): 1 – 51.

Von Glahn, Richard. "Foreign Silver Coins in the Market Culture of Nineteenth Century China." *International Journal of Asian Studies* 4, no. 1 (2007): 51 – 78.

Wang Yeh–chien (王业键). *Land taxation in Imperial China, 1750 – 1911*. Cambridge, MA: Harvard University Press, 1973.

———. "Secular Trends of Rice Prices in the Yangzi Delta, 1638 – 1935." In *Chinese History in Economic Perspective*, edited by Thomas G. Rawski and Lillian M. Li. Berkeley: University of California Press, 1992.

Ward, W. R. *The English Land Tax in the Eighteenth Century*. London: Oxford University Press, 1953.

Weber, Max. *Economy and Society: An Outline of Interpretative Sociology*. 2 vols. Berkeley: University of California Press, 1978.

———. "Politics as a Vocation." In *From Max Weber: Essays in Sociology*, edited by H. H.Gerth and C. Wright Mills. New York: Oxford University Press, 1958.

Weingast, Barry R. "Rational Choice Institutionalism." In *Political Science: The State of the Discipline*, edited by Ira Katznelson and Helen V. Milner. New York: W. W. Norton, 2002.

Weir, David R. "Tontines, Public Finance, and Revolution in France and England, 1688 – 1789." *Journal of Economic History* 49, no. 1 (March 1989): 95 – 124.

Westney, D. Eleanor. *Imitation and Innovation: The Transfer of Western Organizational Patterns to Meiji Japan*. Cambridge, MA: Harvard University Press, 1987.

Weyland, Kurt. "Toward a New Theory of Institutional Change," *World Politics* 60 (January 2008): 281 - 314.

Wheeler, James S. *The Making of a World Power: War and the Military Revolution in Seventeenth-century England.* Stroud: Sutton, 1999.

——. "Navy Finance, 1649 - 1660." *Historical Journal* 39, no. 2 (July 1996): 457 - 466.

White, Eugene N. "From Privatized to Government-administered Tax Collection: Tax Farming in Eighteenth-century France." *Economic History Review* LVII, no. 4 (2004): 636 - 663.

White, James W. "State Growth and Popular Protest in Tokugawa Japan." *Journal of Japanese Studies* 14, no. 1 (Winter 1988): 1 - 25.

Will, Pierre-Étienne. *Bureaucracy and Famine in Eighteenth-century China.* Translated by Elborg Foster. Stanford: Stanford University Press, 1990.

Will, Pierre-Étienne, and R. Bin Wong. *Nourish the People: The State Civilian Granary System in China, 1650 - 1850.* Ann Arbor: Center for Chinese Studies, University of Michigan, 1991.

Williams, Penry. *The Later Tudors: England, 1547 - 1603.* Oxford: Clarendon Press, 1995.

——. *The Tudor Regime.* Oxford: Clarendon Press, 1979.

Wolffe, B. P. *The Crown Lands, 1461 to 1536: An Aspect of Yorkist and Early Tudor Government.* London: Allen and Unwin, 1970.

——. *The Royal Demesne in English History: The Crown Estate in the Governance of the Realm from the Conquest to 1509.* London: Allen and Unwin, 1971.

Wong, R. Bin. *China Transformed: Historical Change and the Limits of European Experience.* Ithaca: Cornell University Press, 1997.

Woodruff, David. *Money Unmade: Barter and the Fate of Russian Capitalism.* Ithaca: Cornell University Press, 1999.

Wootton, David. "From Rebellion to Revolution: The Crisis of the Winter 1642 - 3 and the Origins of Civil War Radicalism." *English Historical Review* 105, no. 416 (July 1990): 654 - 669.

Wright, Mary C. *The Last Stand of Chinese Conservatism: The T'ung-chih Restoration, 1862 - 1874.* Stanford: Stanford University Press, 1957.

Wright, Stanley F. *Hart and the Chinese Customs.* Belfast: W. Mullan, 1950.

Yamamura, Kozo. "Entrepreneurship, Ownership, and Management in Japan." In *The Cambridge Economic History of Europe. Vol. VII. The Industrial Economies: Capital,*

Labour, and Enterprise, Part 2: The United States, Japan, and Russia, edited by Peter Mathias and M. M. Postan. Cambridge: Cambridge University Press, 1978.

——. "The Meiji land tax reform and its effect." In *Japan in Transition: from Tokugawa to Meiji*, edited by Marius B. Jansen and Gilbert Rozman. Princeton: Princeton University Press, 1986.

Yasuba, Yasukichi. "Did Japan Ever Suffer from a Shortage of Natural Resources before World War II?" *Journal of Economic History* 56, no. 3 (September 1996): 543 – 560.

Zelin, Madeleine. *The Magistrate's Tael: Rationalizing Fiscal Reform in Eighteenth－Century Ch'ing China*. Berkeley: University of California Press, 1992.

——. *The Merchants of Zigong: Industrial Entrepreneurship in Early Modern China*. New York: Columbia University Press, 2005.

日文

Steele, M. William：『もう一つの近代：側面からみた幕末明治』。東京：ペリカン社，1998。

青山忠正：『明治維新と国家形成』。東京：吉川弘文館，2000。

飛鳥井雅道：「近代天皇像の展開」，朝尾直弘等編：『岩波講座日本通史，卷 17：近代 2』。東京：岩波書店，1994。

足立啓二：「清代前期における国家と銭」，『東洋史研究』，49，第 4 期 (1991)：47 – 73, 2 – 3。

池上和夫：「明治期の酒税政策」，『社会経済史学』，55，第 2 期 (1989 年 6 月)：189 – 212。

池田浩太郎：「官金取扱政策と資本主義の成立」，岡田俊平編：『明治初期の財政金融政策』。東京：清明会叢書，1964。

石井寛治：『日本銀行金融政策史』。東京：東京大学出版会，2001。

石井寛治、原朗、武田晴人編：『日本経済史卷 1：幕末維新期』。東京：東京大学出版会，2000。

石井孝：『戊辰戦争論』。東京：吉川弘文館，1984。

——：「廃藩の過程における政局の動向」，初刊于『東北大学文学部研究年報』，19 (1969 年 7 月)；后收入松尾正人編：『維新政権の成立』。東京：吉川弘文館，2001。

——：『明治維新と自由民権』。横浜：有隣堂，1993。

石塚裕道：「殖産興業政策の展開」，楫西光速編：『日本経済史大系，巻 5：近代』。東京：東京大学出版会，1965。

井上勝生：『幕末維新政治史の研究：日本近代国家の生成について』。東京：塙書房，1994。

井上裕正：『清代アヘン政策史の研究』。京都：京都大学学術出版会，2004。

猪木武徳：「地租米納論と財政整理」，梅村又次、中村隆英編：『松方財政と殖産興業政策』。東京：国際連合大学，1983。

伊牟田敏充：「日本銀行の発券制度と政府金融」，『社会経済史学』，38，第 2 期 (1972)：116‐154，249‐250。

岩井茂樹：『中国近世財政史の研究』。京都：京都大学学術出版会，2004。

――：「清代国家財政における中央と地方」，『東洋史研究』，XLII，第 2 期 (1983 年 9 月)：318‐346。

岩崎宏之：「国立銀行制度の成立と府県為替方」，『三井文庫論叢』，2 (1968)：167‐231。

梅村又次：「明治維新期の経済政策」，『経済研究』，30，第 1 期 (1979 年 1 月)：30‐38。

江口久雄：「阿片戦争後における銀価対策とその挫折」，『社会経済史学』，42，第 3 期 (1976)：22‐40。

江村栄一：『自由民権革命の研究』。東京：法政大学出版局，1984。

大石嘉一郎：『自由民権と大隈・松方財政』。東京：東京大学出版会，1989。

――：『日本地方財行政史序說：自由民権運動と地方自治制』。東京：御茶ノ水書房，1978。

大石学：「享保改革の歴史的位置」，藤田覚編：『幕藩制改革の展開』。東京：山川出版社，2001。

大口勇次郎：「幕府の財政」，新保博、斎藤修編：『日本経済史，巻 2：近代成長の胎動』。東京：岩波書店，1989。

――：「文久期の幕府財政」，近代日本研究会編：『年報・近代日本研究 3：幕末・維新の日本』。東京：山川出版社，1981。

――：「寛政――文化期の幕府財政」，尾藤正英先生還暦記念会編：『日本近世史論叢』，巻 1。東京：吉川弘文館，1984。

――：「国家意識と天皇」，朝尾直弘等編：『岩波講座日本通史，巻 15：近世 5』。東京：岩波書店，1995。

大久保利謙：『明治国家の形成』。東京：吉川弘文館，1986。

大倉健彦：「洋銀流入と幕府財政」，神木哲男、松浦昭編：『近代移行期における経済発展』。東京：同文館，1987。

大野瑞男：『江戸幕府財政史論』。東京：吉川弘文館，1996。

大山敷太郎：『幕末財政史研究』。京都：思文閣，1974.

岡田俊平：「明治初期の通貨供給政策」，岡田俊平編：『明治初期の財政金融政策』。東京：清明会叢書，1964。

岡本隆司：「清末票法の成立——道光期両淮塩政改革再論」，『史学雑誌』，110，第 12 期（2001 年 12 月）：36—60。

落合弘樹：『明治国家と士族』。東京：吉川弘文館，2001。

小野正雄：「大名の鴉片戦争認識」，朝尾直弘編：『岩波講座日本通史，巻 15：近世 5』。東京：岩波書店，1995。

笠原英彦：『明治国家と官僚制』。東京：芦書房，1991。

加藤幸三郎：「政商資本の形成」，楫西光速編：『日本経済史大系，巻 5：近代』。東京：東京大学出版会，1965。

加藤繁：『支那経済史考証』，上下巻。東京：東洋文庫，1952。

神山恒雄：「井上財政から大隈財政への転換：準備金を中心に」，高村直助編：『明治前期の日本経済：資本主義への道』。東京：日本経済評論社，2004。

——：『明治経済政策史の研究』。東京：塙書房，1995。

岸本美緒：『清代中国の物価と経済変動』。東京：研文出版，1997。

黒田明伸：「乾隆の銭貴」，『東洋史研究』，XLV，第 4 期 (1987 年 3 月)：692‒723。

小風秀雅：「大隈財政末期における財政論議の展開」，原朗編：『近代日本の経済と政治』。東京：山川出版社，1986。

小松和生：「明治前期の酒税政策と都市酒造業の動向」，『大阪大学経済学』，17，第 1 期 (1967 年 6 月)：37‒57。

斎藤修：「幕末維新の政治算術」，近代日本研究会編：『明治維新の革新と連続：政治・思想状況と社会経済』（年報・近代日本研究 14）。東京：山川出版社，1992。

佐々木克：『幕末政治と薩摩藩』。東京：吉川弘文館，2004。

——：「大政奉還と討幕密勅」，『人文学報』，80 (1997)：1‒32。

佐藤誠朗：『近代天皇制形成期の研究：ひとつの廃藩置県論』。東京：三一書房，1987。

澤田章：『明治財政の基礎的研究：維新當初の財政』。東京：寶文館，1934。

鹿野嘉昭：「江戸期大坂における両替商の金融機能をめぐって」，『経済学論叢』，52，第 2 期 (2000)：205‒264。

下山三郎：『近代天皇制研究序説』。東京：岩波書店，1976。

新保博：『近世の物価と経済発展：前工業化社会への数量的接近』。東京：東洋経済新報社，1978。

——：『日本近代信用制度成立史論』。東京：有斐閣，1968。

新保博、斎藤修：「概説：19 世紀へ」，新保博、斎藤修編：『日本経済史，巻 2：近代成長の胎動』。東京：岩波書店，1989。

杉山和雄：「金融制度の創設」，楫西光速、朝尾直弘編：『日本経済史大系，巻 5：近代』。東京：東京大学出版会，1965。

鈴木栄樹：「岩倉使節団編成過程への新たな視点」，『人文学報』，78 (1996 年 3 月)：27‒49。

関口栄一：「廃藩置県と民蔵合併——留守政府と大蔵省— 1」，『法学』，43，第 3 期 (1979 年 12 月)：295‒335。

——：「民蔵分離問題と木戸孝允」，『法学』，39，第 1 期 (1975 年 3 月)： 1‒60。

千田稔：『維新政権の秩禄処分：天皇制と廃藩置県』。東京：開明書院，1979。

——：『維新政権の直属軍隊』。東京：開明書院，1978。

——：「金札処分と国立銀行：金札引換公債と国立銀行の提起・導入」，『社会経済史学』，48，第 1 期 (1982)：29‒50，128‒129。

——：「明治六年七分利付外債の募集過程」，『社会経済史学』，49，第 5 期 (1984 年 12 月)：445‒470，555‒556。

千田稔、松尾正人：『明治維新研究序説：維新政権の直轄地』。東京：開明書院，1977。

高橋秀直：『幕末維新の政治と天皇』。東京：吉川弘文館，2007。

——：『日清戦争への道』。東京：創元社，1995。

——：「廃藩置県における権力と社会」，山本四郎編：『近代日本の政党と官僚』。東京：創元社，1991。

——：「松方財政期の軍備拡張問題」，『社会経済史学』，56，第 1 期 (1990 年 4 月)： 1‒30。

高橋裕文：「武力倒幕方針をめぐる薩摩藩内反対派の動向」，家近良樹編：『もうひとつの明治維新：幕末史の再検討』。東京：有志舎，2006。

高埜利彦：「18 世紀前半の日本——泰平のなかの転換」，朝尾直弘等編：『岩波講座日本通史，巻 13：近世 3』。東京：岩波書店，1994。

田代和生：「徳川時代の貿易」，速水融、宮本又郎編：『日本経済史，巻 1：経済社会の成立，17‒18 世紀』。東京：岩波書店，1988。

立脇和夫：『明治政府と英国東洋銀行』。東京：中央公論社，1992。

田中彰：「幕府の倒壊」，朝尾直弘等編：『岩波講座日本歴史，巻 13：近世 5』。

東京：岩波書店，1977。

土屋喬雄、岡崎三郎：『日本資本主義発達史概説』。東京：有斐閣，1948。

鴬見誠良：『日本信用機構の確立：日本銀行と金融市場』。東京：有斐閣，1991。

寺西重郎：「金融の近代化と産業化」，西川俊作、山本有造編：『日本経済史，巻
　　5：産業化の時代（下）』。東京：岩波書店，1990。

中井信彦：『転換期幕藩制の研究：宝暦・天明期の経済政策と商品流通』。東
　　京：塙書房，1971。

永井秀夫：「殖産興業政策の基調──官営事業を中心として」，初版于『北海道
　　大学文学部紀要』，10 (1969年11月)；后收入永井秀夫：『明治国家形成期の
　　外政と内政』。札幌：北海道大学図書刊行会，1990。

長岡新吉：『明治恐慌史序説』。東京：東京大学出版会，1971。

中村隆英：『マクロ経済と戦後経営』，西川俊作、山本有造編：『日本経済史，巻
　　5：産業化の時代（下）』。東京：岩波書店，1990。

──：「酒造業の数量史：明治─昭和初期」，『社会経済史学』，55，第2期 (1989
　　年6月)：213–241，55。

中村哲夫：「近代中国の通貨体制の改革：中国通商銀行の創業」，『社会経済史
　　学』，62，第3期 (1996年8月/9月)：313–341，425。

中村尚史：『日本鉄道業の形成：1869–1894年』。東京：日本経済評論社，1998。

中村尚美：『大隈重信』。東京：吉川弘文館，1961。

──：『大隈財政の研究』。東京：校倉書房，1968。

中村政則、石井寛治、春日豊編：『経済構想』（日本近代思想大系8）。東京：岩
　　波書店，1988。

西川俊作、天野雅敏：「諸藩の産業と経済政策」，新保博、斎藤修編：『日本経済
　　史，巻2：近代成長の胎動』。東京：岩波書店，1989。

日本銀行統計局編：《明治以降本邦主要経済統計》。（東京：日本銀行統計局，
　　1966）。

丹羽邦男：「地租改正と農業構造の変化」，楫西光速編：『日本経済史大系，巻5：
　　近代』。東京：東京大学出版会，1965。

──：『地租改正法の起源：開明官僚の形成』。京都：ミネルヴァ書房，1995。

羽賀祥二：「明治維新と『政表』の編製」，『日本史研究』，388 (1994年12月)：
　　49–74。

浜下武志：「清末中国における『銀行論』と中国通商銀行の設立」，『一橋論叢』，
　　85，第6期 (1981年6月)：747–766。

林健久：『日本における租税国家の成立』。（東京：東京大学出版会，1965）。速

水融、宮本又郎編：『日本経済史，巻 1，経済社会の成立：17 - 18 世紀』。
　　東京：岩波書店，1988。

原口清：「廃藩置県政治過程の一考察」，『名城商学』，第 29 号別冊 (1980)：47 -
　　94。

原田三喜雄：『日本の近代化と経済政策：明治工業化政策研究』。東京：東洋経
　　済新報社，1972。

坂野潤治：『近代日本の国家構想：1871 - 1936』。東京：岩波書店，1996。

——：「明治国家の成立」，梅村又次、山本有造編：『日本経済史，巻 3：開港と
　　維新』。東京：岩波書店，1989。

尾藤正英：「尊皇攘夷思想」，朝尾直弘等編：『岩波講座日本歴史，巻 13：近世
　　5』。東京：岩波書店，1977。

平川新：「地域経済の展開」，朝尾直弘等編：『岩波講座日本通史，巻 15：近世
　　5』。東京：岩波書店，1995。

深谷徳次郎：『明治政府財政基盤の確立』。東京：御茶の水書房，1995。

福島正夫：『地租改正の研究』，増訂版。東京：有斐閣，1970。

福地惇：『明治新政権の権力構造』。東京：吉川弘文館，1996。

藤井讓治：「十七世紀の日本——武家国家の形成」，朝尾直弘等編：『岩波講座日
　　本通史，巻 12：近世 2』。東京：岩波書店，1994。

藤田覚：『幕藩制国家の政治史的研究』。東京：校倉書房，1987。

——：「十九世紀前半の日本」，朝尾直弘等編：『岩波講座日本通史，巻 15：近世
　　5』。東京：岩波書店，1995。

——：「天保改革期の海防政策について」，『歴史学研究』，469 (1979)：19 - 33。

藤村通：『明治財政確立過程の研究』。東京：中央大学出版部，1968。

——：『明治前期公債政策史研究』。東京：大東文化大学東洋研究所，1977。

藤原隆男：『近代日本酒造業史』。京都：ミネルヴァ書房，1999。

麓慎一：「維新政府の北方政策」，『歴史学研究』，725 (1999 年 7 月)：14 - 31。

細見和弘：「李鴻章と戸部」，『東洋史研究』，LVI，第 4 期 (1998 年 3 月)：811 -
　　838。

牧原憲夫：『明治七年の大論争：建白書から見た近代国家と民衆』。東京：日本
　　経済評論社，1990。

升味準之輔：『日本政治史』，四冊。東京：東京大学出版会，1988。

松尾正人：『廃藩置県の研究』。東京：吉川弘文館，2001。

——：「藩体制解体と岩倉具視」，田中彰編：『幕末維新の社会と思想』。東京：
　　吉川弘文館，1999。

——：「維新官僚制の形成と太政官制」，近代日本研究会編：『年報近代日本研究 8：官僚制の形成と展開』。東京：山川出版社，1986。

——：「明治初年の情と地方支配：『民蔵分離』問題前後」，『土地制度史学』，23，第 3 期 (1981)：42 - 57。

間宮国夫：「商法司の組織と機能」，『社会経済史学』，29，第 2 期 (1963)： 138 - 158。

三上一夫：『公武合体論の研究：越前藩幕末維新史分析』，改訂版。東京：御茶の水書房，1990。

三上隆三：『円の誕生：近代貨幣制度の成立』，増補版。東京：東洋経済新報社，1989。

宮地正人：「廃藩置県の政治過程」，坂野潤治、宮地正人編：『日本近代史における転換期の研究』。東京：山川出版社，1985。

——：「維新政権論」，朝尾直弘等編：『岩波講座日本通史，卷 16：近代 1』。東京：岩波書店，1994。

宮本又郎：「物価とマクロ経済の変化」，新保博、斎藤修編：『日本経済史，卷 2：近代成長の胎動』。東京：岩波書店，1989。

三和良一：『日本近代の経済政策史的研究』。東京：日本経済評論社，2002。

室山義正：『近代日本の軍事と財政：海軍拡張をめぐる政策形成過程』。東京：東京大学出版会，1984。

——：「松方デフレーションのメカニズム」，梅村又次、中村隆英編：『松方財政と殖産興業政策』。東京：東京大学出版会，1983。

——：『松方財政研究』。京都：ミネルヴァ書房，2004。

毛利敏彦：『明治維新の再発見』。東京：吉川弘文館，1993。

八木慶和：「『明治一四年政変』と日本銀行：共同運輸会社貸出をめぐって」，『社会経済史学』，53，第 5 期 (1987 年 12 月)：636 - 660。

安国良知：「貨幣の機能」，朝尾直弘等編：『岩波講座日本通史，卷 12：近世 2』。東京：岩波書店，1994。

安丸良夫：「1850 - 70 年代の日本：維新変革」，朝尾直弘等編：『岩波講座日本通史，卷 16：近代 1』。東京：岩波書店，1994。

山崎有恒：「公議抽出機構の形成と崩壊」，伊藤隆編：『日本近代史の再構築』。東京：山川出版社，1993。

——：「日本近代化手法をめぐる相克——内務省と工部省」，鈴木淳編：『工部省とその時代』。東京：山川出版社，2002。

山室信一：「明治国家の制度と理念」，朝尾直弘等編：『岩波講座日本通史，卷

17：近代 2』。東京：岩波書店，1994。

山本進：「清代後期江浙の財政改革と善堂」,『史学雑誌』, 104，第 12 期 (1995 年 12 月)：38‑60。

——：「清代後期四川における地方財政の形成——会館と釐金」,『史林』, 75，第 6 期 (1992 年 11 月)：33‑62。

——：『清代財政史研究』。東京：汲古書院，2002。

山本弘文：「初期殖産政策とその修正」, 安藤良雄編：『日本経済政策史論（上)』。東京：東京大学出版会，1973。

山本有造：「明治維新期の財政と通貨」, 梅村又次、山本有造編：『日本経済史，卷 3：開港と維新』。東京：岩波書店，1989。

——：「内ニ紙幣アリ外ニ墨銀アリ」,『人文学報』, 55 (1983)：37‑55。

柚木学：「兵庫商社と維新政府の経済政策」,『社会経済史学』, 35，第 2 期 (1969)：114‑136。

——：『酒造りの歴史』。東京：雄山閣出版，1987。

横山晃一郎：「刑罰・治安機構の整備」, 福島正夫編：『日本近代法体制の形成』, 両卷本。東京：日本評論社，1981。

葭原達之：「明治前・中期の横浜正金銀行」, 正田健一郎編：『日本における近代社会の形成』。東京：三嶺書房，1995。

渡辺崋山、高野長英、佐久間象山、横井小楠、橋本左内：『日本思想大系，55』。東京：岩波書店，1970。

中文

陈锋：《期奏销制度的政策演变》,《历史研究》2 (2000)：63‑74。

——：《清代中央财政与地方财政的调整》,《历史研究》5 (1997)：100‑114。

陈昭南：《雍正乾隆年间的银钱比价变动（1723‑95)》。台北：学术著作人奖助委员会，1966。

戴一峰：《近代中国海关与中国财政》。厦门：厦门大学出版社，1993。

——：《晚清中央与地方财政关系》,《中国经济史研究》4 (2000)：59‑73。

高王凌：《十八世纪中国的经济发展和政府政策》。北京：中国社会科学出版社，1995。

高聪明：《宋代货币与货币流通研究》。保定：河北大学出版社，2000。

何汉威：《从银贱钱荒到铜元泛滥：清末新货币的发行及其影响》,《"中央研究院"历史语言研究所集刊》62，第 3 期 (1993)：389‑494。

——:《清季国产鸦片的统捐与统税》，载于全汉升教授九秩荣庆祝论文集编辑委员会编：《薪火集：传统与近代变迁中的中国经济》。板桥：稻乡出版社，2001。

——:《清季中央与各省财政关系的反思》，"中央研究院"历史语言研究所集刊》72，第 3 期 (2001 年 9 月)：597－698。

——:《清末赋税基准的扩大及其局限》，《"中央研究院"近代史研究所集刊》17，第 2 期 (1988 年 12 月)：69－98。

何烈：《厘金制度新探》。台北：台湾商务印书馆，1972。

——：清咸同时期的财政（1851－1874）。台北：台湾编译馆，1981。

黄鉴晖：《山西票号史》，修订本。太原：山西经济出版社，2002。

黄遵宪：《日本国志》。上海：图书集成印书局，1898；再版，台北：文海出版社，1968。

李伯重：《江南的早期工业化：1550—1850 年》。北京：社会科学文献出版社，2000。

李瑚：《中国经济史丛稿》。长沙：湖南人民出版社，1986。

李文治、江太新：《清代漕运》。北京：中华书局，1995。

林满红：《嘉道钱贱现象产生原因"钱多钱劣论"之商榷》，载于张彬村、刘石吉编：《中国海洋发展史论文集》，卷 5。台北："中央研究院"，1993。

——:《晚清的鸦片税：1858—1909》，《思与言》16，第 5 期 (1979)：11－59。

——:《银与鸦片的流通及银贵钱贱现象的区域分部：1808－1854》，《"中央研究院"近代史所集刊》22，no. 1 (1993)：91－135。

刘伟：《甲午前四十年间督抚权力的演变》，《近代史研究》，第 2 期 (1998)：59－81。

刘增合：《鸦片税收与清末新政》。北京：生活·读书·新知三联书店，2005。

——:《光绪前期户部整顿财政中的归附旧制及其限度》，《"中央研究院"历史语言研究所集刊》79，第 2 期 (2008 年 6 月)：235－297。

刘广京：《经世思想与新兴企业》。台北：联经出版，1990。

罗玉东：《光绪朝补救财政之方案》，载于周康燮编：《中国近代社会经济史论集》，两卷本。香港：崇文书店，1971。

——:《中国厘金史》，两卷本。上海：商务印书馆，1936。

马陵合：《晚清外债史研究》。上海：复旦大学出版社，2005。

倪玉平：《博弈与均衡：清代两淮盐政改革》。福州：福建人民出版社，2006。

——:《清代漕粮海运与社会变迁》。上海：上海书店出版社，2005。

彭信威：《中国货币史》，第二版。上海：上海人民出版社，1965。

彭雨新：《清代田赋起运存留制度的演进》，《中国经济史研究》4 (1992)：124－133。

彭泽益：《十九世纪后半期的中国财政与经济》。北京：人民出版社，1983。

千家驹编：《旧中国公债史资料：1894—1949 年》。北京：中华书局，1984。

邱澎生：《十八世纪滇铜市场中的官商关系与利益观念》，《"中央研究院"历史语言研究所集刊》72，第 1 期 (2001)：49－119。

宋惠中：《票商与晚清财政》，"中央研究院"近代史研究所社会经济史组编：《财政与近代历史论文集》，两卷本。台北："中央研究院"近代史研究所，1999。

田永秀：《1862－1883 年中国的股票市场》，《中国经济史研究》2 (1995)：55－68。

汪敬虞：《略论中国通商银行成立的历史条件极其在对外关系方面的特征》，《中国经济史研究》3 (1988)：90－102。

王尔敏：《盛宣怀与中国实业利权之维护》，《"中央研究院"近代史研究所集刊》27 (1997)：5－43。

王宏斌：《论光绪时期银价下落与币制改革》，《史学月刊》5 (1988)：47－53。

王业键：《清代经济史论文集》（三册）。板桥：稻乡出版社，2003。

——：《中国近代货币与银行的演进（1644—1937）》。台北："中央研究院"经济研究所，1981。

魏光奇：《清代后期中央集权财政体制的瓦解》，《近代史研究》31，第 1 期 (1986)：207－230。

魏建猷：《中国近代货币史》。合肥：黄山书社，1986。

魏秀梅：《阎敬铭在山东：同治元年十月～六年二月》，《故宫学术季刊》24，第 1 期 (2006 年秋)：117－153。

吴承明：《中国资本主义与国内市场》。北京：中国社会科学出版社，1985。

许大龄：《清代捐纳制度》。北京：燕京大学哈佛燕京学社，1950；再版：《明清史论集》，北京：北京大学出版社，2000。

许涤新、吴承明编：《中国资本主义发展史》，三卷。北京：人民出版社，1990。

许坛、经君健：《清代前期商税问题新探》，《中国经济史研究》第 2 期 (1990)：87－100。

杨端六：《清代货币金融史稿》。北京：三联书店，1962。

叶世昌：《鸦片战争前后我国的货币学说》。上海：上海人民出版社，1963。

张小也：《清代私盐问题研究》。北京：社会科学文献出版社，2001。

张晓堂：《乾隆年间清政府平衡财政之研究》，《清史研究集》第 7 辑 (1990)：26－60。

崔之清等编：《太平天国战争全史》，四卷本。南京：南京大学出版社，2002。

周育民：《晚清财政与社会变迁》。上海：上海人民出版社，2000。

后　记

　　生活·读书·新知三联书店即将推出《通向现代财政国家的路径》的简体中文版，嘱我写一篇后记。三联书店的曾诚编辑热心促成此书的出版；张婧编辑对简体版做了认真细致的校对，不仅修正了繁体版中的个别舛误，而且对一些术语的翻译和句式的调整提出了宝贵建议，我谨在此表示衷心感谢。

　　简体中文版的正式出版，距离该书英文版的出版，已有十年之久。在这期间，学界的研究议题和方法都有很大变化。我个人的研究兴趣，也逐渐从国家财政中有关"财"的技术维度，转移到与国家权力正当性和国家治理相关的"政"的方面。税收、公共金融、国家能力、国家治理和国家权力正当性之间，存在密切的联系。研究它们之间关系的理论工作，需要及时跟踪在具体议题上不断深化的实证研究，否则容易变得空洞而苍白。而对具体问题的实证研究，也应该对这些问题后面的理论背景保持一定的自觉，否则可能会陷入"只见树木，不见森林"的盲目。

　　《通向现代财政国家的路径》一书从中央层面的制度创新来研究国家能力增强背后的制度原因。这一创新过程包括两项相互依存甚至互为因果的制度建设：其一是中央集权征收间接消费税的官僚制，其二是建立在间接消费税基础上的国家长期信用工具的发行和管理制度。现代财政国家制度的确立，极大增强了国家的动员能力。鉴于清政府只有短期借贷行为，并没有利用税收作为杠杆来发行长期信用工具，这使得现在依然有很多学者倾向于以清政府的税收数额来衡量其国家能力，在比较 19 世纪末中日两国国家能力差异方面，依然将重点放在税收数额的相对大小，这很令人遗憾。从现代财政国家的角度看，仅仅从税收来衡量国家是非常片面的，必须考虑政府如何利用税收作为杠杆，来发行长期国家信用工具，这才是对国家能力适当的整体评价。以明治政府为例，它在 1882 年之后，以中央集中征收的间接消费税为保证，在国内发行长期国债，用于海军扩张和国内铁路干线的修建，这是明治日本国家能力迅速提升的关键所在。换句话说，现代财政国家的制度，使日本政府可以用未来 20 年的税收支付当时的军费开支，这与完全依靠当下税收盈余来建设海军和修建铁路的清政府，形成极为鲜明的对比。

这十年来，英国、日本和中国学界有关金融史和财政史等专门领域的研究也在不断深化。例如，18 世纪英国国债发行和二级市场之间的关系吸引了很多学者的关注；日本一些学者也留意到德川后期民间商人深度参与大名领主的纸币（藩札）发行和管理，以及这些历史经验对明治政府纸币发行的具体影响；在中国，随着民间文书和地方文献的不断深入挖掘，我们发现民间信用工具的发行和使用在清代中国极为广泛和普遍，其地域之广，超出了以往学界的想象。这些新研究材料，对于进一步探索国家财政、国债发行与民间金融市场的互动，提供了丰富的素材。但民间金融市场的发达，并不必然导致国家信用制度的建立；后者是一个政治与经济互动的历史过程的产物，绝不是市场经济下民间金融发展的自然结果。

国家发行的长期信用工具能否得到民间市场的认可和支持，对于这个问题，西方现有的政治经济学理论过分强调代议制的作用。"无代议、无征税"即是这一理论范式的核心表述。但 18 世纪英国和 19 世纪后期日本的经验表明，间接消费税这一支撑现代财政国家体系的重要税源，恰恰在代议人和实际纳税人之间，存在着严重不对称。广大普通消费者的利益，在当时的政治代议制度中，并没有得到充分保护。税收结构因此存在严重不公：富人税轻，而税赋的重担落在中产阶级甚至穷人身上。如何从间接税的特殊政治性质和社会分配效应，来对代议制的政治经济学范式进行批判，这是一个值得深入思考的议题。此外，在代议制的历史发展过程中，纳税资格直接决定是否有投票权，因此间接税的征收，对选举制度的变革和纳税资格的认定有什么样的影响，也是未来值得注意的一个研究方向。

以代议制作为国家能力发展基础的研究范式，在学界可谓根深蒂固。直到目前，还有很多西方主流学者，将日本明治维新后国家能力的迅速提升，归因于 1891 年成立的日本国会。其实明治维新之后，奠定日本国家能力制度基础的现代财政国家制度，早在 1886 年业已建成。而 1891 年至 1894 年间，日本国会初期围绕政府预算的政治斗争，反而是所谓"民党"代表高举"民力休养"的旗帜，反对"富国强兵"的军事扩张，要求明治政府削减军费、减低民间税赋，同时增加国内福祉的开支。而英国 1760 年后开展的"议会改革"运动，对所谓"军事—财政国家"也提出强烈批判，要求根除政府开支方面的腐败、改进税赋制度，使其更加公平合理，以减轻普通民众的赋税重担。同样，现代财政国家制度到底是服务于对外战争和扩军备战，还是用于改善国内的民生福利，这是我在有关现代财政国家制度创设的比较历史研究中尚未回答的一个政治问题。

在《通向现代财政国家的路径》一书的研究过程中，我已经注意到现代财政国家出现之前，地方社会与国家在有关民生福祉的公共物品提供方面展开了互动合作。在国家财政出现严重问题、入不敷出的时候，地方社会参与公共物品的积极性，表现得更为充分。这一现象在 16 世纪末至 17 世纪初的英国、德川后期的日本，以及嘉道时期的清代中国都出现过。国家与社会在地方公共物品提供方面的合作，与现代财政国家建立之后围绕财政开支用途和税收规模的争论之间，是否存在内在的联系？这成为我在完成《通向现代财政国家的路径》这部专著之后的主要研究课题，我希望跳出"战争导致国家形成"这一研究范式的束缚，从与国内民生福祉密切相关的公共物品提供的角度，来重新考察国家形成这一社会科学的经典课题。

由于《通向现代财政国家的路径》一书的关注点是中央层面的制度创新，其局限性也就表现在对地方财政和地方治理的忽视。而从国家治理的角度来看，国家财政的支出不单单体现在中央财政或对外战争的费用上，更有大量诸如水利、道路、桥梁等地方公共物品提供方面的开支。现代财政国家制度建立之前，国家在地方公共福祉项目方面的能力如何？现代财政国家制度建立之后，虽然国家能力大为提升，但如何在决策上使国家增加对国内公共福祉方面的投入？为了回答这些问题，我开始对 1533 年至 1780 年的英国、1640 年至 1895 年的日本，以及 1684 年至 1911 年的中国，进行系统的比较历史研究，除了大量阅读这三个国家历史学家的专门研究，我自己也利用军机处录副奏折和宫中档做了很多档案研究，同时还学习如何使用公开出版的英国史料，特别是枢密院法案（Acts of Privy Council）。

通过对灾荒赈济和水利设施这两项公共物品提供的比较研究，我发现 1533—1640 年间的英国、1640—1853 年间的日本和 1684—

1840 年间的中国之间，在制度运作方面，存在深层次的一致性。表面上看，英国和日本有发达的地方社会自治传统，财政集中性很低；而中国则有高度集中的中央财政制度。但英国和日本都存在大量跨区域的公共工程，需费浩繁，地方社会根本无力承担；而清代中国僵化的中央财政制度，也使得中央政府和地方督抚，难以满足地方社会对水利设施兴建和维修方面的要求。灾荒赈济方面情况类似。英国以教区为中心的济贫制度和日本分散各地的仓储体系，难以应对大规模饥荒造成的灾难；而清政府以官款建立和维护的常平仓制度，虽然可以调集全国资源来协调跨省的饥荒赈济，但在仓储管理和存储技术方面有所欠缺，难以维持额定规模的粮食储备。虽然三者在制度上各有缺陷，但在维护天下福祉这一国家与社会共同接受的道德基础上，国家和社会可以就公共物品的可以提供展开良性互动合作：英国王室政府和日本德川幕府凭借中央政治权威的地位，在跨地区的大型水利工程和大规模饥荒的赈济中，或协调跨地区的物资流动，或借助特殊的财政手段，来提供地方社会无力承担的工程费用；而清代中国的国家和社会的互动，则表现为国家鼓励地方社会参与公共物品和仓储建设，以减轻中央财政的负担；对于地方社会无力承担，而又不能纳入中央僵化财政制度的开支的中型水利工程，则采取预支官款"借项兴修"，工程完工之后，由收益地方在地丁项下"摊征还款"的办法，灵活处理。

在公共物品提供方面，虽然这三个早期现代国家的国家和社会互动合作的方向各异，但政治性质相同，即以天下福祉为国家权力正当性的基础，在此基础上国家和社会配合，以实现单靠国家或社会一方难以实现的国家治理目标。构建在天下福祉基础上的国家权力正当性，使得这三个案例国家，不仅鼓励地方社会积极参与地方公共物品的提供，而且允许民众在民生福祉的具体问题上向国家提出诉愿。在国家对待民众诉愿方面，这三个案例也表现出惊人的相似性：国家政权允许个人提出诉愿，包括越级请愿；但对针对政府官员和政府政策的有组织的集体请愿，则严惩不贷，集体请愿的召集人和组织者都将面临死刑的处罚；但当不同地域或不同职业的民众出现利益纠纷而集体请愿，要求政府不偏不倚公正裁决的时候，这三个案例中的国家都表现出惊人的宽容——这是建立在天下福祉道德基础上的国家权力正当性在处理民众诉愿过程中的表现。

天下福祉作为国家权力正当性的道德基础，对我们重新理解国家能力提供了一个新的视角，中央政府所能集中调动的税收资源本身，并不能全面真实地反映国家的动员能力，因为在早期现代国家阶段，中央调动的物资主要用于对外战争；而在国家治理的内政方面，地方上大量的公共物品提供涉及资金和物资的调动，这虽然需要中央政府的协调，但并不需要经过中央政府之手，是国家能力的间接表现，与直接动员表现出来的国家能力同样重要。

在这一新的历史比较研究的基础上，我终于可以尝试解决《通向现代财政国家的路径》一书最后没有回答的一个问题，即现代财政国家的建立与国家治理以及国家权力正当性之间存在什么联系。比较18世纪英国、明治维新后的日本，和同治—光绪期的中国，英国的国家能力主要用于对外战争，与国内福祉的需求形成严重冲突，引起社会的广泛不满，甚至愤怒。明治日本在急速建设集中型中央财政的过程中，牺牲地方福利，将本来应该由中央政府承担的地方公共物品提供费用，包括防洪水利工程和基础教育，转嫁给地方社会。明治政府1882年以中国为假想敌，开始扩张军备，军费激增而地方公共支出锐减，地方社会长期淤积的愤怒和不满在1891—1895年间的初期国会上喷涌而出，令明治政府狼狈不堪。相比之下，虽然清政府在19世纪下半叶沿用传统分散型财政制度，但一方面督抚拥有不受户部苛繁奏销制度约束的"外销"款项，在地方公共工程和公共事务的开支方面有更大的灵活性，另一方面，国家与社会在天下福祉这一共同道德平台上协力，在公共物品提供方面开展各式各样的合作，其深度和广度上都有相当的发展，江南绅商甚至开始组织跨省的大规模灾荒赈济，以弥补清政府仓储制度的不足。同时，"移缓救急"这一财政运作方式，不仅运用于军事开支和对外借款的偿还，也用于民生福祉所系的国内重大水利工程。晚清政府在19世纪下半叶国内治理和公共物品提供方面的表现，长期以来并没有受到学界公正的评价。关于晚清政府在公共物品提供和国内治理的表现，近年来史学界开始有越来越多具体的实证研究，总体评价开始倾向正面肯定，可能还需要一段时间才能做出更具综合性的公正评判。

18世纪英国的对外战争，与17世纪80年代以来英国国内日益尖锐的宗教矛盾和欧洲宗教改革及反宗教改革的大背景有着密切关系。而在1868年的日本，倒幕派发动明治维新、武力推翻幕府的理由之一，是幕府与西方列强签订的不平等条约有辱国权；因此维新政府急须在国际事务上有所作为，以建立其正当性，这是明治政府牺牲国内福祉以求军备扩张的根本原因。而晚清政府在国家权力正当性的维护方面，并没有类似英国政府面对的宗教挑战，也没有明治维新后的日本政府急须在国际事务上建立正当性的压力，其国家权力正当性可以完全建立在国内民生福祉的基础上。自强运动的军事目标也以防御为主，对国家财政构成的压力远不如英国和日本那么大。甲午一战，事发突然，随后兵败如山倒，不得不支付巨额赔款，局势变化之快，根本没有给清政府改革财政制度以增加军费的机会。甲午战败的原因，不单单是财政方面国家能力的不足，也由于海军和陆军平时训练的强度和密度远远低于日本。更重要的是，1886年李鸿章和伊藤博文签订《天津条约》之后，日本政府转向西方国家，希望以外交谈判的方式来废除不平等条约，在朝鲜问题上不再挑衅中国。在这样的国际局势下，清政府面对黄河决口后耗资巨大的郑州工程压力，放缓海军建设，在当时的历史情境中，也不是没有道理，虽然以"事后诸葛亮"的视角来看，代价沉重。但我们不能以后见之明，去讨论当时清政府在国际地缘政治中的种种失策，更不能因为其在国际地缘政治争斗方面的失败，否认其在1895年之前在国内公共物品提供和国内治理方面的表现。

这项在《通向现代财政国家的路径》基础上完成的研究，以《公共利益与国家权力正当性：早期现代英国、日本及中国》（ *Public Interest and State Legitimation: Early Modern England, Japan, and China* ）为书名，将由剑桥大学出版社于2023年正式出版。这距离《通向现代财政国家的路径》英文版的出版时间，正好隔了10年。在这十年当中，我从财政制度变革的技术问题出发，在研究路径上，逐步将财政问题与公共物品提供的国家治理及国家权力正当性等政治问题相结合，以更长的历史时段比较英国、日本和中国，揭示出三个案例中国家—社会互动方面深层次的相似性，并对国家权力正当性与民众的政治参与之间的关系，提出了一些新的看法。借用美国经济学家克鲁格曼（Paul Krugman）的话来说，用第一本书来证明自己，再用第二本书来证明不是运气，这也不失为人生一件快事。

2022年11月11日

于香港清水湾

出版后记

当前，在海内外华人学者当中，一个呼声正在兴起——它在诉说中华文明的光辉历程，它在争辩中国学术文化的独立地位，它在呼喊中国优秀知识传统的复兴与鼎盛，它在日益清晰而明确地向人类表明：我们不但要自立于世界民族之林，把中国建设成为经济大国和科技大国，我们还要群策群力，力争使中国在21世纪变成真正的文明大国、思想大国和学术大国。

在这种令人鼓舞的气氛中，三联书店荣幸地得到海内外关心中国学术文化的朋友的帮助，编辑出版这套"三联·哈佛燕京学术丛书"，以为华人学者上述强劲吁求的一种记录、一个回应。

北京大学和中国社会科学院的一些著名专家、教授应本店之邀，组成学术委员会。学术委员会完全独立地运作，负责审定书稿，并指导本店编辑部进行必要的工作。每一本专著书尾，均刊印推荐此书的专家评语。此种学术质量责任制度，将尽可能保证本丛书的学术品格。对于以季羡林教授为首的本丛书学术委员会的辛勤工作和高度责任心，我们深为钦佩并表谢意。

推动中国学术进步，促进国内学术自由，鼓励学界进取探索，是为三联书店之一贯宗旨。希望在中国日益开放、进步、繁盛的氛围中，在海内外学术机构、热心人士、学界先进的支持帮助下，更多地出版学术和文化精品！

生活·读书·新知三联书店
一九九七年五月

三联·哈佛燕京学术丛书

[一至十九辑书目]